Beck'sche Reihe

BsR 1251

BsR

Das Buch bietet einen umfassenden Überblick über das politische System Großbritanniens. Ausgehend von der Verfassungsgeschichte beschäftigen sich die Autoren mit den wichtigsten Aspekten des politischen Lebens auf dem Inselstaat. Dazu gehören sowohl die Rechtsprechung als auch die Entwicklung der Wirtschaft, die zunehmende Auflösung der britischen Klassengesellschaft sowie das Verhältnis von Monarchie und Parlamentarismus. Die Bedeutung der ‚local governments' für den die öffentliche Verwaltung bestimmenden Regionalismus wird ebenso berücksichtigt wie die politischen Interessenverbände, das Zweiparteiensystem oder Fragen nach der politischen Kultur im Medienzeitalter. Von den Anfängen bis hin zum triumphalen Wahlsieg Tony Blairs macht diese Einführung die politischen Zusammenhänge in Großbritannien aus ihren historischen Hintergründen verstehbar.

Emil Hübner und *Ursula Münch* sind Politikwissenschaftler am Geschwister-Scholl-Institut der Universität München. Von Emil Hübner liegt bei C.H.Beck vor: „Das politische System der USA" ([3]1993).

EMIL HÜBNER/URSULA MÜNCH

Das politische System Großbritanniens

Eine Einführung

VERLAG C. H. BECK

Die Deutsche Bibliothek – CIP-Einheitsaufnahme

Hübner, Emil:
Das politische System Großbritanniens : eine Einführung /
Emil Hübner/Ursula Münch. – Orig.-Ausg. –
München : Beck, 1998
(Beck'sche Reihe ; 1251)
ISBN 3 406 42051 6

Originalausgabe
ISBN 3 406 42051 6

Umschlagentwurf: Uwe Göbel, München
Umschlagabbildung: Houses of Parliament, London,
Sylvester Adams, © VCL/Bavaria Bildagentur

Gesamtherstellung: C. H. Beck'sche Buchdruckerei, Nördlingen
Gedruckt auf säurefreiem, alterungsbeständigem Papier
(hergestellt aus chlorfrei gebleichtem Zellstoff)
Printed in Germany

Inhalt

XI. Zur politischen Kultur in Großbritannien

Anhang

I. Grundzüge der englischen Verfassungsgeschichte

Die englische Verfassungsgeschichte[1] beginnt zwar nicht mit der Magna Charta von 1215,[2] dennoch gilt diese Urkunde als das wohl bedeutendste Dokument der mittelalterlichen Geschichte Englands.[3] Ihre Entstehung ist in dem Zusammenhang zu sehen, daß die englischen Könige der auf die normannische Herrschaft (1066–1154) folgenden angevinischen Dynastie (1154–1215) gleichzeitig die Herrschaft über große Teile Frankreichs innehatten.[4] Einer von ihnen, König Johann (1199–1216), griff immer wieder in die Rechte und den Besitzstand seiner Vasallen ein, um auf diese Weise seine Kriegsführung in Frankreich finanzieren zu können. Als er nach verlorener Schlacht nach England zurückkehrte, nutzten die Barone seine Schwäche und forderten – schließlich auch unter Androhung von Gewalt – das Ende des königlichen Despotismus. Die rebellischen Kronvasallen waren dabei so klug, sich der Unterstützung auch der Städter und der freien Bauern zu versichern und so den König massiv unter Druck zu setzen. Als Ergebnis entsprechender Verhandlungen unterzeichnete König Johann im Juni 1215 eine Art „Herrschaftsvertrag". Die meisten der 63 Artikel bezogen sich auf das Verhältnis zwischen König und Kronvasallen und zielten auf die Beendigung der mißbräuchlichen Ausnutzung lehnsrechtlicher Verpflichtungen ab. Aber auch den Kaufleuten sowie der Londoner Bürgerschaft wurden besondere Rechte zugestanden.

1. Die Bedeutung der Magna Charta

Daß die Magna Charta in der Folgezeit als eines der grundlegenden Verfassungsdokumente Englands interpretiert wurde, ist vor allem auf ihre berühmte Rechtsschutzgarantie in Art. 39

zurückzuführen: „Kein freier Mann soll ergriffen, gefangengenommen, aus seinem Besitz vertrieben, verbannt oder in irgendeiner Weise zugrunde gerichtet werden, noch wollen Wir gegen ihn vorgehen oder ihm nachstellen lassen, es sei denn auf Grund eines gesetzlichen Urteiles seiner Standesgenossen und gemäß dem Gesetz des Landes.“[5] Im Unterschied zu den sonstigen Klauseln der Urkunde, die deren Konzeption als Feudalvertrag widerspiegeln, zielte diese Bestimmung auf eine Kontrolle der Zentralgewalt ab. Trotz dieses weiterreichenden Anspruchs muß man die Bemühungen der Herausforderer des Königs vor ihrem gesellschaftspolitischen Hintergrund sehen. In erster Linie ging es ihnen darum, Beschwerden vorzubringen, um auf diese Weise bekannte Mißstände abzustellen. Sie hatten nicht im Sinn, politische Forderungen von grundsätzlichem Charakter zu erheben. Erst ihre weitere Rezeptionsgeschichte und der damit verbundene „Umdeutungsprozeß“[6] wertete die Magna Charta zum fundamentalen Verfassungsgrundsatz des englischen Volkes auf.[7] So erklärt sich ihr Stellenwert im politischen Denken der Engländer auch damit, daß die Magna Charta bis zum 17. Jahrhundert insgesamt 32mal neu bekräftigt wurde. Besondere Bedeutung erhielt das Dokument schließlich für die Entwicklung des englischen Parlamentarismus. Die Bestimmung in Klausel 12, daß – abgesehen von wenigen Ausnahmen – „kein Schild- oder Hilfsgeld ... in Unserem Königreich erhoben werden [soll], es sei denn nach gemeinsamer Beratung Unseres Königreiches“, legte die Grundlage für die künftige Abhängigkeit des Königs vom Steuerbewilligungsrecht des Parlaments.

2. Ursprünge und frühe Entwicklung des englischen Parlamentarismus

Die Herausbildung des englischen Parlaments im 13. und 14. Jahrhundert steht in direktem Zusammenhang mit den Machterhaltungsinteressen des Königs.[8] Einerseits war es für ihn von Vorteil, durch die Mitglieder dieser beratenden Versammlung über die Entwicklungen in den verschiedenen Landesteilen informiert zu werden. Insofern kam hier die allgemeine lehnsrechtliche Verpflichtung der Kronvasallen zum Ausdruck, dem König nicht nur Waffendienste zu leisten (Auxilium), sondern ihm auch Rat (Consilium) zukommen zu lassen.[9] Andererseits hatten diese Mitglieder die Funktion, vor Ort die Anordnungen des Königs bekanntzumachen und seiner Politik Rückhalt zu verschaffen. Daß diese feudalen Pflichten bereits in der Zeit der normannischen Könige (1066–1154) galten, zeigt sich an der Einrichtung des Königlichen Rates, der Curia Regis. Diese beratende Versammlung von Bischöfen und Baronen gilt als der Ursprung institutionalisierter Staatlichkeit in England. Daraus trennten sich im folgenden die großen Gerichtshöfe ab, zudem fand auch innerhalb der Curia Regis eine institutionelle Differenzierung in zwei verschiedene Gremien statt: Erstens bildete sich im Laufe der Zeit die ständige Ratsversammlung (Consilium Regis) heraus, zweitens der Große Rat (Magnum Consilium), der nur bei Bedarf und in größerer Besetzung tagte. Die Bezeichnung „Parlament" wurde erstmals unter Heinrich III. im Jahr 1236 auf den Großen Rat angewandt. Diese frühe Nennung ist Anlaß für einen generellen Hinweis: Gerade bei Institutionen wie dem Parlament, deren Begriffsgeschichte den Anschein von Kontinuität erweckt, besteht die Gefahr, daß man historische Vorläufer an modernen Ausprägungen mißt. Um damit verbundenen Fehlinterpretationen vorzubeugen, sollte man den Begriff des Parlaments historisieren.[10] Die Notwendigkeit, das jeweilige Parlament im Kontext seiner Zeit zu sehen, zeigt sich besonders am Wandel der Parlamentsfunktionen. So erinnert die Aufgabe des Großen Rates, auch über politisch bedeutsame Streitfragen, die als Klagen und Petitionen vorgebracht wurden, zu entscheiden, eher an die Arbeitsweise eines Gerichts als an eine parlamentarische Kammer im heutigen Verständnis. Obwohl das frühe Parlament auch Beschlüsse in wichtigen politischen und fiskalischen Angelegenheiten fassen konnte, bestand sein Hauptzweck vermutlich nicht darin, an der politischen Willensbildung teilzunehmen.[11]

In der Folgezeit entwickelte sich das Parlament zunehmend unabhängig vom Großen Rat. Dieser behielt aber seine Funktion als Beratergremium mit auch richterlichen Befugnissen und trat phasenweise immer wieder als Konkurrent zum sich etablierenden Parlament auf. Im Zuge dieser Differenzierung übernahm das Parlament neben seiner bisherigen gerichtlichen Funktion zusätzliche Aufgabenbereiche. Seinen Mitgliedern wurde häufiger erlaubt, über allgemeine politische Fragen zu beraten, sie genehmigten die Erhebung von Steuern und Abgaben und nahmen Beschwerden entgegen, die gegen den König oder dessen Stab vorgebracht wurden. Gleichzeitig änderte sich die personelle Zusammensetzung der verschiedenen Gremien. Ursprünglich setzten sich die Räte aus den vom König bestimmten Kronvasallen zusammen. Diese verstanden sich als Ratgeber des Königs und waren zur Leistung solcher Abgaben, die über ihre eigentlichen Feudalpflichten hinausgingen, nur bereit, sofern sie diese vorher selbst bewilligt hatten. Erst allmählich und immer auch nur phasenweise setzte sich die Praxis durch, erstens die Mitglieder des Rates von ihresgleichen bestimmen zu lassen, ihnen also eine Repräsentationsfunktion zuzuweisen, und zweitens auch breitere Schichten einzubeziehen.

Aufschluß über die personelle Besetzung des Großen Rates gibt bereits die Magna Charta von 1215. Aus Klausel 14, die den König verpflichtete, neue Steuern nur mit Zustimmung des Großen Rates zu erheben, wird die Unterscheidung von zwei Arten von Mitgliedern ersichtlich: Während die Gruppe der Erzbischöfe, Bischöfe, Äbte, Grafen und bedeutenderen Barone persönlich durch königliches Schreiben geladen wurde, konnten sich die restlichen Lehnsträger nur auf eine indirekte Einladung berufen; diese sprach der König summarisch und vermittelt über die örtlichen Sheriffs aus.[12] Bis zur Einberufung des sogenannten „Model Parliament“ durch Edward I. 1295, mit dem dieser auf das „Rebellenparlament“ von 1264/65 des Simon de Montfort reagierte, stellte die Einberufung von Rittern und Bürgern aber noch eine Ausnahme dar, die jeweils nur durch die Geldknappheit des Königs erzwungen war. Erst in der Folgezeit bemühte sich der König kontinuierlich um eine möglichst breite gesellschaftliche Unterstützung für die kostenträchtigen Kriege, die England gleichzeitig gegen Frankreich, Schottland und Irland führte. So bürgerte sich die Praxis ein, daß im Parlament drei soziale Gruppen vertreten waren.[13] An erster Stelle ist dabei der Klerus zu nennen: zwei Erzbischöfe, achtzehn Bischöfe sowie eine größere Zahl von Äbten, die aber ebenso wie der niedrige Klerus normalerweise kein Interesse hatten, ihren Parlamentssitz wahrzunehmen. Der Adel schied sich zu Beginn des 14. Jahrhunderts nur in Earls und Barons. Erst im Laufe der Zeit wurden zahlreiche weitere Adelsprädikate eingeführt. Zudem besaß der König die Verfügungsgewalt, neue „Peers"[14] zu ernennen, die dann ebenfalls im Parlament sitzen konnten. Die Auswahl von Repräsentanten der „Common People" aus den Grafschaften und Städten, die seit Ende des 13. Jahrhunderts ebenfalls im Parlament vertreten waren, lag zunächst im Ermessen der örtlichen Sheriffs.[15] Seit Beginn des 15. Jahrhunderts wurden die Besitzqualifikationen, die die Wähler der zu delegierenden Ritter und Bürger erfüllen mußten, fest umschrieben und landeseinheitliche Bestimmungen darüber eingeführt, wer wahlberechtigt war. Doch viele Gebietskörperschaften verzichteten in Anbetracht der damit verbundenen Kosten darauf, Repräsentanten zu entsenden. Erst als sich durch den wachsenden Einfluß des Parlaments ab dem 15. Jahrhundert mit einem parlamentarischen Mandat auch Prestige verband, wurde es für Angehörige des niedrigen Adels attraktiv, ihren Borough auf eigene Kosten parlamentarisch zu vertreten.

Die Trennung des Parlaments in zwei Kammern reicht vermutlich in die zweite Hälfte des 14. Jahrhunderts zurück. Ritter aus den Grafschaften, Freibauern aus den Boroughs und die Bürger aus den Städten tagten auch räumlich getrennt von Adel und Klerus. Seit Edward III. (1327–1377) bürgerte sich für sie der Name „Commons" als Gesamtbezeichnung ein. Ihren politischen Einfluß verdankten sie sowohl dem ständigen Streit zwischen König und hohem Adel als auch der Tatsache, daß die Gruppe der Commons für die Steuerbewilligung von größerer Bedeutung war. Dabei hatte die Wechselwirkung zwischen dem Umfang parlamentarischer Befugnisse und den Finanzbedürfnissen der Krone nicht zwangsläufig die kontinuierliche Ausweitung parlamentarischer Kompetenzen zur Folge. Gelang es einem König, entweder andere zusätzliche Einnahmequellen[16] zu erschließen oder seinen Finanzbedarf zu senken, beschränkte das den Einfluß des Parlaments. Daran änderte auch dessen Versuch nichts, eine mindestens jährliche Einberufung des Parlaments durch Statut zwingend festzuschreiben (1330 und 1362). Die enge Verbindung zwischen dem politischen Gestaltungspielraum des Parlaments und dem königlichen Finanzbedarf beeinträchtigte aber nicht nur die Regelmäßigkeit der Parlamentsberatungen, sondern auch deren öffentliche Wertschätzung. Parlamentslose Zeitabschnitte waren der Bevölkerung deshalb willkommen, weil sie einfach billiger waren. Zum einen mußten die entsendenden Gebietskörperschaften in diesen Phasen keine Sitzungsgelder für ihre Repräsentanten aufbringen, und zum anderen wurden dann auch keine neuen Steuern erhoben.[17]

Grundsätzlich stellt die frühe Entwicklung des englischen Parlamentarismus allein noch keine Besonderheit dar. Das im internationalen Vergleich eigentlich Bemerkenswerte ist darin zu sehen, daß das englische Parlament die Kammer der gesamten Nation, und zwar sowohl in geographischer als auch prinzipiell in sozialer Hinsicht, darstellte. Es gab weder mehrere Provinzen mit jeweils gleichberechtigten parlamentarischen Vertretungen wie in den deutschsprachigen Gebieten, noch wurde eine Separierung nach Ständen wie in Frankreich betrieben. Auch die Herausbildung des Zwei-Kammer-Systems änderte nichts an dem Umstand, daß eine zentrale Monarchie eine vereinte Versammlung hervorgebracht hatte.[18] Ein weiteres Unterscheidungsmerkmal zu den kontinentaleuropäischen Parlamenten dieser Zeit zeigt sich im englischen Repräsentationsverständnis. Während in Frankreich die Ständevertreter noch durch ein imperatives Mandat in ihrer Handlungsfreiheit und damit ihrer politischen Bedeutung sehr eingeschränkt waren,[19] hatte der englische König durchgesetzt, daß die Mitglieder des Parlaments ein freies Mandat besaßen. Damit versetzte er sie in die Lage, ihm auch ohne Rücksprache mit den entsendenden Gebietskörperschaften Gelder bewilligen zu können.[20]

Die folgenden Jahrhunderte brachten in England eine facettenreiche und nur selten geradlinige Entwicklung des Verhältnisses zwischen Parlament und König. Die Entwicklung von sogenanntem „statute law“, also von Gesetzen, die aus den Bittschriften („petitions“) der Commons hervorgingen, trug dazu bei, die Position des Parlaments auch gegenüber den anderen Beraterstäben des Königs zu stärken. Obwohl das Parlament immer noch nicht über eine Letztentscheidungskompetenz verfügte, war es auf diese Weise doch an der Ausarbeitung bindender Rechtssätze beteiligt. Neben diesen Erfolgen blieb die gegenläufige Tendenz aber ebenfalls wirksam: Da der König auch in bedeutenden Hoheitsbereichen nach wie vor ohne Absprache mit dem Parlament tätig werden konnte, stellte das Parlament zunächst nicht mehr als ein „Hilfsorgan“ des Königs dar.[21]

3. England unter der Herrschaft der Tudors und Stuarts

Die Tudordynastie (1485–1603) zeichnet sich zwar durch die Herrschaft vorwiegend starker Monarchen aus (Heinrich VII., Heinrich VIII., Eduard VI., Maria sowie Elisabeth I.), dennoch bestätigt auch diese Phase englischer Geschichte eine Gesetzmäßigkeit. Die Stärkung der Monarchie ging in England meist mit einer Stärkung von „potentiellen Gegenkräften und alternativen Einflußzentren“ einher.[22] Die unter Heinrich VIII. (1509–1547) vollzogene Errichtung der englischen Nationalkirche festigte nicht nur die Position des Monarchen, der damit gleichzeitig Oberhaupt der Kirche wurde.[23] Zum Vollzug der Loslösung von Rom war der König auch auf die gesetzgeberische Unterstützung des sogenannten Reformationsparlaments angewiesen, dessen Bedeutung sich schon daran zeigte, daß es mit Unterbrechungen von 1529 bis 1536 tagte. Doch weder der Bruch mit der katholischen Kirche noch die Stärkung des englischen Parlaments gingen ohne gegenläufige Bewegungen vonstatten. Nach dem Tod Heinrichs VIII., der sich vor allem aufgrund seines unrühmlichen Umgangs mit Ehefrauen in das Gedächtnis auch der nichtenglischen Nachwelt einprägte, kam es innerhalb von zwölf Jahren zu einem dreimaligen radikalen Kurswechsel in der Kirchenpolitik des Landes. Erst unter der Regierung von Elisabeth I. (1558–1603) wurde England endgültig protestantisch; religiöse Konflikte beherrschten die Politik jedoch auch in der Folgezeit.

Auch der relative Bedeutungszuwachs, den das Parlament durch die kirchenpolitische Gesetzgebung erfuhr, änderte nichts an der grundsätzlichen Vormachtstellung des Monarchen. Die Krone konnte es sich nach wie vor erlauben, das Parlament über lange Phasen hinweg zu ignorieren. So wurde England in der Zeit von 1509 bis 1603 immer wieder – insgesamt 43 Jahre lang – ohne Parlament regiert. Auch daran wird deutlich, daß die Krone im Zeitalter der Tudors noch nicht konstitutionalisiert, also durch verfassungsmäßig festgeschriebene Kontrollinstanzen in ihrer Macht beschränkt war.

Dessen ungeachtet kann man aber feststellen, daß die Tudorverfassung insgesamt vom Gedanken der Harmonie zwischen den Interessen des Königs und denen seiner Untertanen geprägt war.[24] Dieses Konzept ist unter zwei Gesichtspunkten von Bedeutung: Bereits in der Herrschaftsformel „King in Parliament", in der die Institutionen „König" und „Parlament" zusammengehalten wurden, deutet sich das Fehlen von Mechanismen für den Fall eines Interessenkonflikts zwischen König und Untertanen an.[25] Dieses Defizit entwickelte sich in der nachfolgenden konfliktreichen Ära der Stuarts (1603–1688) zum existenzbedrohenden Problem. Auf der anderen Seite trug diese Vorstellung der Interessenidentität aber auch zur Kontinuität zwischen der Ära der Tudors und der Stuarts bei. Sowohl die Tudorkönige als auch vor allem Jakob I. beriefen sich auf die Existenz einer gottgegebenen und damit unantastbaren Ordnung von Welt und Gesellschaft. Sie begründeten die in dieser Zeit allgemein anerkannte Theorie vom „Divine Right of Kings", also dem Königtum von Gottes Gnaden, mit der Annahme von der naturgegebenen Harmonie der wohlverstandenen Interessen von König und Volk. Kombiniert mit der Vorstellung, die königliche Autorität sei direkt durch Gott übertragen, erlaubte es dieses Modell, ein Widerstandsrecht der Untertanen selbst gegen einen tyrannischen König argumentativ auszuschließen.[26] In seinen Schriften vertrat Jakob I. die These der Divine-Right-Monarchie besonders entschieden und wandte sich gegen die von ihm als direkte Bedrohung empfundene Politik sowohl der katholischen Kirche in Rom als auch der Calvinisten. In den innerenglischen Auseinandersetzungen des 17. Jahrhunderts[27] spielte das Dogma dagegen nur eine nachgeordnete Rolle.

Die Beziehung zwischen Parlament und Krone war sowohl unter Jakob I. (James I. 1603–1625) als auch unter seinem Sohn Karl I. (Charles I. 1625–1649) von drei Konfliktfeldern dominiert: Kirchenverfassung, Finanzen bzw. Steuern und Außenpolitik. Zunächst überrascht es, daß es unter den Stuarts erneut zu einem konfessionellen Richtungsstreit kam. Schließlich galt diese Frage seit 1559 als endgültig zugunsten des Protestantismus und der anglikanischen Staatskirche entschieden. Ursache für ihr neuerliches Aufbringen war die Tatsache, daß sich ganz verschiedene religiöse Gruppen vom Dynastiewechsel des Jahres 1603 und der Person Jakobs I. Vorteile für ihre konfessionellen Anliegen versprachen. Schließlich gehörte es zu den Konsequenzen seiner Thronfolge, die durch den Abschluß einer Allianz zwischen England und Schottland im Jahr 1586 gesichert worden war, daß erstmals ein Herrscher in Personalunion England und das nach wie vor unabhängige Schottland regierte. Die Anhänger der anglikanischen Kirche erhofften sich vom protestantisch erzogenen Sohn der schottischen Königin Maria Stuart die Fortsetzung der Kirchenpolitik von Elisabeth I.[28] Dagegen erschien es den Katholiken selbstverständlich, daß der Sohn „ihrer" Maria Stuart die während der Tudorzeit erlassenen katholikenfeindlichen Gesetze liberalisieren würde. Und nicht zuletzt bauten die sogenannten Puritaner auf die schottische Herkunft von Jakob I. Sie wollten die anglikanische Staatskirche von allen noch an den Katholizismus erinnernden Praktiken säubern und damit die englische

Bischofskirche der schottischen calvinistisch orientierten Presbyterialkirche angleichen.[29] Obwohl sich damit bereits unter Jakob I. genügend Anlässe für konfessionelle Konflikte boten, eskalierte die kirchenpolitische Auseinandersetzung erst unter seinem Sohn Karl I. Dessen persönliche Verhaltensweisen sowie vor allem seine Kirchenpolitik boten der in dieser Hinsicht ausgesprochen mißtrauischen englischen Öffentlichkeit häufig Anlaß, den Mitgliedern des Königshauses die Neigung zum Katholizismus vorzuwerfen.

Aber auch in anderen Politikfeldern war die Unzufriedenheit der Bürger mit den Stuarts groß. Jakob I. hatte die kostspieligen Kriege mit Spanien und den Niederlanden zwar nicht initiiert, jedoch von seiner Vorgängerin geerbt. Dennoch wurde die wechselhafte und ingesamt glücklose Außen- und Kriegspolitik der beiden ersten Stuartkönige im Gegensatz zu den Erfolgen von Elisabeth I. von der englischen Öffentlichkeit als demütigend empfunden. Darüber hinaus verschärfte sie die ohnehin prekäre Haushaltssituation und verlieh dem Kompetenzkonflikt, der zwischen Krone und Parlament in Sachen Steuer- und Zollgesetzgebung herrschte, zusätzliche Schärfe. In Anbetracht dieser Spannungen war ein einvernehmliches Vorgehen zur Sanierung der Staatsfinanzen unmöglich. Indem sie neue Einfuhrzölle erhoben und Monopole verkauften, setzten sich sowohl Jakob I. als auch sein Nachfolger Karl I. über den Anspruch insbesondere des House of Commons hinweg, nicht nur die ordentlichen und außerordentlichen Steuern zu bewilligen, sondern auch bei sämtlichen Eingriffen in das Eigentum der Bürger mitzusprechen. Bei diesem Disput handelte es sich um weit mehr als nur eine steuer- bzw. finanzpolitische Auseinandersetzung. Vielmehr verbarg sich dahinter ein grundsätzlicher Konflikt über die Reichweite der königlichen Vorrechte gegenüber dem Parlament (Prärogative). Während der Amtszeit der Tudorkönige wurde der Bereich „government", in dem die Rechte des Königs als Träger der Regierungsgewalt absolut waren, von der Sphäre „property" unterschieden. Letztere umfaßte dabei nicht allein das Eigentum der Bürger, sondern durchaus die Gesamtheit der Rechte der Untertanen. In diesem Bereich galt die staatliche Macht und damit die Prärogative des Königs als beschränkt.[30] Das Bemühen der Stuarts, den Bereich des „government" auszudehnen, wurde von der Mehrheit der Bevölkerung und seiner parlamentarischen Vertreter als Beweis gewertet, daß der König einen monarchischen Absolutismus in England errichten wollte. Objektiv betrachtet traf dieser Vorwurf schon deshalb kaum zu, weil im England des 17. Jahrhunderts die Voraussetzungen für eine absolutistische Herrschaft, z.B. ein stehendes Heer als machtsichernde Basis, fehlten. Im Unterschied zu den kontinentaleuropäischen Monarchien bildete auch die englische Bauernschaft keine Gefahr für die Vorrangstellung der englischen Oberschicht und die bestehende Gesellschaftsordnung.[31]

Unübersehbar wurde der Konflikt zwischen Parlament und König und damit die „Polarisierung der politischen Nation"[32] während des dritten von Karl I. einberufenen Parlaments (1627 bis 1629). Nicht nur, daß der königliche Versuch mißlang, anläßlich des Krieges mit Spanien und Frankreich die Staatskasse am Parlament vorbei durch einen „forced loan" zu sanieren. Vielmehr zwang der politische Widerstand den König zu weitreichenden verfassungsgestaltenden Zugeständnissen: In der Petition of Rights (1628) formulierte die parlamentarische Opposition zunächst einen Katalog von Verstößen, den sich der König ihrer Auffassung nach hatte zuschulden kommen lassen.[33] Diesen verband sie mit der Bitte („petition") an den König, sich in Zukunft an das geltende Recht zu halten. Eingriffe in Rechte seiner Untertanen (Sphäre des „property") sollte er nur noch „by due process of law", also auf Grund allgemeiner Zustimmung in einem Parlamentsgesetz, vornehmen.[34] Die Petition of Rights beschränkte somit die königlichen Prärogativrechte. Obwohl es sich dabei zunächst nur um eine einseitige Willenserklärung des Parlaments handelte, ist sie deshalb als wesentliche Etappe auf dem Weg Englands zum modernen Rechtsstaat einzuordnen, weil sie darauf abzielte, den König an seine eigene Rechtsprechung zu binden.[35] Karl I. reagierte in der ihm eigenen Art auf die Forderungen der Parlamentsmehrheit. Er verkündete seinen Entschluß, vorläufig kein Parlament mehr einzuberufen,[36] und hielt sich daran während der nächsten elf Jahre, der Zeit des „persönlichen Regiments“. Auch das dann endlich einberufene „Kurze Parlament“ wurde nach drei Wochen bereits wieder aufgelöst. Es hatte die Gelder, die der König für die bewaffnete Auseinandersetzung um die Ausdehnung des englischen Kirchenwesens auf Schottland 1639/40 benötigte,[37] nur im Gegenzug zur Gewährung parlamentarischer Rechte genehmigen wollen. Da es dem König aber nicht gelang, seine Finanzprobleme anderweitig zu lösen, führte kein Weg an einer abermaligen Einberufung des nun „Langen Parlaments“ vorbei. Dieses unterschied sich in mehrfacher Hinsicht von allen Vorgängern.[38] Es war das erste Parlament, das seine Sitzungsdauer mittels des Triennal Acts selbst bestimmte, und es unternahm konkrete Schritte, massiv in die Prärogativrechte des Königs einzugreifen. Eine weitere Besonderheit bestand darin, daß eben dieser Eingriff – vor allem die Weigerung einer knappen parlamentarischen Mehrheit, dem König nach dem Aufstand der Iren im Herbst 1641 den Oberbefehl über das englische Heer zu übertragen – zu einer politischen Spaltung des Parlaments führte. Diese zog schließlich auch die Teilung des Landes in Regionen der königlichen und solche der parlamentarischen Partei nach sich. Die Zeit des ersten Bürgerkriegs (1642–1646) begann. Daß die Parlamentspartei keine homogene Gruppierung war, zeigte sich nach dem Tod ihres Anführers John Pym am Jahresende 1643. Von den gemäßigten sowie den puritanisch orientierten Presbyterianern, die zu einem Kompromiß mit dem König bereit waren, separierten sich radikale Puritaner. Deren politisches Verhalten wurde nicht nur von einer zum Teil irrationalen Katholikenfurcht beherrscht, sondern auch von der endzeitlichen Furcht vor dem bevorstehenden Reich des Antichrists geleitet. Die von ihnen geplante weitgehende Reform von Staat und Kirche sollte den Katholizismus in England dauerhaft ausschalten. Schließlich war in den Augen zahlreicher Engländer dieser Zeit niemand anderes als der Papst in Rom verdächtig, der Antichrist zu sein.[39] Zu diesem Zweck wandten sich die sogenannten Independenten auch gegen Anglikanismus und überkommenen Presbyterianismus, plädierten für eine weitreichende Eigenständigkeit der Gemeinden in Religion und Verwaltung und strebten den endgültigen Sieg über die Krone an.[40] Dieser religiös motivierte Radikalismus wurde zu einem entscheidenden Faktor in dem von Religions- und Kirchenpolitik geprägten englischen Bürgerkrieg.

Der König verließ England im Januar 1642 und kehrte erst 1647 – als Gefangener des Parlaments – zurück. Doch auch nach dem militärischen Sieg der New Model Army im Juni 1646, die unter der Führung Oliver Cromwells aus den ursprünglich schlecht organisierten Parlamentstruppen neu gebildet worden war, und dem Ende des ersten Bürgerkriegs stellte sich keine Ruhe im Land ein. Ganz im Gegenteil. Die Frage um die Vorherrschaft im Land spitzte sich immer mehr zu und eskalierte im zweiten Bürgerkrieg von 1648 bis 1649. Erstmals spielte dabei auch das breite Volk eine aktive politische Rolle und erhob gegenüber dem elitären und gerade in der Steuergesetzgebung eigenmächtig agierenden Parlament die Forderung nach weitgehender Demokratisierung. Noch brisanter wurde die Lage, als der König versuchte, das Parlamentslager dadurch weiter aufzubrechen, daß er aus seiner Gefangenschaft heraus denjenigen inhaltlich entgegenkam, die sich für eine Stärkung der presbyterianischen Elemente in der Kirchenverfassung aussprachen. Die Armee unter Oliver Cromwell empfand den sich abzeichnenden Kompromiß zwischen Krone und Parlament als Verrat an der eigenen Sache und schritt ein – dieses Mal auch gegen das Parlament. Die presbyterianisch gesinnte Mehrheit des Unterhauses wurde an der Teilnahme bei Beratungen gehindert, einen Teil der Abgeordneten nahm die Armee sogar in Haft. Die restlichen 80 Parlamentarier bildeten das Rumpfparlament (the Rump), das sich im Januar 1649 zur obersten Gewalt im Lande erklärte. Da Karl I. nicht bereit war, diesen revolutionären Akt zu legitimieren, forcierte die Armee unter Cromwell den Sturz der Monarchie. Als sich die wenigen verbliebenen Mitglieder des Oberhauses dagegen aussprachen, Karl I. den Prozeß zu machen, beschloß das Unterhaus die Auflösung des Oberhauses. Unter der spürbaren Einflußnahme Cromwells verurteilte ein Sondergericht den König zum Tode. Einzig die Armee begrüßte seine Hinrichtung am 16. Januar 1649, die Mehrzahl der Engländer war schockiert und mystifizierte in der Folge den toten König. Zwei Monate nach dem gewaltsamen Tod des Monarchen wurde England auf Beschluß des Rumpfparlaments, das nur einen kleinen Teil der Bevölkerung repräsentierte, Republik. Schließlich trieb Cromwell als Oberbefehlshaber den revolutionären Umbruch dadurch, daß er das Rumpfparlament gewaltsam auflöste, noch weiter. Geleitet von religiösen Heilsvorstellungen beriefen Cromwell und die Armee nach einem halben parlamentslosen Jahr das sogenannte „Nominated Parliament" ein. Doch auch dieses Experiment einer „puritanischen Oligarchie der Heiligen"[41] scheiterte im Dezember 1653. Damit fiel die Macht an Cromwell als Lord Protector zurück. Nach dessen Tod 1658 gelang es seinem Sohn Richard nicht, die bereits unter seinem Vater ins Wanken geratene Macht zu sichern. Der Sturz der Protektoratsherrschaft durch militärische Führer zog zunächst die Einsetzung des 1653 aufgelösten Rumpfparlaments nach sich. Schließlich wurde es im Jahr 1659 durch die kurzzeitige Wiedereinberufung des Langen Parlaments möglich, Neuwahlen und damit die rechtliche Anknüpfung an die alten vorrevolutionären Zustände zu erreichen.

Die Restauration der Monarchie erlaubte die friedliche Rückkehr der Stuarts auf den englischen Thron. Karl II., der nach der Hinrichtung seines Vaters zunächst in Schottland die Thronfolge angetreten hatte, nach der militärischen Niederlage gegen Cromwell 1652 aber ins Exil nach Frankreich hatte fliehen müssen, wurde König (1660–1685).[42] In der Folgezeit wurde die Macht des Parlaments durch die Zugeständnisse des Königs so stark ausgeweitet, daß es berechtigt ist, die Monarchie als in „hohem Maße konstitutionell"[43] zu bezeichnen. So gelang es dem Parlament 1679, mit dem Habeas-Corpus-Act den Schutz der bürgerlichen Freiheitsrechte gegenüber königlicher Zwangsgewalt deutlich zu verbessern. Ihm zufolge durfte niemand länger als drei Tage in Haft festgehalten werden, ohne einem Richter vorgeführt zu werden.[44] Der König war aber nicht bereit, aus der auch darin zum Ausdruck kommenden Veränderung seiner Situation tatsächlich Konsequenzen zu ziehen und sein politisches Verhalten dem ungewohnten Vorrang des Parlaments anzupassen.

Dagegen änderte sich das inhaltliche Zusammenwirken beider Institutionen gegenüber der vorrevolutionären Zeit nur wenig. Über die Kirchenverfassung stritt man schon deshalb vehement, weil Karl II. ganz offensichtlich dem Katholizismus nahestand. Zu einem erbitterten Streit zwischen König und Parlament, der schließlich auch zur parteilichen Spaltung des Parlaments führte, kam es über der Frage der Thronfolge. Anlaß waren Gerüchte über ein von den Katholiken geplantes Komplott mit dem Ziel, Jakob, den katholischen Bruder von König Karl II., gewaltsam auf den Thron zu heben und in England eine Gegenreformation einzuleiten. Bei der nachfolgenden parlamentarischen Auseinandersetzung über die gesetzliche Regelung der Thronfolge trat die Gruppe der „Whigs" für den Vorrang des Parlaments ein, forderte das Widerstandsrecht gegen tyrannische Könige und wollte vor allem Katholiken ausdrücklich von der Thronfolge ausschließen. Im Unterschied zu den Whigs, die mit Hilfe naturrechtlicher Überlegungen auf die Lehre vom Urvertrag zwischen Herrscher und Volk pochten, beriefen sich ihre Kontrahenten, die „Tories", auf das göttliche Recht der Dynastie und die Identität von Staat und Kirche. Damit gestanden sie dem König nicht nur die Wahrung seiner Prärogativrechte zu, sondern erklärten ihre uneingeschränkte Loyalität gegenüber der Erbmonarchie.[45] Der König behielt in dieser Auseinandersetzung die Oberhand. Weder die ländliche Bevölkerung noch der dortige niedrige Adel waren nämlich bereit, einen neuerlichen Bürgerkrieg zu riskieren. Zur Eskalation zwischen König einerseits und Parlament bzw. Eliten andererseits kam es erst, als schließlich nach dem Tod von Karl II. doch dessen katholischer Bruder Jakob II. (1685–1688) die Thronfolge antrat und alles daransetzte, die Gleichberechtigung seiner Religion in England zu erzwingen. Zu diesem Zweck infiltrierte er nicht nur das von ihm entgegen bisheriger Tradition aufgebaute stehende Heer mit katholischen Offizieren, sondern wies auch das politisch und gesellschaftlich einflußreiche Amt des Friedensrichters Leuten seines Vertrauens und seiner Konfession zu. Damit brachte er die Oberschicht, die sich zumindest in der Frage ihrer eigenen und der Vorherrschaft des Parlaments einig war, endgültig gegen sich auf. Als dann noch ein männlicher Thronfolger geboren wurde, der die Kontinuität der katholischen Dynastie befürchten ließ, ergriffen einige tonangebende Vertreter der einflußreichen Oberschicht – vier Whigs und drei Tories – die Initiative und forderten Wilhelm III. von Oranien (1689–1702) zur Intervention in England auf. Wilhelm, der Enkel Karls I., war mit Maria, der Tochter Jakobs II. aus dessen erster Ehe, verheiratet. Bis zur Geburt des Königssohns wenige Wochen zuvor wäre Maria ohnehin in der Erbfolge die nächste gewesen. Wilhelm bewogen vor allem außenpolitische Motive, dem Ansinnen nachzukommen. Für seinen Kampf gegen Frankreich kam ihm die Möglichkeit, England aktiv einzubeziehen, sehr gelegen. Wilhelms Landung stieß auf keinen Widerstand. Von den Engländern wurde der Machtwechsel mehrheitlich als Wiederherstellung eines gewünschten und für richtig erachteten Zustandes eingestuft. Der englische König floh, nachdem Wilhelms Flotte in England gelandet war und sein eigenes Heer auseinanderlief, nach Frankreich.

Revolutionär war dieser unblutige und deshalb als „glorreich" bezeichnete Umbruch durch die „Glorious Revolution" deshalb, weil er sowohl in konstitutioneller als auch in institutioneller Hinsicht mit der bis dahin bestehenden verfassungsrechtlichen Tradition brach.[46] Da Jakob II. das Parlament im Juli 1688 aufgelöst hatte, war England zum Zeitpunkt der Landung Wilhelms ohne Parlament und wenige Wochen später, nach der Flucht Jakobs II., auch ohne König. Die neue Versammlung (Convention Parliament), die die Herrschaft schließlich Wilhelm und Maria übertrug, war von einer „völlig außerhalb jeder Verfassung stehenden"[47] Gruppe von Lords einberufen worden. Sie setzte sich aus gewählten Abgeordneten zusammen, die überwiegend noch unter Karl II. Parlamentsmitglieder gewesen waren.[48] Der Krönung des Königspaares ging eine Belehrung über die künftigen Beschränkungen königlicher Herrschaft voraus, die das Convention Parliament in der Declaration of Rights vom Februar 1689 formuliert hatte. Kaum hatte diese parlamentarische Versammlung nach der Krönung den Status eines ordentlichen Parlaments erhalten, wurde das Dokument in abgeschwächter Form im Dezember 1689 nochmals als Bill of Rights verabschiedet. Damit erhielt es Gesetzeskraft.[49]

Neben einem Vorspann, in dem die Untaten und Versäumnisse von Jakob II. aufgelistet sind, enthält die Bill of Rights – quasi als Antwort auf die Mängel der bisherigen Verfassungspraxis und als Programm der künftigen Gesetzgebung – unter anderem dreizehn Artikel zu den Rechten des Parlaments. Darin wurden unter anderem das Steuerbewilligungsrecht des Parlaments, das Verbot eines stehenden Heers, die Abschaffung des königlichen Vorrechts, Gesetze des Parlaments auszusetzen, sowie das Recht auf freie Parlamentswahlen und auf Redefreiheit im Parlament verankert. Die „Glorious Revolution" galt damit als abgeschlossen. Eine konstitutionelle Monarchie hatten diese Umwälzungen aber noch nicht hervorgebracht. Zwar konnten Gesetze nur noch von König, Lords und Commons gemeinsam erlassen bzw. zurückgenommen werden, und das Parlament hatte (gemeinsam mit den Gerichten) das Recht, den Inhalt der königlichen Prärogative zu bestimmen. Durch die Vorstellung eines Dreiklangs der Gewalten[50] umging man aber nach wie vor die Frage nach dem obersten Sitz der Souveränität.[51]

4. Parlament und Regierung im 18. Jahrhundert

Erst die weitere politische Entwicklung des Landes räumte die verbliebenen Zweifel an der Parlamentarisierung des Systems aus. Ein wichtiger Schritt in der Entwicklung des Parlamentarismus war der Triennal Act von 1694, demzufolge das Parlament spätestens alle drei Jahre neu einberufen werden mußte.[52]

Mit dem Act of Settlement von 1701, der den Ausschluß der Katholiken von der Thronfolge vorsah, wurde ein anderer Konfliktpunkt zwischen König und Parlament abschließend geregelt. Dadurch wurde zugleich der Privy Council des Königs, also der „Geheime Staatsrat", der ursprünglich das wichtigste exekutive Entscheidungsgremium darstellte, der parlamentarischen Kontrolle unterstellt und die Unabhängigkeit der Richter von der Regierung verfügt.[53] Diese Regelungen beschränkten die Stellung des Königs als Teil der Legislative zumindest in rechtlicher Hinsicht relativ stark.[54] Seine Prärogativrechte fielen in Anbetracht der politischen Realitäten als Quelle der Macht weitgehend weg. Die finanzielle Abhängigkeit der Krone von den Geldbewilligungen des Parlaments raubte dem Recht des Königs, das Parlament zu vertagen und aufzulösen, jede praktische Grundlage. Vom königlichen Vetorecht machte der Monarch letztmals 1708 Gebrauch.

Die nachfolgende Ausgestaltung der Beziehungen von Krone und Parlament ist auch in Zusammenhang mit der expansiven Außenpolitik sowohl von Wilhelm III. als auch von seiner Schwägerin und Nachfolgerin, Königin Anna, zu sehen. Die zwischen 1689 und 1714 geführten Kriege stärkten einerseits die weltpolitische Bedeutung Englands und machten es andererseits notwendig, den gesamten Regierungsapparat neu zu organisieren. Regierung und Verwaltung wurden zunehmend professionalisiert, der königliche Hof dagegen noch weiter in den Hintergrund gedrängt. Obwohl in der britischen politischen Theorie dieser Zeit noch die Auffassung von der zentralen Position des Königs und der völligen Unabhängigkeit der Exekutive bestand,[55] entwickelte sich das Unterhaus in der Praxis aufgrund seiner Monopolstellung in Steuer- und Finanzangelegenheiten zu einem zweiten Zentrum der Macht.[56] Dabei repräsentierte diese Kammer des Parlaments aber keinesfalls das gesamte Volk. Zwischen Oberhaus und Unterhaus bestand keine nennenswerte soziale Trennung, vielmehr gehörten, von wenigen Ausnahmen abgesehen, die Mitglieder beider Häuser der sozialen Oberschicht an. Damit war das gesamte Parlament des 18. Jahrhunderts in seiner Mehrheit ein Herrschaftsinstrument des Adels,[57] das sich als Hüter der Gesamtinteressen im Sinne des „property" verstand.[58] Ein wesentlicher Unterschied zwischen beiden Häusern ist aber darin zu sehen, daß der Einfluß des Monarchen auf das House of Lords schon aufgrund seines Ernennungsrechts deutlich größer war.

Auch nach der Glorious Revolution verliefen die eigentlichen Trennungslinien innerhalb des Unterhauses zwischen der Partei der Whigs und der Partei der Tories.[59] Dabei dienten diese Bezeichnungen im 18. Jahrhundert in erster Linie dazu, Parlamentsmitglieder nach ihrem Verhältnis zur Krone und zur Patronagegewalt der Krone einzuordnen. König Georg I. (1714–1727), der die Herrschaft des Hauses Hannover einleitete, mißtraute den Tories. Sie galten als Anhänger der alten Ordnung und damit als potentielle Parteigänger des Hauses Stuart. Damit schuf er die Grundlage für eine jahrzehntelange Vorherrschaft der Whigs. Ohne diese wiederum wäre es kaum möglich gewesen, daß Sir Robert Walpole als Erster Lord des Schatzamtes mehr als zwanzig Jahre lang (1721–1742) die Regierungsgeschäfte weitgehend kontrollierte. Walpole, der als erster Premierminister Englands gilt, verstand es meisterlich, die Mehrzahl der Mitglieder des Parlaments für die Interessen der Krone einzunehmen und die Legislative damit gefügig zu machen. Das noch völlig undemokratische Wahlrecht der damaligen Zeit, das Manipulationen Tür und Tor öffnete,[60] ermöglichte es ihm, in vielen Wahlkreisen für die Wahl regierungsfreundlicher Abgeordneter zu sorgen. Während den durch den Septennial Act 1716 auf sieben Jahre ausgedehnten Legislaturperioden band er eine große Zahl von Abgeordneten dadurch, daß er sie in den Genuß der von der Krone zu vergebenden Ämter, Würden, Aufträge oder Pensionen kommen ließ, geschickt in die Regierungspolitik ein. Whitehall als Sitz der Regierung entwickelte sich zu dem Ort, von dem aus die parlamentarischen Mehrheiten organisiert und damit die inhaltliche Arbeit des Parlaments auch gesteuert wurde.[61] Diese enge Verbindung zwischen Parlament und Exekutive hatte aber noch eine andere Seite. Auch der Monarch war in seinem Handeln nicht unabhängig. Seine Freiheit, Minister zu ernennen, wurde durch den Mitspracheanspruch des Parlaments zunehmend eingeschränkt. Spätestens seit dem Sturz Walpoles konnte der König nur noch solche Politiker als Mitglieder seiner Regierung auswählen, die einerseits über parlamentarischen Einfluß verfügten und andererseits vom Parlament akzeptiert wurden.[62] Das parlamentarische Regierungssystem[63] und das Prinzip der Kabinettsregierung bildeten sich heraus. Zu den Begleiterscheinungen der Ämterpatronage unter Walpole gehörte schließlich die Entstehung parlamentarischer Opposition. Das von ihm kontrollierte Ämtermonopol schloß einen Teil der Parlamentarier von allen Ämtern aus. In dem Maße, in dem die davon betroffenen Abgeordneten erkannten, daß ihnen damit eben auch der Zugang zur Exekutive verwehrt wurde, formierte sich eine Gegenbewegung innerhalb des Parlaments. Während bis dahin höchstens einzelne Abgeordnete in bestimmten Sachfragen opponiert hatten, bildete sich nun eine Gruppe heraus, die sich zumindest in ihrer Gegnerschaft zu Walpole einig und als Opposition identifizierbar war.[64] Zumindest phasenweise wich der ehemalige Gegensatz zwischen Parlament und Krone dem Interessenkampf von Regierungsmehrheit und Opposition. Dabei ist auch für das Phänomen Opposition an das für Parlament und Parteien bereits Gesagte zu erinnern. Die frühe Namensgebung darf nicht darüber hinwegtäuschen, daß sich die Strukturmerkmale von Opposition im heutigen Verständnis – Opposition als alternative Regierung und dauernde Institution – erst später herausbilden. Voraussetzung dafür war die Konsolidierung der Parteien und der Machtverlust des Königs gegen Ende des 18. Jahrhunderts.[65]

II. Die Besonderheiten der englischen Verfassung

Die immer wieder getroffene Feststellung, Großbritannien habe gar keine Verfassung, wird dem Land, das seine Gefechte gegen den Absolutismus weit früher geführt und gewonnen hatte als die kontinentaleuropäischen Länder, nicht gerecht. Als sich das Verfassungsverständnis herausbildete, das diesem „Vorwurf" zugrunde liegt, hatten die Engländer durch die Cromwell-Verfassung von 1653 längst Erfahrungen mit einer geschriebenen Verfassung gemacht. Erst die weitere englische Entwicklung führte dann zu den deutlichen Unterschieden gegenüber dem kontinentaleuropäischen Verfassungstyp,[1] der dadurch charakterisiert ist, daß er in einer demokratischen Prozedur zustande gekommen und nicht mit einfacher Mehrheit abänderbar ist.

Dieser Typ von Verfassung legt in einem geschlossenen Dokument die jeweilige Grundordnung des Landes sowie die Grundzüge der Machtverteilung und Machtbegrenzung ebenso fest wie die Wege der Entscheidungsfindung, die Regelungen für Konfliktlösungen, die Minderheiten- und meist auch die Grundrechte. Nach diesem Verfassungsverständnis besitzt Großbritannien tatsächlich keine Verfassung. Da jedoch viele Elemente, die in anderen Staaten in einer Verfassung geregelt sind, in Großbritannien zwar nicht in einem einheitlichen Verfassungsdokument,[2] zumindest aber in Gesetzesform fixiert sind, erscheint es angemessener festzuhalten, daß Großbritannien in erster Linie eine kodifizierte Verfassung, also eine Verfassungsurkunde, fehlt.

1. Einordnung und Bestandteile der nichtkodifizierten Verfassung Großbritanniens

Als wichtigste Quelle des britischen Verfassungsrechts sind die vom Parlament erlassenen Gesetze, das sogenannte „statute law“, zu nennen.[3] In diese Kategorie gehören auch die Bestimmungen, die größtenteils bereits beim Überblick über die britische Verfassungsgeschichte genannt wurden: die Magna Charta Libertatum (1215), die Petition of Rights (1627), die Habeas-Corpus-Akte (1679), die Bill of Rights (1689), der Act of Settlement (1701) sowie die Parlamentsgesetze von 1911 und 1949. Trotz ihrer fundamentalen Bedeutung für die verfassungsrechtliche und politische Entwicklung Großbritanniens handelt es sich bei diesen vom Parlament erlassenen Normen um ganz „normale“ Gesetze, die mit einer einfachen Mehrheit des Parlaments jederzeit geändert oder sogar aufgehoben werden können.

Als ein weiterer wichtiger Bestandteil der britischen Verfassung[4] gelten die „constitutional conventions“. Diese Konventionen besitzen den Charakter von Spielregeln für den politischen Prozeß. Sie wurden zwar selten schriftlich niedergelegt, haben sich aber entweder aufgrund langer Übung oder aufgrund einer entsprechenden informalen Vereinbarung der Betroffenen zu einem anerkannten Normenkatalog entwickelt, der von allen Beteiligten zu befolgen ist.[5] Meist regeln diese Konventionen Organisation, Prozesse und Beziehungen von Westminster (also dem Parlament), Whitehall (Regierung und Ministerialverwaltung) und der Queen. Einige berühren aber auch die Beziehungen zwischen den Staaten des Commonwealth.[6]

Die Praxis, daß ein amtierender Premierminister nach der Niederlage seiner Partei bei Unterhauswahlen umgehend die Queen aufzusuchen und um Entlassung aus seinem Amt nachzusuchen hat, entspringt einer solchen „constitutional convention“. An einem anderen Beispiel sieht man, wie wandlungsfähig diese Spielregeln sind. So schrieb die entsprechende

„constitutional convention“ im 19. Jahrhundert lediglich vor, daß der Premierminister einer von beiden Kammern des Parlaments angehören mußte. Als letzter Premierminister, der Mitglied des Oberhauses war, amtierte Lord Salisbury (1886–1892 und 1895–1902). Seit den 20er Jahren unseres Jahrhunderts steht nun fest, daß der Regierungschef Mitglied der demokratisch legitimierten Parlamentskammer, also des Unterhauses, sein muß und diesem gegenüber auch verantwortlich ist.[7] Ein derartiger Wandel von „constitutional conventions“ setzt das (stillschweigende) Einverständnis der politischen Akteure ebenso voraus wie das der Öffentlichkeit. Besteht dieser Konsens nicht, wird also eine Konvention verletzt, kann der Verstoß meist aber nicht juristisch, sondern höchstens politisch sanktioniert werden.

Eine andere Quelle britischen Verfassungsrechts ist das sogenannte „common law“. Diese Bezeichnung als „gemeinsames“ oder „gemeines“ Recht ist darauf zurückzuführen, daß nach der normannischen Invasion 1066 die Richter des Königs im Land umherreisten und sich dieses (königliche) Recht allmählich gegenüber den besonderen Rechtsgewohnheiten einzelner Landesteile durchsetzte. In Abgrenzung von den bereits vorgestellten Parlamentsgesetzen („statute law“) versteht man unter „common law“[8] in erster Linie das sogenannte Richterrecht („case law“). Mit diesem Ausdruck ist aber nicht gemeint, daß britische Richter willkürlich neues Recht erfinden könnten. Vielmehr besteht ihr Auftrag darin, nach Präjudizien, also nach vorausgegangenen Entscheidungen höherer Instanzen, zu suchen, die auf ihren aktuellen Fall passen. Nur wenn sich keine übertragbare Entscheidung finden läßt, sind die Richter zur Rechtsetzung ermächtigt. Dieser Rechtsetzungsauftrag gilt aber nur so lange, wie das Parlament die entsprechende Materie nicht selbst durch sein „statute law“ geregelt hat. „Common law“ wird im Falle eines Widerspruchs also immer von „statute law“ verdrängt. Ebenfalls als Bestandteil des „common law“ wird von den meisten Autoren die königliche Prärogative („royal prerogative“) eingestuft.[9] Dieses ursprünglich gesetzlich nicht gebundene Vorrecht des Monarchen, Krieg zu erklären, völkerrechtliche Verträge abzuschließen, Begnadigungen auszusprechen, das Unterhaus aufzulösen und Adelstitel zu verleihen, ist im Zuge der Entwicklung zur konstitutionellen Monarchie durch Gesetz und Konvention weitreichend modifiziert und beschränkt worden. So ist es das Ergebnis wiederum einer „constitutional convention“,[10] daß der Monarch nicht selbst über die Ausübung dieses Vorrechts entscheidet, sondern sich dabei jeweils vom zuständigen Kabinettsmitglied bzw. dem Premierminister „anleiten“ läßt. Diese tragen dafür auch die politische Verantwortung. Als „Berater und Lenker der königlichen Prärogative“[11] beziehen die Minister zumindest theoretisch – die Wirklichkeit des parlamentarischen Regierungssystems sieht anders aus – die Legitimation für entsprechende Handlungen von der Krone und nicht vom Parlament.

Gerade in Ermangelung einer geschriebenen Verfassung gelten im britischen Verfassungsverständnis sogar die Lehrmeinungen sogenannter „Autoritäten“ als Teil des Verfassungsrechts. Ein Rang, der vor allem dem Werk „Law of the Constitution“ von Albert Venn Dicey zugebilligt wird,[12] das im Jahr 1885 erstmals erschien und seither mehrere Neuauflagen erfuhr. Der Stellenwert solcher „Autoritäten“ ist aber all denjenigen, die für eine Reform der britischen Verfassung und damit auch für die verbindliche Verankerung eines Grundrechtskatalogs eintreten, eher suspekt. Ferdinand Mount rechnet Dicey zu den „drei großen Vereinfachern“, und Vernon Bogdanor fühlt sich sogar herausgefordert, den Geist Diceys aus dem britischen Verfassungsdenken zu „exorzieren“.[13] Darin kommt die Einschätzung zum Ausdruck, daß Diceys entschiedene Positionen zu den Inhalten der britischen Verfassung sich vielleicht sogar dauerhafter in das britische Denken eingewoben haben, als es Verfassungsnormen jemals könnten. Zumindest ist das so geprägte Bewußtsein schwieriger abzuändern als entsprechende Verfassungsartikel.

2. Der Grundsatz der Parlamentssouveränität

Die Übersicht über die Quellen britischen Verfassungsrechts zeigt, daß Großbritannien wie jeder andere moderne Staat über eine sogenannte materielle Verfassung verfügt, also über ein Regelwerk, das die Grundprinzipien staatlicher Organisation und Prozesse umschreibt.[14] Diese Sammlung geschriebener und ungeschriebener Regeln erfüllt aber nicht die Kriterien einer sogenannten formellen Verfassung. Von einer Verfassung im formellen Sinn kann nämlich nur dann gesprochen werden, wenn die Änderung oder Aufhebung ihrer Normen im Vergleich zum sonstigen Recht erschwert ist.[15] Genau dies ist bei der britischen Verfassung eben nicht der Fall. Sie kennt keine besonderen Anforderungen, schreibt also weder eine verfassungsändernde Mehrheit vor, noch erklärt sie gar bestimmte Grundprinzipien für unabänderbar, wie dies etwa das deutsche Grundgesetz in Art. 79 Abs. 3 vorsieht. Der Verzicht des britischen Rechts auf privilegierte Normenbestände ist Ausdruck der sogenannten Parlamentssouveränität („parliamentary sovereignty").[16] Dicey zufolge, dessen Interpretation der Parlamentssouveränität bis heute dominiert, umfaßt dieses Prinzip drei verschiedene Aspekte.[17] Zum einen kommt darin die Absage an jede Form von übergeordnetem Recht (im Sinne eines „fundamental law") zum Ausdruck, an dem etwa Richter die Gültigkeit eines Parlamentsgesetzes messen könnten.[18] Zum zweiten besteht die Souveränität des Parlaments fortwährend. Jedes Parlament ist befugt und in der Lage, sich über frühere Parlamentsgesetze hinwegzusetzen und damit die Parlamentssouveränität immer wieder aufs neue zu aktualisieren. Und drittens wird durch die Doktrin auch die Rolle der britischen Gerichte umschrieben. Deren besonderes Verhältnis zum Parlament kommt darin zum Ausdruck, daß ihnen einerseits verwehrt ist, die Anwendung eines Parlamentsgesetzes zu verweigern, und sie sich andererseits zur Interpretation von Parlamentsgesetzen exakt an deren Wortlaut zu halten haben („literal rule"). Anders als die meisten kontinentaleuropäischen

Gerichte sind sie also nicht befugt, sich bei der Auslegung an der (unterstellten) Zielsetzung des Gesetzgebers und dem Sinn und Zweck des Rechtssatzes auszurichten („teleologische Interpretation").[19]

Strenggenommen kann das Prinzip der Parlamentssouveränität sogar als der einzige Grundsatz der britischen Verfassung interpretiert werden, der den Anforderungen eines formellen Verfassungsverständnisses gerecht wird. Allein er steht nämlich nicht zur Disposition des Parlaments, bindet also als einzige Norm alle britischen Staatsorgane. Mit dieser Doktrin der Parlamentssouveränität war aber zu keiner Zeit gemeint, daß sich das Parlament quasi die Oberherrschaft über die anderen Staatsorgane aneignen könnte. Im Sinne des Verständnisses eines parlamentarischen Regierungssystems, wie es sich seit Anfang des 17. Jahrhunderts herausgebildet hatte, wurde dadurch vielmehr ein aus mehreren Organen (Monarch mit Regierung, Unterhaus, Oberhaus) zusammengesetztes Subjekt berechtigt. Parlament steht hier demnach als Kurzfassung für „Queen-(bzw. King-)in-Parliament". Als der damals führende Verfassungsrechtler Sir William Blackstone 1765 im ersten Buch seiner „Commentaries on the Laws of England" die Parlamentssouveränität entsprechend beschrieb, barg diese Konstruktion noch ein gewaltenteilendes Element. Obwohl sich schon zu seiner Zeit der Vorrang des Parlaments vor dem Monarchen verfestigt und die Grundzüge des parlamentarischen Regierungssystems herausgebildet hatten, mußten dennoch alle Institutionen mitwirken, um ein Gesetz in Kraft treten zu lassen. Auf diese Weise war gewährleistet, daß die Teile des englischen Volkes, denen zu dieser Zeit gesellschaftliche Bedeutung beigemessen wurde, zumindest indirekt am Zustandekommen von Gesetzen beteiligt waren. Da sich die verfassungsrechtlichen Gegebenheiten aber inzwischen dadurch geändert haben, daß Oberhaus und Monarch nur noch die „dignified parts of the constitution"[20] bilden, ist die ursprüngliche Gewaltenteilung deutlich beeinträchtigt.[21] Aus einer auf mehrere Organe verteilten Parlamentssouveränität wurde de facto die Souveränität des Premierministers und seiner Parlamentsmehrheit.

Zwar sind die gewaltenteilenden Effekte auch in anderen Verfassungsstaaten durch die parteienstaatliche Entwicklung eingeschränkt. Im sogenannten Westminster Modell[22] wirkt sich dies aber deshalb deutlich stärker aus, weil hier die legislative und die exekutive Macht in den Händen der einen Regierungspartei konzentriert sind. Es gehört zu den Konstanten britischer Politik, daß die jeweilige parlamentarische Opposition auf die damit verbundenen Gefährdungen, vor allem der Bürgerrechte, hinweist. Ebenfalls üblich ist es aber auch, daß sie, sobald sie selbst wieder an der Regierung ist, die früheren Bedenken für nicht mehr berechtigt hält. Von diesem Politikmuster ist die Regierung von Tony Blair mit ihren sofort nach dem Wahlsieg eingeleiteten Reformen erstmals abgewichen.[23]

3. Großbritannien in der Europäischen Union

Der Beitritt zu den Europäischen Gemeinschaften (EG) 1973 und seine seitherige Mitgliedschaft brachte Großbritannien weiterreichende innenpolitische und verfassungsrechtliche Konsequenzen als allen anderen Mitgliedstaaten. Nur wenn man dies berücksichtigt, kann man die Spannungen im Verhältnis von Großbritannien und den EG bzw. der Europäischen Union (EU) nachvollziehen und verstehen, warum sich Europa zu einem der wichtigsten innenpolitischen Themen des Landes entwickelte. Von den britischen Parteien verfolgen nur die proeuropäisch eingestellten Liberal Democrats seit Jahrzehnten dieselbe Europapolitik. Die beiden großen Parteien nahmen dagegen in ihrer europapolitischen Ausrichtung geradezu abenteuerlich anmutende Veränderungen vor. Die Labour Party, die lange Zeit dann, wenn sie in der Opposition war, die europäische Integration entschieden ablehnte, sprach sich in ihrem Wahlprogramm „New Hope for Britain" von 1983 sogar für einen Austritt aus der Gemeinschaft aus. Während die damalige Labour-Führung die von ihr betriebene Verteufelung der EG damit begründete, daß der Gemeinsame Markt nur die kapitalistischen Marktkräfte stärke, scheint genau dieser Aspekt mit ein Grund dafür gewesen zu sein, warum die Tories der EG zwischen Anfang der 60er und Ende der 80er Jahre insgesamt aufgeschlossen gegenüberstanden. Mit der Abkehr der EG von einer rein marktwirtschaftlichen Ausrichtung und ihrer Zuwendung zu sozialen Inhalten unter Kommissionspräsident Jacques Delors veränderte sich auch die Haltung der beiden britischen Parteien. Um sich innenpolitisch stärker vom Thatcherismus abzugrenzen, schlug die Labour Party mehrheitlich einen pro-europäischen Kurs ein. Gleichzeitig wurde die Haltung der Konservativen zur sozialen Dimension, zur Wirtschafts- und Währungsunion sowie zur Politischen Union seit Ende der 80er Jahre geradezu feindselig.[24] Aus der Sicht Margaret Thatchers, die sich damit aber zunehmend auch in der eigenen Partei und ihrem Kabinett isolierte, gab es keine andere Wahl, als eine radikal andere Haltung einzunehmen als der Rest der Gemeinschaft, „die Fahne der nationalen Souveränität, des Freihandels und des freien Unternehmertums hochzuhalten und zu kämpfen".[25] Damit haben zwar beide Parteien einen inhaltlichen Schwenk vorgenommen, dennoch sind die substantiellen Unterschiede in der Europapolitik zwischen Labour und der Konservativen Partei relativ schwach ausgeprägt.[26] Beide lehnen eine nennenswerte Vertiefung der europäischen Integration wegen der damit verbundenen Abtretung von weiteren Souveränitätsrechten ab und plädieren statt dessen für ein erweitertes, intergouvernementales Europa der Nationalstaaten, in dem bei Fragen von nationalem Interesse nach wie vor Einstimmigkeit gelten soll. Vor diesem Hintergrund sollten die europafreundlichen Signale, die z. B. mit der Unterzeichnung der Sozialcharta des Maastrichter Vertrags von der neuen Labour-Regierung schon frühzeitig ausgesandt wurden, nicht überbewertet werden.[27] So äußerte sich Tony Blair hinsichtlich eines Beitritts zur Wirtschafts- und Währungsunion[28] zwar deutlich positiver als noch sein Vorgänger, aber auch er behandelt diese Frage als eine offene. Ihre endgültige Beantwortung wird sowohl vom anfänglichen Verlauf der Währungsunion (ohne Großbritannien) als auch vom Ausgang eines entsprechenden Referendums abhängig gemacht werden.[29]

Die Schwierigkeiten der beiden großen britischen Parteien mit Europa[30] sind auch auf die außen- und wirtschaftspolitische Entwicklung des Landes sowie auf seine verfassungsrechtlichen Besonderheiten zurückzuführen.[31] Großbritannien zog aus dem Zweiten Weltkrieg eine andere Erfahrung als die kontinentaleuropäischen Staaten. Waren diese zu der Überzeugung gekommen, daß Frieden und wirtschaftlicher Wiederaufbau nur im Rahmen internationaler Zusammenarbeit erreicht werden könnten, sahen die Briten die Vorzüge ihrer insularen Position dadurch, daß sie von Besatzung und Gewaltherrschaft verschont geblieben waren, bestätigt.[32] Im übrigen war Großbritannien daran interessiert, als Mitglied des Commonwealth Rohstoffe und Nahrungsmittel weiterhin billiger als die europäischen Konkurrenten einführen zu können und in den Commonwealth-Staaten einen sicheren Absatzmarkt für die eigenen Waren zu besitzen. Diese Option war attraktiver als die Aussicht, in einer europäischen Wirtschafts- und Zollunion in Konkurrenz zu ähnlich strukturierten Industrien treten zu müssen.[33] Angesichts der sich ausprägenden bipolaren Weltordnung erschien es auch aus politischen Gründen klüger, die „special relationship“ zu den Vereinigten Staaten von Amerika zu pflegen, als sich auf europäische Partner einzustellen.[34]

Daß sich die Briten schließlich doch zur Teilnahme an den Europäischen Gemeinschaften entschlossen, ist auf verschiedene Faktoren zurückzuführen. Einerseits bewiesen Dekolonisation und Suez-Debakel (1956) endgültig, daß Großbritannien seine Führungsrolle in der Weltpolitik verloren hatte, andererseits wurde die EG durch ihren wirtschaftlichen Erfolg zunehmend attraktiver.[35] Zunächst wurden die britischen Annäherungsversuche, die das Land auch auf Anraten der USA vornahm, zurückgewiesen. Zwei Beitrittsgesuche (1963 von der konservativen Regierung unter Harold Macmillan und 1967 von der Labour-Regierung unter Harold Wilson) scheiterten am französischen Veto. Frankreich sah durch einen Beitritt Großbritanniens die eigene Vormachtstellung in Europa gefährdet und hielt den Kandidaten aufgrund seiner dominanten atlantischen Orientierung sowie seiner wirtschaftlichen Probleme nicht für integrationsfähig.[36] Die Grundlagen für eine Verbesserung der britisch-französischen Beziehungen[37] und damit für den Beitritt zur EG wurden erst nach dem Rücktritt de Gaulles 1969 gelegt. Die Regierung des konservativen Premierministers Edward Heath stellte 1970 einen erneuten Aufnahmeantrag und unterzeichnete den Beitrittsvertrag 1972.

Doch auch nach dem Beitritt und dessen plebiszitärer Billigung in Großbritannien[38] gingen die Probleme in den britisch-europäischen Beziehungen weiter.[39] Prägend wurde der Konflikt über die europäische Agrarpolitik und deren Ausrichtung auf die überschußproduzierenden Mitgliedstaaten Frankreich und Deutschland. Großbritannien mit seinem kleinen, als effizient geltenden Agrarsektor konnte von der immensen Subventionierung durch den Agrarfonds nicht profitieren, sondern entwickelte sich sogar seit 1977 zum größten Nettozahler der EG. Erst Margaret Thatcher gelang es nach jahrelangen zähen Verhandlungen („we want our money back"), die Forderung nach einer Rückerstattung und einer Neufestlegung des britischen Beitrags 1984 durchzusetzen.

Zu den wesentlichen Gründen, warum sich jede britische Regierung so schwer mit Europa tut, gehört der Grundsatz der Parlamentssouveränität. Die Mitgliedschaft in einer supranationalen Organisation, die zum Erlaß von bindenden Normen berechtigt ist, macht in Großbritannien komplizierte rechtliche Konstruktionen notwendig.[40] So bestimmte der „European Communities Act" (ECA) des Unterhauses vom Oktober 1972[41] zwar, daß alle Gesetze der Gemeinschaft im Königreich anzuwenden sind und Vorrang vor den vorhandenen Gesetzen des Unterhauses haben. Dennoch konnte man mit Hilfe dieses britischen Gesetzes das Verbot der Selbstbindung des Parlaments zumindest formal einhalten. Der „European Community Act" ist ein Gesetz des britischen Parlaments und kann durch ein späteres Parlamentsgesetz verändert oder sogar aufgehoben werden. Da mit dieser Konstruktion eine unzulässige Bindungswirkung ausgeschlossen wird, bleibt die Doktrin vom Parlamentsvorrang de jure unangetastet.[42] De facto weist aber sowohl der faktische Vorrang des Gemeinschaftsrechts vor nationalem Recht[43] als auch die damit in Verbindung stehende veränderte Rolle der britischen Gerichte darauf hin, daß der britische Grundsatz der Parlamentssouveränität durch den EG-Beitritt nicht mehr uneingeschränkt aufrechterhalten werden kann.[44]

Auch in der politischen Kultur bestehen große Unterschiede zwischen der Insel und dem europäischen Kontinent.[45] Während die übrigen Mitgliedstaaten der Europäischen Union auf der Grundlage kodifizierter Verfassungsurkunden arbeiten, an Mehrparteiensysteme und Koalitionsregierungen gewohnt sind und insgesamt einen eher konsensualistisch geprägten Politikstil pflegen, ist das britische Westminster-Modell stärker vom Vorrang des Parteienwettbewerbs geprägt.[46] Auch die emotionale Haltung gegenüber Europa ist deutlich verschieden. So wollte die britische Europapolitik von Beginn an die Visionen der französischen und deutschen Europapolitiker nicht teilen und interessierte sich statt dessen – ganz dem Bild vom britischen Pragmatismus entsprechend – eher für die konkreten, vor allem wirtschaftspolitischen Einzelheiten europäischer Zusammenarbeit. Dem Spannungsverhältnis zwischen der eigenen an Effizienz orientierten Regierungspolitik und dem mühsamen Prozeß der Entscheidungsfindung in europäischen Gremien begegneten britische Politiker und Bürokraten in Europa von vornherein nicht nur mit Ablehnung, sondern auch mit Arroganz.

Die immer wieder auftauchenden Überlegungen, diese verschiedenen Konflikte durch einen Austritt Großbritanniens aus der Europäischen Union lösen zu wollen, erscheinen aus den verschiedensten Gründen als abwegig.[47] Naheliegender ist es, die vorherrschende Interpretation der Doktrin der Parlamentssouveränität auf ihre Angemessenheit zu überprüfen. Dabei könnte man zu der Auffassung kommen, daß eine stärker gewaltenhemmend ausgerichtete Verfassungsordnung, wie sie Europa als sogenanntes Mehrebenensystem grundsätzlich bereitstellt, durchaus auch mit britischen Verfassungstraditionen vereinbar ist.

III. Gesellschaftliche und wirtschaftliche Probleme im Wandel

Bis in die 70er Jahre galt die Kennzeichnung „Klassengesellschaft" als nützlicher Ansatz, um die Unterschiede zwischen Großbritannien und den Gesellschaften der kontinentaleuropäischen Staaten hervorzuheben. Die Bedeutung der sozioökonomischen Konfliktlinie[1] für die britische Gesellschaft wurde von Peter Pulzer vor mehr als dreißig Jahren klar auf den Punkt gebracht: „Class is the basis of British party politics; all else is embellishment and detail."[2] Diese Aussage ist inzwischen in zweifacher Hinsicht überholt.

1. Die Veränderungen in der britischen „Klassengesellschaft"

Zusätzliche Konfliktlinien haben innerhalb der britischen Gesellschaft und damit auch für die Parteipolitik an Gewicht gewonnen. Damit glich sich die Situation der anderer westlicher Staaten an. Als Beispiel ist der territoriale Konflikt zwischen Zentrum und Peripherie bzw. zwischen den verschiedenen Nationen innerhalb des Königreichs zu nennen.[3] Zum anderen haben sich die Grenzziehungen zwischen den sozialen Klassen[4] inzwischen abgeschwächt. In den 60er und 70er Jahren fühlte sich noch ein Großteil der Briten in der Arbeiterschicht („working class") verwurzelt,[5] die als die „älteste, traditionalistischste und selbstbewußteste Arbeiterklasse der Welt" gilt.[6] Sie pflegten ebenso den entsprechenden „Lebensstil",[7] wie dies die Mitglieder der gleichfalls in sich homogenen Oberschicht („upper class") taten. Dazu gehörte die Art des Sprechens ebenso wie Ausbildung und Verhaltensmuster, mit denen sich ihre Angehörigen jeweils klar von der anderen Klasse unterschieden. Der heterogenen Mittelschicht („middle class"), die zunächst zahlenmäßig relativ klein war, fehlte dagegen ein gemeinsamer, sie einender Status. Dieses Bild hat sich dadurch verändert, daß sich die Größenordnungen deutlich verschoben haben. In erster Linie nahm die Zahl der Arbeiter („manual workers") zugunsten der Mittelschicht deutlich ab. Zwischen 1964 und 1979 sank ihr Anteil an der erwerbstätigen Bevölkerung von 65 % auf 56 %; inzwischen liegt er bei weniger als 45 %.[8] Diese quantitativen und strukturellen Veränderungen, in deren Folge die Ausprägung Großbritanniens als Klassengesellschaft deutlich an Konturen verloren hat,[9] sind nicht nur das Ergebnis eines Wandels der Arbeitswelt, der auch in anderen Industriegesellschaften zu beobachten ist, sondern sind auch in Zusammenhang mit der Politik der verschiedenen Regierungen unter Margaret Thatcher zu sehen. Ihre Abneigung gegenüber den alten Eliten und ihr Plädoyer, den Eigennutz vor die Gemeinnützigkeit zu stellen, hat die frühere relative Ordnung der Klassenstrukturen aufgelöst und einen tiefgreifenden Wertewandel in der britischen Gesellschaft eingeleitet.[10] Mit dem „Sieg der Mittelschichten gegen die Dominanz von Arbeiterklasse und Oberschicht", so die These von Lord Dahrendorf, holt Großbritannien einen Modernisierungsschritt nach, den die kontinentaleuropäischen Staaten schon bedeutend früher getan haben.[11]

Die Diagnose, Großbritannien sei damit diesen stärker nivellierten, weniger von Klassen geprägten „Mittelschichtsgesellschaften" ähnlicher geworden, darf aber keinesfalls so verstanden werden, als ob sich die Kluft zwischen arm und reich in Großbritannien reduziert hätte. Dies ist nicht der Fall – ganz im Gegenteil. Die soziale Ungleichheit in der britischen Gesellschaft hat in den letzten Jahren deutlich zugenommen. Während zwischen 1979 und 1994 das Realeinkommen am stärksten im obersten Zehntel der Einkommensskala anstieg, erlitt das untere Zehntel einen Rückgang um 6 %. Diese unterste Einkommensgruppe war damit die einzige, deren Realeinkommen in diesem Zeitraum sank.[12] Obwohl demnach das soziale Gefälle während der Regierungszeit der Tories größer wurde, stieg gleichzeitig der Lebensstandard auch der unteren Einkommensschichten an. Deutlich mehr Angehörige dieser Schicht besitzen heute Auto, Fernseher, Videorecorder oder andere Konsumgüter.[13] Wie man diese Entwicklung bewertet, hängt vom ideologischen Standpunkt des Betrachters ab. Die Tories verweisen darauf, daß es der Mehrheit der Nation am Ende der Regierungszeit von John Major besser ging denn je zuvor, und belegen dies mit den Daten von der prosperierenden Wirtschaft, der sinkenden Arbeitslosigkeit sowie der für Großbritannien ungewohnten Preisstabilität. Ihre Auffassung, daß es in Großbritannien keine absolute, sondern höchstens noch relative Armut gebe, begründete ein Abgeordneter der Konservativen mit der zynischen Beobachtung, man sehe schließlich auf britischen Straßen keine barfüßigen Kinder mit Rachitis mehr.[14] Dagegen befürchten die Kirchen, der inzwischen von beiden großen Parteien betriebene „Kult der Mittelschicht" führe dazu, die sozial Schwachen, vor allem die deutlich gestiegene Zahl von Obdachlosen und Langzeitarbeitslosen, immer stärker ins Abseits zu drängen. Sie verweisen darauf, daß sich die Zahl der in Armut lebenden Kinder während der Thatcher-Ära auf nun 4,1 Millionen verdreifacht hat und 37% der Arbeiter einen Lohn erhalten, der unter den entsprechenden Vorgaben des Europarates liegt.[15]

2. Ethnische Minderheiten

Während die britische Diskussion um die Ausprägungen von Armut, aber auch die damit verbundene Strategie, soziale Probleme durch die gezielte Verknüpfung mit einer Mißbrauchsdebatte zu bagatellisieren, an die Art und Weise erinnert, wie in anderen Ländern auf die sogenannte „Krise des Sozialstaats" reagiert wird, unterscheidet sich das Königreich in seinem Umgang mit ethnischen Minderheiten z.B. von der Bundesrepublik Deutschland. Vermutlich ist es das koloniale Erbe, das es Großbritannien erlaubt, mit diesem Thema etwas weniger emotional umzugehen.[16] Zunächst fällt auf, daß der

Anteil ethnischer Minoritäten (3,2 Millionen) an der britischen Gesamtbevölkerung (58,4 Millionen im Jahr 1994) mit ca. 5,5% beim ersten Hinsehen deutlich niedriger zu liegen scheint als z.B. in der Bundesrepublik Deutschland (ca. 8%). Dabei ist aber zu berücksichtigen, daß Einwanderer aus dem „weißen" Commonwealth, also z.B. weiße Südafrikaner oder griechische Zyprioten, in Großbritannien unter der Rubrik „white population" erfaßt und nicht den ethnischen Minoritäten zugerechnet werden. Zur Kategorie „ethnic minority" gehören demnach nur die Zuwanderer aus asiatischen, karibischen oder afrikanischen Staaten, den Ländern des sogenannten „new commonwealth". Diese Gruppe erfüllte für die britische Wirtschaft in den 50er Jahren die Funktion, die in der Bundesrepublik den „Gastarbeitern" aus südeuropäischen Ländern zukam. Schon aus diesem Grund wurde ihre Zuwanderung nicht nur gestattet, sondern sogar gefördert; selbst ihre langfristige Ansiedelung war eingeplant.[17] Mit der Verschlechterung der wirtschaftlichen Lage und der wachsenden Schwierigkeit, die steigende Zuwanderung von „Asyl"-Bewerbern aus diesen Regionen politisch zu kontrollieren, wandelte sich die Haltung der britischen Gesellschaft und Politik schnell in Abwehr und Abschottung. Mehrere Einwanderungskontrollgesetze führten dazu, daß nicht nur illegale Immigranten rasch ausgewiesen werden können, sondern selbst Asiaten mit britischem Paß nur dann ein Aufenthaltsrecht erhalten, wenn sie zudem den vollen Staatsbürgerstatus („British citizenship") besitzen.[18] Parallel zu diesen Abschottungsbemühungen gab es in Großbritannien aber durchaus auch Ansätze, die Situation der bereits im Land lebenden Minoritäten durch Anti-Diskriminierungsgesetze zu verbessern. Diese Regelungen trugen dazu bei, daß in den 90er Jahren keine umfassende kollektive Unterprivilegierung der ethnischen Minoritäten festgestellt werden kann.[19] Der Anteil der Inder und „African Asians"[20] an höheren Bildungsabschlüssen und zum Teil auch an den oberen Berufsstatus-Kategorien ist sogar überproportional hoch. Dagegen sind Armut, Arbeitslosigkeit, schlechte Ausbildung und unzureichende Wohnverhältnisse für Einwanderer aus der Karibik, Pakistan und Bangladesh nach wie vor ein gravierendes Problem.

3. Die Entwicklung der britischen Wirtschaft und Wirtschaftspolitik

Nicht alle Aspekte des gesellschaftlichen Wandels, den das Königreich in den letzten Jahren vollzogen hat, sind „typisch britisch". Teilweise ist er mit Faktoren zu erklären, die ähnlich auch in anderen westlichen Industriegesellschaften auftreten. Als Stichworte sei hier nur auf Deindustrialisierung und Globalisierung, aber auch auf die zunehmende Individualisierung und Pluralisierung der Lebensformen verwiesen. Als britische Besonderheit kommt aber hinzu, daß dieser Wandel im Zuge der „neokonservativen Revolution" der Ära Thatcher bewußt vorangetrieben wurde.[21] Um deren Inhalte und Wirkungen besser einstufen zu können, muß an die Ausgangssituation gerade der britischen Wirtschaft vor dem Amtsantritt der Tories 1979 sowie an die Merkmale der damaligen britischen Wirtschaftspolitik erinnert werden. So kann man generell feststellen, daß in der Phase nach dem Zweiten Weltkrieg bis Ende der 70er Jahre bei den verschiedenen Regierungen und den sie tragenden Parteien weitgehende Einigkeit darüber bestand, eine keynesianisch orientierte Wirtschaftspolitik zu betreiben. Diese schrieb einerseits dem Staat eine wichtige Rolle in der Wirtschaft zu und war andererseits bemüht, mit den Gewerkschaften zu kooperieren.[22] Im Zuge des sogenannten „Butskellism"[23] bestand generell der Glaube, der Staat könne die „gemischte Wirtschaft" aus privaten und verstaatlichten Unternehmen mittels staatlicher Intervention und wohlfahrtsstaatlicher Politik lenken. Uneinig war man sich dabei lediglich darüber, welches der wirtschaftspolitischen Ziele – Vollbeschäftigung, niedrige Inflationsrate oder stetes Wirtschaftswachstum – oberste Priorität haben sollte.[24]

Obwohl die britische Wirtschaft in der Nachkriegszeit am allgemeinen globalen Aufschwung und der Ausweitung des weltweiten Handels teilhatte, zeigte sie im Vergleich zu ihren Konkurrenten schon früh Krisensymptome.[25] Diese Krise, die schlagwortartig mit dem Begriff der „englischen Krankheit" umschrieben wurde,[26] äußerte sich in der geringen Produktivität und einer mangelnden Konkurrenzfähigkeit der britischen Wirtschaft.[27] Sie wuchs sich schließlich durch die verhängnisvolle Kombination aus gleichzeitig hohen Inflationsraten und steigender Arbeitslosigkeit zu einer sogenannten Stagflation aus. In den 70er Jahren bemühten sich zunächst die Tories (1970–1974) und schließlich Labour (1974–1979), die wirtschaftliche, soziale und politische Krise unter Kontrolle zu bekommen. Die Strategien, die sie dabei einschlugen, waren sehr unterschiedlich. Gemeinsam war ihnen aber das Scheitern ihrer jeweiligen Bemühungen und die Notwendigkeit, dem gesellschaftspolitischen Nachkriegskonsens eine Absage erteilen zu müssen.[28] Nachdem es zunächst der konservativen Regierung unter Edward Heath mißlang, die Macht der Gewerkschaften zu brechen,[29] konnte sich die Labour-Minderheitsregierung unter Harold Wilson ihre anfängliche Strategie, die Gewerkschaften durch den „social contract" wieder in die Regierungspolitik einzubinden, bald schon nicht mehr leisten.[30] Aufgrund der drohenden Zahlungsunfähigkeit des Landes mußte sie sich den Vorgaben des Internationalen Währungsfonds beugen. Das Versagen der konservativen Regierung 1974 hatte die Wahl von Margaret Thatcher als Parteiführerin im Jahr 1975 zur Folge. Das anschließende Scheitern der Labour-Regierung brachte sie 1979 schließlich in das Amt der Premierministerin. In Anbetracht des offensichtlichen Scheiterns keynesianischer Politik fiel es Thatcher zunächst nicht schwer, bei einem großen Teil der Öffentlichkeit Unterstützung für ihre radikale wirtschaftspolitische Umkehr zu finden. Fünf Elemente prägten die Wirtschaftspolitik des Thatcherismus:[31] (1) Die Liberalisierung zielte darauf ab, den marktwirtschaftlichen Wettbewerb zu fördern; (2) durch Deregulierung erhielten die Marktteilnehmer größere Freiheiten von staatlicher Kontrolle; (3) Privatisierungsmaßnahmen senkten den Anteil der öffentlichen Hand an der Bereitstellung von Waren und Dienstleistungen; (4) mit der Neustrukturierung des verbliebenen öffentlichen Sektors wurden auch hier Marktmechanismen und damit stärkerer Wettbewerb eingeführt; (5) die Strategie der Internationalisierung sollte Großbritannien einerseits für ausländische Investoren attraktiver machen und andererseits die Wettbewerbsfähigkeit britischer Erzeugnisse auf dem Weltmarkt fördern.

Die mit dem Thatcherismus verbundene Neuinterpretation der Rolle von Staat und Kapital stellte eine Absage an das Konzept der „one nation" dar.[32] Dieses Leitbild von „einer Nation" war zwar von dem konservativen Premierminister Benjamin Disraeli (1874–1880) geprägt und von dessen Parteifreunden im Amt, Harold Macmillan (1957–1963) und Edward Heath (1970–1974), wieder aufgegriffen worden. Es weist aber deutliche Parallelen zum sozialdemokratischen Konsensmodell und dem keynesianischen Wohlfahrtsstaat der britischen Nachkriegszeit auf. Der Thatcherismus erteilte mit seiner wirtschaftsliberalen Ausrichtung diesem wohlfahrtsstaatlich orientierten Kapitalismus eine Absage. Diese wirtschaftspolitische Strategie verband sich mit einem Feldzug zur moralischen Gesundung der britischen Gesellschaft. Nutznießer dieser Umorientierung waren nicht nur die „have lots", also die Wohlhabenden, sondern vor allem die wachsende Zahl derjenigen, die in der boomenden Finanz- und Dienstleistungsbranche viel Geld verdienten und unter der Bezeichnung „yuppies" einen Trend prägten. Zunehmend prekär entwickelte sich dagegen die soziale Situation der Menschen, die entweder keinen Arbeitsplatz hatten oder lediglich einen, der aufgrund der zum Dogma gewordenen Flexibilisierung zugleich dauergefährdet und schlecht bezahlt war.[33] Neben dieser Verschärfung des sozialen Antagonismus führte die weitgehende Absage an eine gemeinwohlorientierte Politik schließlich auch dazu, daß viele der tradierten Institutionen, wie die BBC, der Civil Service, das Eisenbahnsystem, der National Health Service ebenso wie die Universitäten, das „local government" und die Gewerkschaften durch den staatlichen Zugriff auf ihre Struktur in Handlungsfähigkeit und Bedeutung nachhaltig beeinträchtigt wurden.[34] Es gehört zu den zahlreichen Widersprüchen des

Thatcherismus,[35] daß das Ergebnis dieser Umgestaltungen häufig nicht der in Aussicht gestellte und ideologisch begründete Abbau, sondern sogar die Zunahme von Staatstätigkeit und Staatsintervention war. Bald schon stellte sich nämlich heraus, daß die Rückführung vor allem der wohlfahrtsstaatlichen Ausgaben zunächst den zentralstaatlichen Zugriff auf die Institutionen voraussetzte, die (noch) nicht den neuen, postkollektivistischen Wertorientierungen anhingen und dadurch die notwendige Sanierung des Staatshaushalts zu gefährden drohten. So wurde die ursprüngliche Unabhängigkeit der kommunalen Behörden durch die Intervention der Londoner Regierung und die Aufgabenverlagerung auf die zentralstaatliche Ebene weitreichend eingeschränkt.[36]

Ungeachtet aller Unzulänglichkeiten und Widersprüche zeigten die Modernisierungsstrategie des Thatcherismus und der ihr zugrundeliegende Wertewandel nachhaltige Wirkung. Obwohl diese eben nicht mit der Ära Thatcher endeten, sondern schließlich auch den Wandel von Labour zu „New Labour" nach sich zogen,[37] wird gerade im Bereich von Wirtschaft und Gesellschaft deutlich, daß die Politik und die Prinzipien der Regierung Blair keine Fortsetzung neoliberaler Strategien sind.[38] Vielmehr können sie bisher als Versuch interpretiert werden, die während der letzten Jahre wiederhergestellte wirtschaftliche Wettbewerbsfähigkeit Großbritanniens durch ein höheres Maß an Solidarität sozial abzufedern. Deutliche Unterschiede zeigen sich zum Beispiel im Umgang mit der Arbeitslosigkeit. Die Regierung Thatcher galt als erste Nachkriegsregierung, die Vollbeschäftigung nicht zu einem ihrer politischen Ziele machte. Ihre Reaktion beschränkte sich weitgehend darauf, die entsprechenden Statistiken auf eine andere Grundlage stellen zu lassen. So wurden seit 1982 die Erfassungskriterien für Arbeitslosigkeit durch insgesamt mehr als 30 Eingriffe so verändert, daß schätzungsweise weniger als die Hälfte aller britischen Arbeitslosen in der offiziellen Statistik auftauchte.[39] Nach ihrem Wahlsieg hatte es die Labourregierung bei weitem nicht so eilig, diese verzerrte Statistik zu korrigieren,[40] wie sie es vor den Unterhauswahlen noch angemahnt hatte. Zu diesem Versäumnis trug wohl auch der Umstand bei, daß die (offizielle) Arbeitslosenrate im August 1997 ihren seit 17 Jahren niedrigsten Stand erreichte. Dennoch will die Labourregierung mit ihrem Kampf vor allem gegen die Jugendarbeitslosigkeit demonstrieren, daß sich die Prioritäten verändert haben.

Ein weiterer Versuch, sich von der Politik der Tories abzugrenzen, läßt sich in der Bildungspolitik nachweisen. Im Regierungsprogramm von Labour, das von der Queen im Rahmen der Thronrede verlesen wurde, ist dieser Politikbereich an erster Stelle genannt. Das Vorhaben, die Klassengrößen zu reduzieren und allgemein das Niveau von Schulen, Fachschulen und Universitäten zu erhöhen, soll u.a. durch Einsparungen bei der Förderung von Plätzen an Privatschulen, aber auch durch Studiengebühren finanziert werden.[41] Im Unterschied zur Regierung Thatcher, die auch im Bildungswesen zentralstaatliche Kontrollmechanismen über Finanzierung, Lehrinhalte sowie den Status von Schulen und Universitäten einführte und diese mit ihrem aus anderen Politikfeldern bekannten antiinstitutionellen und marktorientierten Kurs kombinierte,[42] kündigte die Regierung Blair eine Dezentralisierung der Schulpolitik an.

Auch in anderen Politikfeldern wird die Abkehr von überkommenen Labour-Positionen offensichtlich.[43] Im Bemühen, sich von den sozialistischen Orientierungen der Labour Party Ende der 70er/Anfang der 80er Jahre ebenso abzuwenden wie von den individualistischen und liberalistischen Auswüchsen der Thatcherzeit, knüpft Blair gerade in der Sozialpolitik an die Vorstellung des US-amerikanischen Kommunitarismus an. Das Plädoyer, individuelle Rechte und Ansprüche in Zusammenhang zu Pflichten gegenüber der Gemeinschaft zu setzen, wird zum Beispiel dadurch konkretisiert, daß soziale Leistungen für Arbeitslose und Sozialhilfeempfänger an die Bereitschaft gekoppelt werden, gemeinnützige Arbeit zu leisten und an Weiterbildungsmaßnahmen teilzunehmen. Auf diese Weise läßt Blair die große Vision, die „New Labour“ noch 1996 vorgestellt hatte, wieder in den Hintergrund treten. Mit dem

Schlagwort von der „stakeholder society“[44] wurde der Plan einer Gesellschaft umrissen, die wirtschaftlich und sozial auf Anteilnahme bzw. Beteiligung, also auf Solidarität ausgerichtet ist. Schon während des Wahlkampfs wurde aber deutlich, daß die damit beabsichtigte Abgrenzung von einer vornehmlich an den Interessen von Aktienbesitzern orientierten „shareholder society“ die Labour Party in den Verdacht bringen könnte, wirtschaftsfeindlich ausgerichtet zu sein. Inzwischen meidet die Labour-Regierung diese Schlagworte tunlichst. Es bleibt der öffentlichen Aufmerksamkeit überlassen, die künftige Wirtschafts- und Sozialpolitik der Regierung an den früheren Ankündigungen und Versprechungen zu messen.

IV. Regionen und „local government“

Zu den scheinbar unumstößlichen Gewißheiten über das Vereinigte Königreich gehört die Feststellung, das Land sei aufgrund der Machtkonzentration bei der zentralstaatlichen Ebene ein Einheitsstaat. Völlig eindeutig ist dieses Bild indes nicht. Schließlich ist nicht zu übersehen, daß das United Kingdom verschiedene Nationen mit klar unterscheidbaren kulturellen und politischen Traditionen beheimatet.

1. Etappen der Staatsbildung seit dem Mittelalter

Von den drei nicht-englischen Territorien gehört Wales am längsten zum britischen Staatsgebiet. Schon unter König Edward I. (1272–1307) waren Teile von Wales zunächst lehnsrechtlich angebunden gewesen. England verfestigte diesen Kronvasallenstatus des in zahlreiche Kleinfürstentümer zersplitterten Wales schließlich im Jahr 1277 durch eine militärische Auseinandersetzung. Im Zuge seiner Anglisierungspolitik schlug England im weiteren Verlauf des 13. Jahrhunderts verschiedene Aufstände der Waliser nieder. Bereits aus dieser Zeit stammt die Gepflogenheit, den jeweiligen Thronfolger Großbritanniens zum Prinzen von Wales zu ernennen, um auch so der Integration des Landes in das Königreich Ausdruck zu verleihen.[1] Erst im 16. Jahrhundert aber gelang es dem selbst aus Wales stammenden König Heinrich VIII., den englischen Herrschaftsanspruch auch in die Praxis umzusetzen: Die „Acts for the Union of England and Wales“ von 1536 und 1543 integrierten Wales politisch und administrativ vollständig in das englische Staatsgebiet.[2] Indem das Gesetz von 1536 es Amtsinhabern verbot, die walisische Sprache zu gebrauchen, versuchten die englischen Machthaber das Element zu verdrängen, das

Wales am deutlichsten von England unterschied.[3] Ungeachtet aller englischen Bemühungen, Wales dem englischen Stammland in jeder Hinsicht anzugleichen, hat sich seit dem letzten Jahrhundert das Bewußtsein einer eigenen walisischen Identität aber wieder verstärkt. Begünstigt wurde diese Entwicklung seit dem 19. Jahrhundert durch zahlreiche Sonderregelungen zum Schutz der walisischen Sprache.[4] In Anbetracht der weitgehenden rechtlichen wie institutionellen Einbindung, die sich u.a. darin äußert, daß es in Wales – anders als in Schottland – weder ein eigenes Gerichts- bzw. Rechtswesen noch ein eigenes Schulsystem gibt, streben die walisischen Nationalisten keine politische Eigenständigkeit an. Dagegen ist ihr Wunsch nach kultureller Autonomie deutlich ausgeprägt.[5] Dazu trugen nicht nur die geographische Abgeschiedenheit sowie die kulturellen und sozialen Eigenarten dieser Region bei, sondern auch die Tatsache, daß in Wales der religiöse Nonkonformismus weit verbreitet ist und die Anglikanische Kirche seit 1920 keine privilegierte Stellung mehr einnimmt.

Deutlich andere Bedingungen prägten die Einbindung Schottlands in das damit entstehende Vereinigte Königreich. Im Unterschied zu Wales gelang es Schottland im Mittelalter, die Bestrebungen Englands, sich das Gebiet lehnsrechtlich anzueignen, abzuwehren.[6] Daß sich die Beziehungen zwischen den beiden Nachbarn auch im weiteren recht feindselig gestalteten, ist vor allem auf ihre unterschiedlichen außenpolitischen Leitlinien zurückzuführen. Erst Elisabeth I. (1558–1603) gelang es, den schottischen König Jakob[7] im Streit mit Frankreich auf die Seite Englands zu ziehen. Als nach dem Tod Elisabeths das Haus Tudor keinen Thronfolger hatte, fiel die englische Krone an den schottischen König. Diese Personalunion änderte aber nichts daran, daß beide Staaten unabhängig voneinander blieben und ihre staatlichen Institutionen – mit Ausnahme des Königs – weiterhin völlig getrennt voneinander arbeiteten. Möglich war dies bis zu dem Zeitpunkt, als die Glorious Revolution von 1688 eine verfassungspolitisch völlig neue Situation schuf. Infolge der Flucht von König Jakob II. (1660–1688) und der Übertragung der Krone an Wilhelm und Maria hatte sich die Souveränität vom König auf das Parlament verlagert.[8] Da der Monarch damit auch nicht mehr in der Lage war, die Einheitlichkeit der Politik in beiden Staaten zu gewährleisten, bestand die Alternative, entweder die Personalunion aufzulösen oder sie durch eine tatsächliche politische und vor allem auch wirtschaftliche Union abzusichern. Nach Phasen, in denen der anglo-schottische Konflikt kurz vor einer Eskalation gestanden hatte, verabschiedeten beide Parlamente im Jahr 1707 schließlich ein Unionsgesetz.[9] Dieses sah die staatsrechtliche Vereinigung zu einem einzigen Königreich Großbritannien mit einem gemeinsamen Parlament in London vor. Das schottische Parlament legte daraufhin den Schutz seiner Kirche gesetzlich fest, sprach den vier schottischen Universitäten und Colleges einen immerwährenden Bestandschutz aus und bestätigte die Fortdauer des schottischen Rechts, das sich deutlich vom englischen Recht unterscheidet. Es waren die Vorteile der ökonomischen Einheit, die aus schottischer Sicht den Anstoß gaben, dem außen- und sicherheitspolitisch motivierten Drängen Englands nach einer engeren Gemeinschaft nachzugeben. Trotz aller Schwierigkeiten und Belastungsproben des Bündnisses während des 18. Jahrhunderts bestätigte die langfristige weitere Entwicklung schließlich diese Entscheidung.[10]

Mit der englisch-schottischen Vereinigung im Jahr 1707 war die Bildung des Königreichs Großbritannien – bestehend aus England, Wales und Schottland – abgeschlossen. Nordirland, auf das hier nicht eingegangen wird, gehört nicht zu Großbritannien, sondern formt mit diesem gemeinsam das "United Kingdom of Great Britain and Northern Ireland“.

2. Die Forderung nach Dezentralisierung

Die historische Herausbildung Großbritanniens hatte zum Ergebnis, daß sich Wales und vor allem Schottland immer schon als unterscheidbare Einheiten darstellten. Nicht nur verwaltungstechnische Notwendigkeiten, sondern auch nationalistische Bestrebungen machten rechtliche Regelungen und institutionelle Vorkehrungen erforderlich, die den besonderen Status dieser Landesteile innerhalb des gesamten Staatsverbandes unterstrichen. Im britischen Sprachgebrauch werden derartige Initiativen mit dem Begriff „devolution“ umschrieben.[11] Damit ist die Übertragung gewisser Befugnisse vom Zentralstaat auf die einzelnen Landesteile gemeint. Als sich die Londoner Regierung 1885 entschied, ein Ministerium zu schaffen, das ausschließlich für schottische Angelegenheiten zuständig sein sollte, führte sie eine Form der „administrative devolution“ ein.[12] Anders als die „legislative devolution“, die in Nordirland bis zur Abschaffung des irischen Parlaments praktiziert wurde, ist diese administrative Variante dadurch gekennzeichnet, daß die regionale Sonderverwaltung Teil der Verwaltung des Zentralstaats ist. Ein weiteres Zugeständnis an die schottischen Nationalisten, vor allem an den politischen Erfolg der schottischen Nationalpartei (Scottish National Party, SNP),[13] war die Verlagerung des Amtssitzes des Schottlandministers nach Edinburgh Ende der 30er Jahre.[14] Der Minister für Schottland übernimmt inhaltliche Aufgaben, die ansonsten – bezogen auf England – von verschiedenen Fachministern verantwortet werden.[15] Gleichzeitig vertritt er auch die Interessen Schottlands innerhalb der britischen Regierung. Vergleichbares gilt für das Welsh Office, das nach verschiedenen Vorstadien 1964 als eigenständiges Ministerium geschaffen wurde.[16] Das Scottish Office sowie das Welsh Office ergänzen das Prinzip der (funktionalen) Aufgabenteilung nach Staatsaufgaben, das ansonsten die britische Zentralregierung prägt. Obwohl diese Orientierung an territorialen Gesichtspunkten innerhalb der zentralstaatlichen Regierung von der Grundidee her einer Absage an eine bundesstaatliche Organisationsstruktur gleichkommt, kann sie gleichzeitig doch als Zugeständnis an die Besonderheit dieser Landesteile interpretiert werden.

Der Sonderstatus für Schottland und Wales hinderte die dortigen nationalistischen Kräfte aber nicht, vor allem seit den 70er Jahren eine weitergehende „devolution“ zu fordern. Die außen- und wirtschaftspolitische Entwicklung Großbritanniens verstärkte diese Tendenzen noch weiter. So erschien es den

Regionen der sogenannten „keltischen Peripherie", die von der Krise der Montan- und Werftenindustrie besonders betroffen waren, immer weniger attraktiv, Teil eines Empires zu sein, das seit den 50er Jahren ständig an Bedeutung verlor. Noch geringer wurde die Bereitschaft zur Gemeinsamkeit schließlich, als Erdölvorkommen in der Nordsee entdeckt wurden und die schottischen Nationalisten damit berechtigte Hoffnung darauf setzen konnten, die angestrebte politische Unabhängigkeit auch finanzieren zu können. Da die Erfolge der schottischen und walisischen Regionalparteien[17] Mitte der 70er Jahre die ohnehin gefährdete Position der damaligen Labourregierung[18] noch weiter bedrohten, gab diese den nationalistischen Begehren nach.[19] Ihr Entwurf eines „Scotland and Wales Act" von 1977, der sich in weiten Teilen an den Bericht der Royal Commission on the Constitution anlehnte,[20] sah für Schottland eine gewählte Kammer mit legislativen und exekutiven Befugnissen vor und für Wales eine Kammer nur mit exekutiven Befugnissen. An der finanziellen Abhängigkeit beider Landesteile von Westminster sollte sich nichts ändern. Aufgrund des Widerstands auch in den eigenen Reihen mußte die Labour-Minderheitsregierung von James Callaghan ihren Entwurf im Frühjahr 1977 zurückziehen. Die damalige Ambivalenz der Labour Party ist darauf zurückzuführen, daß sie einerseits zwar in Schottland wie in Wales in den letzten Jahrzehnten die führende politische Kraft gewesen und damit in diesen Regionen aus wahltaktischen Gründen gezwungen gewesen war, eine „devolution"-freundliche Politik zu vertreten; andererseits war die Labour Party mit ihrer keynesianischen Wirtschafts- und Finanzpolitik und dem Ziel umfassender Sozial- und Wirtschaftsplanung immer an einer starken, handlungsfähigen Zentralregierung interessiert. Schließlich zwang der politische Druck der nationalistischen Parteien die Regierung, einen weiteren Anlauf – dieses Mal mit getrennten Gesetzen – zu unternehmen. Der „Scotland Act" und der „Wales Act" wurden mehr als ein Jahr später im Parlament doch noch angenommen, weil die Regierung zugesagt hatte, ein Referendum durchzuführen. Tatsächlich gelang es aber weder in der schottischen noch in der walisischen Volksabstimmung, das strenge Quorum zu überwinden. Während das Ergebnis in Wales eindeutig und damit unumstritten war,[21] machten die schottischen Nationalisten für das knappe Scheitern der „devolution"-Pläne in Schottland die Strategie der Labourregierung verantwortlich, die Quorumsbestimmungen sehr restriktiv auszulegen.[22] In der Folge kündigten die schottischen Nationalisten im Unterhaus der Regierung das Vertrauen auf und bereiteten damit den Weg für Neuwahlen. Diese endeten mit einem eindeutigen Wahlerfolg der Tories und dem Ausschluß Labours aus der Regierungsmacht für achtzehn Jahre. Da die britischen Konservativen bis heute jede Regionalisierung des Landes mit dem Hinweis ablehnen, dadurch werde die nationale Einheit Großbritanniens aufs Spiel gesetzt,[23] war das Thema „devolution" damit für lange Zeit von der politischen Tagesordnung. Erst seit Ende der 80er Jahre erhielten die Dezentralisierungsinitiativen zunächst in Schottland und schließlich auch in ganz Großbritannien wieder Auftrieb. Dabei ist der schottische Nationalismus keineswegs nur ein Anliegen der SNP. So wurde der 1989 gegründete informelle Zusammenschluß von „devolution"-Befürwortern, die „Scottish Constitutional Convention" (SCC), von der schottischen Labour Party, den schottischen Liberaldemokraten sowie verschiedenen gesellschaftlichen Gruppierungen getragen.[24] In ihrem Abschlußbericht von 1995, den die Labour Party zur Grundlage ihrer „devolution"-Pläne machte, plädierte die SCC für die Einrichtung eines schottischen Parlaments.[25]

3. Aktuelle Entwicklungen in der „devolution"-Frage

Das Ausmaß des Wahlerfolges der Labour Party bei den Unterhauswahlen am 1. Mai 1997 ließ nicht nur die Tories zur englischen Regionalpartei werden,[26] sondern übte Druck auf die neue Labourregierung aus, ihre Ankündigungen zu einer Reform des britischen Verfassungssystems im allgemeinen und zur „devolution" im besonderen auch tatsächlich umzusetzen.[27] Die beiden zuständigen Regionalminister der neuen Labourregierung legten bereits Ende Juli 1997 jeweils ein „White Paper“ vor. Darin wurde angekündigt, Teile der Gesetzgebungskompetenzen des Unterhauses an regionale parlamentarische Kammern zu delegieren.[28] Gleichzeitig griffen sie die bereits im Wahlprogramm gemachte Ankündigung auf, sowohl in Schottland als auch in Wales eine Volksabstimmung durchzuführen. Anders als bei den Dezentralisierungsplänen in den 70er Jahren stand bei diesen Referenden aber nicht ein ausgearbeiteter Gesetzentwurf zur Abstimmung, sondern allein das entsprechende politische Vorhaben der Regierung, das nach dem positiven Urteil der betroffenen Bevölkerung erst noch gesetzgeberisch umgesetzt werden muß. Zunächst sprachen sich die Schotten am 11. September 1997 mit unerwartet deutlicher Mehrheit[29] für die Errichtung eines schottischen Parlaments aus.[30] Gleichzeitig billigten sie diesem Parlament das Recht zu, die Einkommenssteuer drei Prozentpunkte vom britischen Satz nach oben oder nach unten zu verändern.[31] Im Mai 1999 sollen erstmals die 129 Abgeordneten des schottischen Parlaments gewählt werden.[32] Das erste schottische Parlament seit der Vereinigung mit England im Jahr 1707 wird seine Arbeit voraussichtlich im Januar 2000 aufnehmen. Seine Kompetenzen umfassen alle Angelegenheiten mit schottischem Bezug, ausgenommen das Arbeitsrecht und die soziale Sicherheit, die weiterhin vom britischen Unterhaus geregelt werden. Dem Unterschied zwischen dem englischen und dem schottischen Rechts- und Gerichtswesen[33] wurde dadurch Rechnung getragen, daß das neue Parlament in Edinburgh Materien z. B. des schottischen Straf- oder Zivilrechts selbständig normieren kann.[34]

Die Eindeutigkeit, mit der sich die Schotten für ein eigenes Parlament aussprachen, weckte bei manchen Beobachtern die Befürchtung, das Abstimmungsergebnis könnte den schottischen Nationalisten Auftrieb verleihen. Entgegen ihrer sonstigen Haltung waren diese anläßlich des Referendums ein Bündnis mit der Labour Party und den Liberal Democrats eingegangen. Nach der Abstimmung offenbarte sich aber, wie unterschiedlich die Beweggründe der Partner der „Yes, Yes-Campaign" waren.[35] So interpretierte Tony Blair das Abstimmungsergebnis als geeignetes Mittel, um die 290 Jahre alte Union und damit den Zusammenhalt von England und Schottland gegen separatistische Bewegungen zu stärken: „This is a good day for Scotland and a good day for the United Kingdom too. The era of big, centralized government is over."[36] Die Regierung kalkuliert, daß ihr Zugeständnis an den schottischen Wunsch nach stärkerer Selbstbestimmung der SNP die Daseinsberechtigung nehmen wird. Dagegen betrachtet der Vorsitzende der SNP, Alex Salmond, das Abstimmungsergebnis als den ersten Schritt zu der von seiner Partei angestrebten völligen Unabhängigkeit Schottlands. Diese könnte, so die kühne Prognose, zum dreihundertsten Jahrestag der Vereinigung mit England, also im Jahr 2007, erreicht werden.[37] Selbst wenn man diesen Plan für voreilig hält, scheinen die Befürchtungen einiger politischer Beobachter bedenkenswert. Sie argumentieren, die Labour Party habe weder sich selbst noch Großbritannien dadurch, daß sie während der Kampagne ungeniert an die nationalistischen Gefühle der Schotten appellierte, einen Dienst erwiesen.[38] Nicht übersehen sollte man schließlich auch, daß der geplante Wahlmodus für „Scotland's Parliament" die schottischen Nationalisten im Vergleich zu ihrer bisherigen Repräsentation im britischen Unterhaus vermutlich stärken wird.[39] Um eine möglichst proportionale Repräsentation der verschiedenen Bevölkerungsgruppen in Schottland zu erreichen, wird ein kleinerer Teil der Abgeordneten nicht nach dem Mehrheitswahlsystem, sondern nach dem Verhältniswahlsystem bestimmt werden.[40]

Anders als beim schottischen Referendum fiel die Entscheidung, die die Wählerinnen und Wähler in Wales eine Woche später zu treffen hatten, zwar wesentlich knapper aus,[41] sie ist aber in ihren Konsequenzen auch weniger einschneidend. So wird die geplante „Welsh assembly" auf eine „sekundäre Gesetzgebung" beschränkt sein. Sie kann also nur im engen Rahmen der britischen Vorschriften Ausführungsbestimmungen erlassen und verfügt über keine finanzrechtlichen Kompetenzen.

Obwohl diese Schlechterstellung der walisischen Versammlung von der Londoner Regierung mit der geringeren Eigenständigkeit dieses Landesteils begründet werden kann, ist damit bereits jetzt ein Unruheherd in das Dezentralisierungskonzept gelegt, der bei den weiteren zur Realisierung notwendigen Schritten unter Umständen noch für größere Schwierigkeiten sorgen könnte.[42]

Beide regionalen Repräsentativorgane übernehmen nicht nur die Befugnisse und Aufgaben, sondern auch die Haushaltsmittel, die bisher vom Scottish bzw. vom Welsh Office verwaltet wurden.[43] Ob dies das Ende der bisherigen finanziellen Besserstellung der „keltischen Peripherie" zur Folge haben wird, ist noch nicht abzusehen. Bisher lagen die öffentlichen Ausgaben für Schottland und Wales – wohl auch infolge der Lobbytätigkeit der beiden Offices – um durchschnittlich 20 % höher als für England, im Bereich Wohnungsbau und Landwirtschaft war die Abweichung sogar noch höher.[44] An der Form der Repräsentation beider Landesteile auf zentralstaatlicher Ebene wird sich zunächst nichts ändern. So wird es im britischen Kabinett weiterhin das Amt eines Secretary of State for Scotland bzw. eines Secretary of State for Wales geben, die die Aufgabe haben, die Interessen der jeweiligen Region innerhalb der britischen Regierung wahrzunehmen. Der Hauptunterschied zur bisherigen Praxis ist darin zu sehen, daß dieser britische Minister künftig eng mit dem schottischen Parlament bzw. der walisischen Kammer zusammenarbeiten muß. Anders als in Wales wird es in Schottland aber zusätzlich unter der Führung eines „First Minister" auch eine schottische Regierung geben, die allein dem schottischen Parlament verantwortlich ist, aber gleichzeitig eng mit der britischen Regierung kooperieren soll. Sie könnte zudem in Brüssel die schottischen Interessen gegenüber der Europäischen Union wahren.[45]

Zu den Dauerthemen in der „devolution"-Debatte gehört die Frage, in welcher Form die Zunahme der Kompetenzen auf regionaler Ebene mit der Abnahme von Kompetenzen der Region in Westminster korrespondieren müßte.[46] Es war der schottische Labourabgeordnete Tam Dalyell, der in den 70er

Jahren die sogenannte „West Lothian Question" stellte.[47] Ihm ging es vor allem darum, daß schottische Unterhausabgeordnete dann, wenn ein eigenständiges schottisches Parlament eingerichtet wird, in Westminster keinen Einfluß mehr auf dezentralisierte schottische Angelegenheiten nehmen können. Zugleich zielt die Frage darauf ab, warum schottische Members of Parliament das Recht behalten sollen, über englische Angelegenheiten abzustimmen, ohne dafür Wählern gegenüber direkt verantwortlich zu sein,[48] wenn doch die englischen Parlamentarier von der Gesetzgebung über die meisten schottischen Angelegenheiten ausgeschlossen werden sollen. Dieses Problem kann man aber nur dann für gravierend halten, wenn man der – überholten und unzutreffenden – Einschätzung anhängt, das britische Unterhaus sei der Ort, an dem unter maßgeblicher Beteiligung der einzelnen Abgeordneten die wesentlichen politischen Entscheidungen getroffen werden.

Im übrigen ist das Problem einer Ungleichbehandlung der verschiedenen Regionen, das mit der „West Lothian Question" angesprochen wird, dem politischen System Großbritanniens bereits vertraut. Schon bisher erfuhren die Belange von Schottland und Wales nicht nur durch ihre ministerielle Verankerung, sondern auch in der Organisation des Unterhauses eine gewisse Vorzugsbehandlung. So bestand die Praxis, daß im Unterhaus spezielle Ausschüsse arbeiten, die unter gewissen Voraussetzungen das Recht haben, die zweite Lesung für solche Gesetzentwürfe zu übernehmen, die ausschließlich schottische bzw. – in Ausnahmefällen – auch rein walisische Angelegenheiten betreffen.[49] Ein weiteres Zugeständnis an die Sonderstellung der beiden Landesteile sind die beiden select committees, die das Scottish bzw. das Welsh Office kontrollieren sollen. Sie werden mit der Übergabe der Kompetenzen dieser Offices an die regionalen Repräsentativorgane nicht mehr erforderlich sein. Schwerer fällt der Labourregierung sicherlich die Absage an eine weitere Form der Besserbehandlung von Schottland und Wales. So trifft die von ihr in Aussicht gestellte Verminderung der schottischen und walisischen Mandate, mit der die bisherige mandatsmäßige Überrepräsentation der beiden Regionen im britischen Parlament revidiert werden soll,[50] in erster Linie die Labour Party selbst.

Auch wenn diese Beispiele zeigen, daß Asymmetrien im politischen System Großbritanniens eine bekannte Größe sind, bleibt die Frage nach der künftigen Position Englands aus verschiedenen Gründen relevant. Begünstigt durch die wachsende Bedeutung der „Dritten Ebene" in der Europäischen Union, ging die Initialzündung für eine Dezentralisierung des Königreichs zwar von Schottland und Wales aus. Ihre Reichweite entscheidet sich aber in seinem größten Landesteil, also in England. Hier leben ca. 80 % der Bevölkerung, und hier ist die Zentralisierung am stärksten und auch zeitlich am längsten ausgeprägt. Die Gegner einer umfassenden Dezentralisierung Großbritanniens befürchten, daß England dann, wenn es Benachteiligungen seiner einzelnen Landesteile im Vergleich zu Schottland oder Wales verhindern will, gar nichts anderes übrigbleibe, als ebenfalls Dezentralisierungsmaßnahmen zu ergreifen.[51] Diese könnten darauf aufbauen, daß sich auch in England Ansätze einer regionalen Verwaltung nachweisen lassen, die über die seit 1946 bestehende Aufteilung des Landes in neun sogenannte Standardregionen hinausgehen.[52] So erkannten die Tories, nachdem sie 1979 die von der Labourregierung 1964 eingerichteten regionalen Planungsbeiräte (Regional Economic Planning Councils, REPCs) abgeschafft hatten, in den Folgejahren doch die Notwendigkeit, die Zusammenarbeit zwischen der Regierung in London und den verschiedenen Akteuren vor Ort zu verbessern. Gleichzeitig spielte auch der Wunsch eine Rolle, nicht den Anschluß an die EU-Regionalpolitik und deren Fördermittel zu verpassen.[53] Zu diesen Zwecken wurden im April 1994 die bereits existierenden verschiedenen Außenstellen von vier Ministerien[54] zu neuen staatlichen Regionalbehörden zusammengelegt. Diese zehn[55] Government Offices for the Regions (GORs), die jeweils der Leitung eines staatlichen Spitzenbeamten (regional director) unterstehen, sind dafür zuständig, die Programme ihrer Ministerien in London auf regionaler Ebene koordiniert auszuführen und gleichzeitig der Wirtschaft und den lokalen Behörden als Ansprechpartner zur Verfügung zu stehen.[56] Da ein GOR demnach in erster Linie als verlängerter Arm des Zentralstaats in der jeweiligen englischen Region fungiert, bringt diese Einrichtung das Anliegen der weitergehenden Regionalisierung in struktureller Hinsicht nicht voran. Aus diesem Grund werden verschiedene andere Modelle für England diskutiert. So schlug die Labour Party vor, zunächst eine Vertretung von Gemeinde- bzw. Stadträten, die damit indirekt legitimiert wären, zu beauftragen, die Belange und Interessen der betreffenden Region vor allem bei Fragen der regionalen Wirtschaftsentwicklung zu vertreten. In einem zweiten Schritt sollen schließlich auch in den englischen Regionen parlamentarische Kammern gewählt werden.

Noch stärker als bei den Vertretungen von Schottland und Wales stellt sich hier das Problem, woher die Kompetenzen kommen sollen, die diese Kammern künftig innehaben könnten. Schließlich wäre für das Ziel einer Dezentralisierung überhaupt nichts gewonnen, wenn die damit geschaffene regionale Ebene überwiegend solche Aufgaben übertragen bekäme, die bislang von der kommunalen Ebene, also dem „local government“, wahrgenommen wurden. So zeigt sich gerade am Thema „devolution“ die Schwierigkeit, Reformen, die mit Blick auf die notwendige Modernisierung eingeleitet wurden, so zu gestalten, daß sie weder die verfassungsrechtlichen Grundlagen des Landes noch dessen Einheit gefährden. Die vor allem für bundesdeutsche Beobachter naheliegende Lösung, das gesamte Vereinigte Königreich in einen Bundesstaat umzugestalten, ist mit derzeitigem britischen Verfassungsrecht nicht vereinbar. Der dann zwangsläufige Verlust eines Teils der zumindest in der Theorie uneingeschränkten Verfügungsgewalt des Unterhauses würde gegen den britischen Verfassungsgrundsatz der Parlamentssouveränität verstoßen. Ein solcher Schritt wäre nur dann gangbar, wenn zuvor die britische Verfassung grundlegend reformiert und auf eine völlig neue Grundlage gestellt würde. Die meisten politischen Akteure – mit Ausnahme der Liberal Democrats und einiger gesellschaftlicher Gruppierungen[57] – schrecken aber vor der damit verbundenen Gefährdung britischer Traditionen zurück. Aus diesem Grund sieht das bisher verfolgte Modell von „devolution“ lediglich eine Delegation von Gesetzgebungskompetenzen des Unterhauses an regionale parlamentarische Kammern vor. Da diese zumindest in der Theorie jederzeit widerrufbar ist, kann so die Doktrin der Parlamentssouveränität aufrechterhalten werden.

4. Die Bedeutung des „local government“

Im Unterschied zur Bundesrepublik Deutschland gibt es in Großbritannien keine kommunale Selbstverwaltung auf der Basis einer verfassungsrechtlich garantierten Allzuständigkeit. Die Gemeinden, das sind die „counties“ und „districts“, können nur die ihnen hoheitlich zugewiesenen Aufgaben innerhalb eng gezogener Grenzen wahrnehmen. Auch im Verhältnis von Zentrum und Peripherie wirkt sich die Doktrin der Parlamentssouveränität, d.h. die Vorstellung aus, daß sich jegliche staatliche Gewalt – und damit auch die kommunale Gewalt – vom Parlament her ableitet. Gemäß der „ultra vires“-Lehre, derzufolge die Rechtsfähigkeit einer juristischen Person auf den Zweck ihrer Errichtung beschränkt ist, besteht keine Gewährleistung, die das „local government“ vor den Eingriffen der regierenden Parlamentsmehrheit schützen könnte. Eine weitere Besonderheit des englischen Kommunalwesens ist darin zu sehen, daß im Gegensatz zum deutschen Recht, welches die Gemeinde als Rechtspersönlichkeit sieht, das englische Recht an der Ratsversammlung, dem „council“, anknüpft. In der englischen Fachliteratur wird deshalb auch durchwegs von den Kompetenzen oder Funktionen des „county councils“ oder des „district councils“ gesprochen, also nicht von den Kompetenzen des „districts“ oder des „counties“. Auch darin kommt die unitarische Grundhaltung des englischen Staatsdenkens zum Ausdruck: Das Staatsgebiet wird als einheitliches Ganzes gesehen, auf dem nur zum Zweck effizienter Verwaltung örtliche Gremien angesiedelt sind, denen das Parlament bestimmte Kompetenzen übertragen hat.

Die heutige Gestalt des britischen Territoriums ist das Ergebnis der einschneidenden Gebiets- und Verwaltungsreform von 1974, die 1986 noch einige Korrekturen erfuhr.[58] Während es in England zuvor noch 1200 kommunale Einheiten gegeben hatte, sind es jetzt nur noch 410. Die 39 „counties“ bilden die oberste Ebene des „local government“.[59] Sie sind z.B. für Straßenverkehr, Stadtentwicklung, Schulwesen, Polizei, Feuerwehr zuständig – also für solche Leistungen, die einerseits möglichst einheitlich angeboten werden sollen und andererseits mit einem organisatorischen Aufwand verbunden sind, der die Leistungsfähigkeit der nachgeordneten Ebene überfordern würde. Den „counties“ nachgeordnet sind die 296 „districts“.[60] Sie erbringen typisch lokale Aufgaben wie die Wohnungsversorgung oder Müllabfuhr. Auch nach dem Kommunalverwaltungsgesetz von 1986 blieben die 10000 sogenannten „parishes“, also die ursprünglichen Kirchsprengel, zwar als lokale Verwaltungseinheiten erhalten. Sie stellen jedoch keine besondere Verwaltungsebene dar.

Die schwache Stellung des „local government“ in Großbritannien erklärt sich unter anderem dadurch, daß es allen Ebenen des „local government“ an einer handlungsfähigen Exekutive mangelt. Zwar präsidiert in den direkt gewählten „councils“ jeweils ein „chairman“ oder eine „chairwoman“. Diese Ratsvorsitzenden, die auf „districts“-Ebene häufig den Titel „mayor“ oder „lord mayor“ (Oberbürgermeister) tragen, werden aber nur auf ein Jahr gewählt und sollen ihr Amt parteipolitisch neutral ausüben.[61] Die Realisierung des Plans der Labourregierung vom Juli 1997, den Bürgermeister von London nach einem entsprechenden Referendum künftig direkt wählen zu lassen und ihm damit eine herausgehobene Position zu verleihen, würde demnach eine bedeutende Veränderung darstellen. Diese Initiative entspricht nicht nur dem Konzept der Labour Party, von der Zentralregierung unabhängige Machtzentren aufzubauen, sondern ist ein Teilstück des von der neuen Regierung verfolgten Plans, die Partizipationschancen der Bürgerinnen und Bürger auszubauen.

Zu den Charakteristika der britischen Staatsorganisation gehört, daß der Zentralstaat sich ursprünglich fast nur mit „high politics" beschäftigte; dazu rechnete man Auswärtiges, Verteidigung, Kolonien, öffentliche Sicherheit und Handel. Da diese Tätigkeitsbereiche zur Selbstdarstellung des britischen Staates genügten und den Bürgerinnen und Bürgern ausreichend Identifikationsmöglichkeiten boten, hatte es die Londoner Regierung lange Zeit nicht nötig, selbst die Verantwortung für die Bereitstellung z.B. wohlfahrtsstaatlicher Leistungen zu übernehmen. Gleichzeitig war es Großbritannien überhaupt erst durch diese Entlastung von der Alltagspolitik möglich, seine Rolle als Weltmacht wahrzunehmen. Die Aufgaben, die dagegen in den Bereich der „low politics" fielen, wie zum Beispiel die Erbringung von Serviceleistungen, überließ man den lokalen Gebietskörperschaften oder anderen nachgeordneten Einheiten. Infolge dieser Geringschätzung kommunaler Angelegenheiten durch die Regierung in London genoß die kommunale Ebene eine relativ große Handlungsfreiheit.[62] Lange Zeit waren die Gemeinden in der Lage gewesen, die für die kommunalen Leistungen notwendigen Finanzmittel aus eigenen Quellen zu erheben. 1873/74 deckten die lokalen Gebietskörperschaften noch fast 95% ihrer Einnahmen durch lokale Steuern („rates"). Seither wuchs der Anteil der staatlichen Zuschüsse an die Gemeinden kontinuierlich. In den 70er Jahren stammten nur noch 45% der Lokaleinnahmen aus eigenen Quellen.[63] Im Zuge der Ausweitung der Staatstätigkeit ging die frühere klare Trennung von zentralstaatlichen und lokalen Aufgaben, die sogenannte „dual polity",[64] allmählich verloren. Dadurch, daß wohlfahrtsstaatliche Leistungen immer mehr zum Gegenstand des Parteienwettbewerbs wurden, sah sich jede britische Regierung gezwungen, ihre Bereitstellung zum eigenen Anliegen zu machen.[65] Als mit der wirtschafts- und finanzpolitischen Krise auch der nationale Konsens über die wohlfahrtsstaatlich ausgerichtete Wachstumspolitik sein Ende fand, verschlechterten sich die Beziehungen zwischen Zentrum und Peripherie gravierend. Die Ursachen hierfür sind aber nicht allein bei der Zentralregierung zu suchen. Eingriffe des Zentralstaats wurden schließlich auch durch die mangelnde Leistungsfähigkeit und das Mißmanagement in vielen Gemeinden provoziert.

5. Das Verhältnis von Zentrum und Peripherie

Ein weiteres Motiv für das verstärkte Engagement der Regierung war ihre Diagnose, daß die auf kommunaler Ebene erbrachten Leistungen einen immer größeren Anteil am gesamten Staatshaushalt einnahmen. Zudem besaßen die Kommunen die Möglichkeit, durch die Erhöhung lokaler Steuern die finanzpolitischen Vorgaben der Zentralregierung, also zum Beispiel die Kürzung von Zuweisungen („grants"), zu unterlaufen. Dieses kommunale Störpotential, das auch dem konservativen Verständnis von Parlamentssouveränität widersprach, gefährdete seit 1979 die Wirtschaftspolitik der Tories und veranlaßte Thatcher schließlich zum Eingreifen.[66] Als Begründung für die damit geschaffene Möglichkeit des Zentralstaats, nun alle Formen kommunaler Ausgaben deutlich stärker zu kontrollieren,[67] zog die Regierung Thatcher auch ordnungspolitische Argumente heran. Nach ihrer Einschätzung wurde auf kommunaler Ebene zuviel Geld für wohlfahrtsstaatliche Leistungen ausgegeben. Da diese nicht in das Konzept der liberalen, angebotsorientierten Wirtschaftspolitik paßten, wurden sie von vornherein für weitgehend überflüssig und auch kontraproduktiv gehalten.[68] Da die Regierung überdies einen direkten Zusammenhang zwischen den hohen kommunalen Ausgaben und der steigenden Besteuerung der Immobilienbesitzer und damit ihrer eigenen politischen Klientel sah, beschränkte sie gleichzeitig das bisherige Verfügungsrecht der Kommunen über die Kommunalsteuern in mehreren Schritten ganz drastisch. Mit der Einführung der „community charge", die besser unter dem Namen „poll tax" bekannt ist, wurde versucht, dem Ziel der Entpolitisierung[69] der kommunalen Ebene näherzukommen. Im Unterschied zum bis dahin üblichen „rating system" bezog sich die neue Steuer insgesamt auf Individuen und nicht auf Immobilien.[70] Ihre Entscheidung, die „poll tax" innerhalb einer Kommune für alle Bürger unabhängig von Einkommen oder Vermögen in gleicher Höhe zu erheben und auch nur wenige Personengruppen von der Steuerzahlung zu befreien, wurde von der Regierung damit begründet, auf diese Weise werde das Bewußtsein der Bürger für die Kosten des „local government" erhöht. Dieser Einsatz für das richtige kommunale Bewußtsein kam die Tories aber teuer zu stehen: die damaligen Proteste gegen die „poll tax" und die Unruhen in den Städten trugen mit zum parteiinternen Sturz von Margaret Thatcher 1991 bei.[71] 1993 wurde die „community charge" schließlich durch die „council tax" ersetzt. Sie orientiert sich am Immobilienbesitz und macht den lageabhängigen Wert der Immobilie zur Besteuerungsgrundlage.

Andere Maßnahmen der Regierung Thatcher betrafen die Organisation des „local government". Einerseits versuchten die Tories, kommunale Aufgaben durch Privatisierung und die Betonung der Eigenverantwortung von Individuen und Bürgerschaft zu reduzieren. Andererseits veränderten sie die Organisation des „local government". So löste die Regierung Thatcher 1986 den seit 1963 arbeitenden Greater London Council (GLC), der für Gesamtplanung, Transportfragen und einige Wohnungsbereiche zuständig war, ebenso auf wie die 1972 eingerichteten sechs „metropolitan counties"[72] und kehrte damit im Bereich der Großagglomerationen zu einem einstufigen Aufbau der Lokalverwaltung zurück.[73] Als eigentlicher Grund für die Abschaffung gerade des Greater London Council gilt die Tatsache, daß diese lokale Ebene sehr stark von linken Labour-Kräften[74] dominiert war, die versuchten, den Zentralstaat und seine Regierung mit Hilfe des Councils politisch herauszufordern.

Alle kommunalpolitischen Reformen der Regierung Thatcher zeugten davon, daß die Kommunen lediglich als Agenturen mit Dienstleistungsfunktion betrachtet wurden.[75] Diese an Effizienzgesichtspunkten orientierte Sichtweise erklärte die Strategie, ursprünglich kommunale Aufgaben auf nichtstaatliche bzw. halbstaatliche Agenturen zu übertragen. Damit wurde auch auf kommunaler Ebene ein sich rasch ausweitender

Sektor von lokalen und regionalen „Nebenregierungen" geschaffen,[76] der sowohl aus staatlichen Behörden und privaten Einrichtungen als auch aus den bereits von der zentralstaatlichen Ebene bekannten halbstaatlichen Agenturen, den „quangos" (quasi autonomous non-governmental organisations"), besteht. „Quangos" gibt es in verschiedenen Ausprägungen. Der größere Teil von ihnen, die sogenannten „executive bodies", übernehmen exekutive Funktionen und werden dabei von der Regierung überwacht und finanziert. Dabei arbeiten sie im Krankenhaus- und Gesundheitswesen,[77] gestalten die örtliche und regionale Infrastruktur und übernehmen Verantwortung für Ausbildung und Qualifizierung.[78] Obwohl ihre Mitglieder von einem Minister ernannt werden, unterstehen sie nicht direkt einem Ministerium und können sich damit häufig einer wirksamen parlamentarischen Kontrolle entziehen. Andere „quangos" beraten z.B. ein Ministerium zu einem ganz bestimmten Politikfeld und sind als Beraterausschüsse organisiert („advisory boards"); weniger zahlreich sind die „administrative tribunals" mit ihren Streitschlichtungs- und Genehmigungsfunktionen. Noch umstrittener als die Kategorisierung von „quangos" ist die Frage nach ihrer Zahl. Um das Ziel zu erreichen, die Anzahl der „quangos" zu reduzieren, wurde das Phänomen von der Regierung Thatcher zum Teil auch einfach nur neu definiert. So sprach die Regierung nicht mehr von „quangos", sondern von „non-departmental public bodies" (NDPBs). Deren Zahl konnte sie schon daher mit nur 1400 für ganz Großbritannien angeben, weil die Einrichtungen auf kommunaler Ebene definitorisch ausgeschlossen wurden.[79]

Die Labourregierung versucht nun ihre „devolution"-Pläne dadurch noch attraktiver für die betroffene Bevölkerung zu machen, daß sie die Dezentralisierungsinitiative auf die „quangos" ausweitet. Mit dieser Strategie gelingt es ihr, zwei politische Ziele zu verknüpfen. Sie reduziert nicht nur die „quangos", für deren Arbeit und Existenz die Öffentlichkeit ohnehin wenig Verständnis zeigt, sondern erlaubt es zugleich, die geringen Kompetenzen gerade der Welsh Assembly zu vergrößern.

V. Die britischen Interessenverbände

Während man in Deutschland den Interessenverbänden mit einem – wenn auch abnehmenden – Mißtrauen begegnet, ist von einer solchen Verbandsprüderie in Großbritannien wenig zu spüren: „By mobilizing support for their various interests and causes, pressure groups communicate opinion and expertise to government and thus, like political parties, serve as another bridge between society and the formal institutions of the state".[1]

1. Übersicht über die Interessenverbände

Daß eine solch nüchterne Sicht Kritik im Einzelfall nicht ausschließt, wird vor allem bei den wirtschaftlichen Interessengruppen deutlich, die über den größten Einfluß auf den Regierungsprozeß verfügen und denen im folgenden auch besondere Aufmerksamkeit gilt. Diese Verbände werden in Großbritannien meist als „(sectional) interest groups" bezeichnet. Ihnen stehen mit den „promotional groups" diejenigen Verbände, die man mit Klaus von Beyme als ideelle Fördererverbände bezeichnen könnte,[2] gegenüber.[3]

Im Jahre 1979 erreichten die britischen Gewerkschaften mit 13,2 Mio. Mitgliedern ihren höchsten Stand in der Nachkriegszeit, der danach allerdings kontinuierlich abbröckelte, seit 1990 unter 10 Mio. lag und 1995 nur noch 8,3 Mio. Mitglieder betrug.[4] Hiervon gehören 6,9 Mio. Angestellte und Arbeiter solchen Gewerkschaften an, die im Trades Union Congress (TUC), der Dachorganisation der britischen Gewerkschaften, zusammengeschlossen sind.[5] In der ersten Hälfte der 90er Jahre waren ca. 4 Mio. der TUC-Mitglieder in den fünf stärksten Gewerkschaften vereinigt – der Transport and General

Workers Union, der Amalgamated Engineering and Electrical Union, der General and Municipal Boilermakers' Union, der National and Local Government Officers' Association und der Manufacturing Science and Finance Union. Blickt man hingegen auf die kleinsten Gewerkschaften, so wird die starke, allerdings abnehmende Fragmentierung des britischen Gewerkschaftssystems offensichtlich: Die Zahl der Gewerkschaften lag nach dem Krieg bei weit über 700 und nahm seitdem fast kontinuierlich ab.[6] Aber am Ende der 70er Jahre existierten immer noch 462 Gewerkschaften, von denen 255 weniger als 1000 Mitglieder hatten.[7] Im Jahre 1995 schließlich verblieben „nur" noch 243 Gewerkschaften.[8] Es kommen noch einige Berufsverbände hinzu, die parteipolitisch neutral und nicht in das Gewerkschaftssystem eingegliedert sind – wie z. B. die British Medical Association, die Association of University Teachers oder die Law Society. Auch reagieren die britischen Gewerkschaften durchaus unterschiedlich auf die Modernisierungsanforderungen – von der Erhaltung des Status quo bis hin zu einer quasi-bedingungslosen Akzeptanz der technologisch bedingten Veränderungen reicht die Spannweite. Die Kampfbereitschaft der Gewerkschaften hat sich über die Zeit erheblich verändert: An den Streiks im Jahre 1972 beteiligten sich über 1,7 Mio. Arbeiter, knapp 24 Mio. Arbeitstage gingen verloren; für 1979 lauten die entsprechenden Zahlen: knapp 4,6 Mio. Streikende, 29,5 Mio. verlorene Arbeitstage. 1994 hingegen wurden von insgesamt 87000 Arbeitern 278000 Arbeitstage mit Streiks belegt; 1995 waren es geringfügig mehr: nämlich 415000 verlorene Arbeitstage bedingt durch Streiks von insgesamt 170000 Arbeitern.[9] Auf die Ursachen für diese gravierenden Veränderungen wird im folgenden Abschnitt einzugehen sein.

Die Confederation of British Industry (CBI), das Pendant zum Trades Union Congress auf der Arbeitgeberseite, wurde 1965 auf Drängen der damaligen Labour-Regierung durch die Zusammenlegung der Federation of British Industries, der British Employers' Confederation und der National Association of British Manufacturers gegründet.[10] Mit dieser Zusammenlegung sollten die Vertretung der Interessen der Industrie, aber auch die Serviceleistungen und Hilfestellungen für die einzelnen Unternehmen, auf die die britische Industrie großen Wert legt,[11] verbessert werden. Die CBI faßt heute ca. 12000 Mitgliedervereinigungen zusammen, aber ihre Mitgliedschaft ist äußerst uneinheitlich: „Ihr gehören Einzelunternehmen, zahlreiche branchenbezogene Wirtschaftsvereinigungen (Trade Associations) und Arbeitgeberorganisationen (Employer's Associations) an, aber z.B. auch der Bauernverband NFU."[12] Daß die Herstellung einer einheitlichen Position, das Sprechen mit einer Zunge für die CBI nicht einfach ist, dürfte einleuchten. Zudem ist die CBI zwar das wichtigste Organ zur Vertretung wirtschaftlicher und industrieller Interessen, aber bei weitem nicht das einzige. Während der Regierungszeit von Frau Thatcher erfreute sich z.B. das Institute of Directors großer Wertschätzung bei der Regierungschefin. Zu nennen wären in diesem Zusammenhang weiterhin z.B. das Retail Consortium, die Association of British Chambers of Commerce, die British Bankers' Association, die Society of Motor Manufacturers und die Smaller Businesses Association.[13] Des weiteren muß darauf verwiesen werden, daß die Zusammenarbeit zwischen der Finanzwelt, der „City", und der Industrie in Großbritannien nicht besonders eng ist. Die Äußerung von David Marsh, daß Organisation und Entscheidungsstruktur der CBI „somewhat chaotic" seien,[14] kann man ohne größere Bedenken auf die wirtschaftlichen Interessengruppen insgesamt übertragen, wobei auch die Agrarverbände zusätzliches Anschauungsmaterial anbieten.[15] „Die Organisationen der Arbeitgeber sind im Vergleich etwa zu den deutschen Arbeitgeberverbänden wenig schlagkräftig"[16] – diese Feststellung Roland Sturms dürfte nur schwer zu widerlegen sein.

Neben diesen Verbänden aus dem Wirtschafts- und Arbeitsbereich existieren Verbände, die meist als „promotional groups" bezeichnet werden und nach der bei uns gebräuchlicheren Typologie von Ellwein[17] unter die Vereinigungen im sozialen Bereich, im Freizeitbereich, im Bereich Kultur, Religion, Politik und Wissenschaft bzw. unter die Vereinigungen von Gebietskörperschaften und anderen Körperschaften des öffentlichen Rechts fallen, in Großbritannien ebenso wie in der Bundesrepublik.[18] Vor allem die Umweltvereinigungen und die Vertretungen der ethnischen Minderheiten haben seit einiger Zeit deutlich erhöhten Zulauf.[19]

2. Zur politischen Bedeutung der wirtschaftlichen Interessengruppen

In den 70er Jahren hatten die Gewerkschaften ihren Druck auf das politische System beträchtlich überdehnt: den Industrial Relations Act, den die Regierung Heath im Jahre 1971 durchgesetzt hatte,[20] machten die Labour-Regierungen auf Druck der Gewerkschaften durch den „social contract" sowie durch gesetzliche Regelungen weitestgehend rückgängig.[21] Hinzu kamen die negativen Auswirkungen der extremen Dezentralisierung der Gewerkschaften in Großbritannien: „Aufgrund der geringen Verbindlichkeit industrieweiter bzw. nationaler Abkommen verschiebt sich der Verhandlungsschwerpunkt immer mehr auf die lokale Ebene – eine Dezentralisierungstendenz, die die Konfliktschwelle deutlich herabsetzt, kurze Kampfaktionen zur Unterstützung einer Verhandlungsforderung begünstigt und die Pufferwirkung der Gewerkschaftszentrale beseitigt: durchschnittlich mehr als 90 % aller Streiks sind ‚inoffiziell' (von der Gewerkschaftszentrale nicht sanktioniert)".[22]

Und die Gewerkschaften nützten im sog. „winter of discontent" 1978/79 ihre noch ungebrochene Stärke brutal aus: die öffentlichen Dienstleistungen brachen zusammen, Müllberge türmten sich auf, Krankenhäuser wurden bestreikt, das Transportwesen stand still, und selbst die Totengräber legten die Arbeit nieder. „Wieder einmal zeigte sich, daß die Gewerkschaftsführer ‚spontanen' Aktionen ihrer Mitglieder ohnmächtig gegenüberstanden und daß sie die eingegangenen Vereinbarungen nicht einhalten konnten".[23]

Aber dieser „winter of discontent" hatte für die Gewerkschaften fatale Folgen: Er trug nicht unwesentlich zum ersten

Wahlsieg von Frau Thatcher im Jahre 1979 und damit zum Beginn der „Zähmung der Gewerkschaften“[24] durch gesetzlich verankerte Machteinschränkungen bei. Ihr Wahlversprechen, „unverantwortliche Auswüchse gewerkschaftlicher Autonomie zu beschneiden und die politische Privilegierung zu beschränken“,[25] setzte die neue Regierungschefin in Etappen um. Den Anfang machte sie mit dem Employment Act von 1980, der u.a. das Verbot von Solidaritätsstreiks in vom Streik nicht betroffenen Unternehmen, die Begrenzung der „closed-shop“-Regelungen[26] sowie ein Angebot, die Kosten für Urabstimmungen und andere Verbesserungen innergewerkschaftlicher Willensbildung durch den Staat zu übernehmen, enthielt.[27] Der Employment Act von 1982 brachte Präzisierungen und Verschärfungen: bestimmte Streikformen wurden gesetzlich untersagt, für ungesetzliche Streiks wurde die finanzielle Immunität der Gewerkschaften aufgehoben, eine weitere Begrenzung der „closed-shop“-Vereinbarungen und die Möglichkeit für Unternehmen, Streikende zu entlassen, wurden fixiert. Der Trade Union Act von 1984 verlangt u.a., daß spätestens alle fünf Jahre geheime Wahlen für die Gewerkschaftsspitze durch die gesamte Mitgliedschaft zu erfolgen haben und daß Fonds zugunsten politischer Aktionen – gemeint sind die finanziellen Zuwendungen an die Labour Party – einmal alle zehn Jahre durch die Mitglieder bestätigt werden müssen. Der Employment Act von 1988 erlaubt es schließlich dem einzelnen Arbeitnehmer, sich trotz Streikposten an seinen Arbeitsplatz zu begeben, er gesteht ihm für den Fall, daß keine Urabstimmung stattfand, diverse Klagerechte gegen die Gewerkschaftsführung zu und er verschärft abermals die „closed-shop“-Bestimmungen. Wie immer man zur Person und auch zur Politik von Margaret Thatcher stehen mag, viele der von ihr initiierten gesetzlichen Regelungen sind weniger als Benachteiligungen der Gewerkschaften denn als Instrumente zu verstehen, mit denen eine größere Ausgewogenheit im Arbeitskampf hergestellt wurde. Auch in den 90er Jahren wurden die Auflagen für die Gewerkschaften verschärft: 1990 wurden sie u.a. verpflichtet, sich gegen wilde Streiks zu wenden, und 1993 wurden die Regeln für die Urabstimmungen verschärft:[28] „Nach achtzehn Jahren konservativer Regierung ist am britischen Arbeitsmarkt ... kaum noch etwas wie in den siebziger Jahren."[29]

Der Höhepunkt der Auseinandersetzungen zwischen Thatcher und den Gewerkschaften war der Bergarbeiterstreik 1984/85.[30] Die Bergarbeiter, die die Regierung schon zweimal in den 70er Jahren und auch 1981 zum Nachgeben gezwungen hatten, wurden nun ihrerseits durch die Forderung der Regierung nach einer Stillegung von unwirtschaftlichen Zechen unter Druck gesetzt. Ein knapp einjähriger Streik ohne vorherige Urabstimmung, in dem die anderen Gewerkschaften ihre Solidarität auf ein Minimum beschränkten, in dem Gewalttätigkeit und Gesetzesbrüche an der Tagesordnung waren, der erhebliche finanzielle Belastungen für die Streikenden und für die Regierung höhere Kosten als der Falkland-Krieg brachte, endete schließlich mit einer Kapitulation der Bergarbeiter. Er führte darüber hinaus zur Spaltung der Bergarbeitergewerkschaft und symbolisierte das Ende der bisherigen gewerkschaftlichen Übermacht. Es war ein Beleg für die These „Generally, governments can and do *govern*."[31] Die hohe Arbeitslosigkeit und gewichtige Umstrukturierungen in diversen Industriebranchen waren diejenigen Faktoren, die zur damaligen Zeit den Sieg der Regierung mitbedingten.

Die eigentliche Wende für die Gewerkschaften bestand aber nicht in der Niederlage im Bergarbeiterstreik von 1984/85 und nicht in den durch die Regierung Thatcher durchgesetzten Restriktionen ihrer Machtposition. Sie lag in der veränderten Haltung der Labour Party,[32] die die innerparteilichen Einflußmöglichkeiten der Gewerkschaften immer stärker zurückdrängte,[33] die sich den Forderungen nach einer Zurücknahme der gewerkschaftlichen Machtbeschränkungen immer stärker verweigerte und die damit den für britische Verhältnisse äußerst harten Umgang von Margaret Thatcher mit den Gewerkschaften – wenn auch mit beträchtlicher zeitlicher Verzögerung – in die Rubrik Konsenspolitik einordnete. Vor der jüngsten Wahl ließ Labour keinen Zweifel daran, „daß die Kernelemente der gewerkschaftlichen Gesetzgebung der 80er Jahre über

Urabstimmungen, Streikposten und Arbeitskampf beibehalten werden", und Tony Blair faßte die künftigen Beziehungen einer Labour-Regierung gegenüber den Gewerkschaften häufig in die Kurzformel „fairness not favours".[34]

Doch die neue Situation bringt den Gewerkschaften nicht ausschließlich Nachteile. Ein Eisenbahnerstreik stieß 1989 bei der Bevölkerung durchaus auf Verständnis, obwohl er erhebliche Unannehmlichkeiten mit sich brachte. Und der SPIEGEL konnte bereits damals festhalten: „Vor zehn Jahren hatten die Briten in der ‚exzessiven Macht der Gewerkschaften die bedeutendste Bedrohung der Demokratie gesehen' schreibt der Kolumnist Neal Ascherson. Frau Thatcher habe den ‚Drachen zum niedlichen Haustier reduziert'. Nun erweckt das Tierchen Mitleid."[35] Sogar von der „Gewerkschaftsleiche" war die Rede.[36] Bezeichnend für ihre neue Rolle ist aber vor allem das von der Mehrheit getragene neue Selbstverständnis des „New unionism" in der Folge von Tony Blairs „New Labour". Jedoch ist es auch ein Zeichen der erwähnten Schwäche der britischen Arbeitgeberorganisationen, daß sie ihr Kräftemessen mit den Gewerkschaften ohne massive Unterstützung der Regierung Thatcher nicht für sich entscheiden konnten.

Insgesamt wurde vor dem Regierungsantritt von Frau Thatcher eher „über-" als „unterkonsultiert", wie es ein höherer Beamter einmal formulierte.[37] Es ist deshalb durchaus sinnvoll, die drei Phasen in den Beziehungen zwischen den Interessengruppen und der Regierung zu unterscheiden: die Zeit vom Kriegsende bis zum Regierungsantritt von Frau Thatcher, die Ära Thatcher und die Neuordnungsversuche in der Zeit nach dem Sturz von Frau Thatcher.[38] Bei der ersten Phase wird man allerdings betonen müssen, daß die Konsenspolitik, die man nach dem Zweiten Weltkrieg durchzusetzen versuchte, nur anfangs funktionierte, im Laufe der Zeit aber immer mehr Schaden litt und ab den 60er Jahren de facto gescheitert war. In den 70er Jahren war nicht selten von „tripartism"[39] in Großbritannien die Rede: Regierung, Gewerkschaften und Unternehmerverbände arbeiteten zusammen die wenig tragfähigen Kompromisse in der Wirtschafts- und Sozialpolitik des Landes aus. Symbol einer solchen Politik war der National Economic Development Council (NEDC), der 1961 gegründet wurde und insbesondere in der Wirtschaftsplanung aktiv werden sollte, der nach der Regierungsübernahme durch Frau Thatcher zunehmend an Bedeutung verlor und 1992 schließlich gänzlich abgeschafft wurde.[40] Das Ergebnis des Scheiterns der Zusammenarbeit von Regierung, Gewerkschaften und Arbeitgebern „war eine Politisierung der Arbeitsbeziehungen".[41] Aber weder die Versuche der Konservativen, die Probleme per Gesetz in den Griff zu bekommen, noch der „social contract" zwischen Labour und den Gewerkschaften führten zum Ziel. Nur vor dem Hintergrund des Scheiterns dieser Konsenspolitik konnte Frau Thatcher die Kontakte zu den Interessengruppen, die das Bild eines „strong government" störten und die sie in Anbetracht ihrer neoliberalen, die staatliche Planung zurückdrängenden Politik als zunehmend unnötig betrachtete, deutlich einschränken. „Such action was justified in terms of a belief, popular among the New Right, that pressure groups undermined both good government and the public interest through their pursuit of self interest in the political arena."[42] Zwar waren die Gewerkschaften die Hauptbetroffenen dieser reduzierten Konsultationsbereitschaft, aber die Auswahl der kontaktierten Gruppen richtete sich im wesentlichen nach deren Nähe zur Politik der Regierung, was auch dazu führte, daß bestimmten Gruppierungen der Zugang zur Regierung erheblich erleichtert wurde. Im Bereich der Wirtschaftsinteressen verlor z.B. die CBI deutlich an Einfluß, während das Institute of Directors, das sich in Übereinstimmung mit der neoliberalen Politik befand, ein gewichtigere Rolle spielte. Während man die Feindlichkeit der Regierung Thatcher gegenüber den Interessengruppen offensichtlich teilweise übertrieben hat, unternahm die Regierung Major zwar den Versuch, die Kontakte zu den Interessenverbänden zu verbessern, allerdings ohne allzu große Erfolge in der Praxis zu verzeichnen.[43]

Daß man versucht, auch bei Labour wieder einen Schritt zurück zur Konsenspolitik zu gehen, davon zeugt Blairs erste Rede als Premierminister vor dem Jahreskongreß des TUC

Anfang September 1997 in Brighton. Blair wies aber den Gewerkschaften eine veränderte Rolle zu, indem er ihnen in der neuen Partnerschaft mit Staat und Unternehmen die Stärkung der Wettbewerbsfähigkeit der Unternehmen zur Aufgabe machte. Die äußerst zurückhaltende Aufnahme dieser Rede durch die Delegierten deutet darauf hin, daß die Gewerkschaften sich mit der ihnen neu zugedachten Rolle noch nicht abgefunden haben.[44]

Aber die Beziehungen zwischen Interessengruppen, Regierung und Parlament stellen keine Einbahnstraße dar, die ohne Schaden von der einen Seite gesperrt werden kann. Die Regierung Thatcher hat sich durch ihre partielle Verweigerung der Zusammenarbeit mit den Interessenverbänden teilweise vermeidbare Probleme eingehandelt.

Erste Adressatin des Verbandseinflusses ist auch in Großbritannien vornehmlich die Regierung einschließlich der Verwaltung, wobei die Ministerien auf solche Kontakte sicherlich keinen sonderlichen Wert legen würden, wären sie nicht bei der Formulierung ihrer Politik in beträchtlichem Ausmaß auf Informationen der einzelnen Verbände angewiesen. Dieses Faktum schlägt sich nicht nur nieder in direkten Kontakten zwischen der Verwaltung und den Verbänden, es erklärt auch die steigende Bedeutung „privater" Lobbyisten für die großen Firmen und die Vielzahl von Beratergremien im Umkreis der Ministerien: „Although it is not uniquely British, the British have developed the advisory system to a fine art."[45] Es gibt in den Ministerien – vergleichbar der Verbandsliste des Deutschen Bundestages – Listen derjenigen Verbände, die im Normalfall in für sie wichtigen Angelegenheiten von den Ministerien gehört werden. Als Beispiel für eine besonders enge Beziehung – man spricht hier auch von insider status[46] – werden immer wieder das Landwirtschaftsministerium und die National Farmers' Union zitiert.

Die Regierung, die u.a. auch wegen der geringen Spezialisierung ihrer Beamten auf die Information und das Detailwissen der Verbände bei der Erarbeitung der Gesetzesvorlagen angewiesen ist,[47] stellt zwar den entscheidenden, nicht aber den einzigen Adressaten für die Interessenverbände dar. Wichtiger Ansprechpartner ist inzwischen auch das Parlament: „The 1970s, and most especially the years since, saw a massive increase in the lobbying of members of both Houses by organized interests. Such interests included large companies, professional bodies, charities, unions, consumer groups and a vast array of pressure groups seeking a change in public policy.“[48] Diese verstärkte Attraktivität des Parlaments für die Interessenverbände ist auf mehrere Faktoren zurückzuführen, u.a. auf die geschilderte Zurückhaltung der Regierung Thatcher im Kontakt mit Interessenverbänden, aber auch auf die gestiegene Kompetenz und den gewachsenen Einfluß des Parlaments.[49] Des weiteren kommen als Adressaten des Verbandseinflusses die Parteien, die Medien und die Öffentlichkeit, die Gerichte, die Institutionen des „local government“ sowie die entsprechenden Institutionen der EU hinzu.[50]

Wenn Jeremy Richardson festhält, daß trotz der Versuche einer radikalen Veränderung der britischen Politik in den 80er Jahren „interest groups retained their key role as actors in the policy process“,[51] so wird man aber betonen müssen, daß sich diese Rolle gegenüber den 70er Jahren deutlich verändert hat: Die Veto-Positionen der Verbände sind erheblich geschwächt, und die politische Ebene hat die Initiative zurückgewonnen.

VI. Parteien und Parteiensystem in Großbritannien

Im Zusammenhang mit der jüngsten Unterhauswahl sprach der Thatcher-Biograph Hugo Young ein drängendes Problem des britischen Parteiensystems mit provozierender Deutlichkeit an: „Gelingt es der Labour-Partei unter den gegenwärtigen Umständen nicht, eine Wahl zu gewinnen, werden wir uns mit der bitteren Erkenntnis abfinden müssen, daß sie es nie schaffen wird. Seit drei Jahren liegt sie in den Meinungsumfragen mit zwanzig Prozentpunkten vorn. Sie hat sich so sehr reformiert, daß sie kaum noch wiederzuerkennen ist; und ihr Gegner ist eine ausgelaugte Regierung, deren Partei der Zerfall droht. Labour hat gar keine andere Wahl, als zu gewinnen! Andernfalls sähen wir die britische Tradition der Machtrotation, ohnehin durch achtzehn Jahre Tory-Herrschaft bis an die Grenze der Glaubwürdigkeit strapaziert, durch ein neojapanisches Einparteiensystem ersetzt, dessen einziges Rotationselement im Wechsel der parteiinternen Koalitionen bestünde."[1] Und Dennis Kavanagh sah in seiner bekannten Einführung in das politische System Großbritanniens mit einer Anlehnung an die Parteisystemtypen Sartoris[2] sein Land bereits nicht mehr als Zweiparteiensystem: „In general elections Britain has moved from a *competitive two-party system* to a *dominant one-party system*."[3] Da der zu einem Zweiparteiensystem definitionsgemäß gehörende Regierungswechsel – wenn auch mit einer beträchtlichen Verzögerung – inzwischen erfolgt und da das andere gewichtige Charakteristikum dieses Parteisystemtypus – Alleinregierung einer Partei ohne Koalitionsnotwendigkeit[4] – ebenfalls erfüllt ist, spricht nichts dagegen, Großbritannien wieder ohne Einschränkungen als Zweiparteiensystem zu bezeichnen.

1. Das Zweiparteiensystem und die kleineren Parteien

Daß in einem Zweiparteiensystem nicht die Existenz kleinerer Parteien, sondern nur deren Beteiligung an der Regierung per definitionem ausgeschlossen ist, dafür bietet Großbritannien ausreichend Beispiele. Die irischen Nationalisten waren die effektivste und die „stabilste dritte Partei", die Großbritannien bisher kannte. Diese Partei blieb aber ein „Fremdkörper im britischen Parlament, da sie sich für die gesamtbritischen Angelegenheiten nur insoweit interessierte, als sie daraus Vorteil für ihr Parteiziel ziehen konnte".[5] Durch ihre regionale Verankerung fielen die Irischen Nationalisten auch nicht den Wirkungen der relativen Mehrheitswahl zum Opfer,[6] sie gingen ihrer zeitweiligen Blockaderolle erst verlustig, als sie ihr Ziel – die Loslösung der Republik Irland vom Vereinigten Königreich – im Jahre 1922 endgültig erreicht hatten.

Die erste „Degradierung" einer gewichtigen zweiten Partei traf die Liberalen. Ihre Ablösung durch Labour nach der Jahrhundertwende und insbesondere in den 20er Jahren ist ein Beleg dafür, daß auch ein mit einem relativen Mehrheitswahlsystem gekoppeltes Zweiparteiensystem keine Überlebensgarantie für die tragenden Parteien darstellt. Der Aufstieg von Labour zur zweiten Partei nahm einen beträchtlichen Zeitraum in Anspruch: Erst nach mehr als einem Vierteljahrhundert war einigermaßen sicher, daß der im Jahre 1900 gestartete Versuch der Gründung einer neuen Partei auch wirklich von Erfolg gekrönt war.[7] Der Unterhauswahl von 1906 waren Absprachen zwischen den Liberalen und der Labour Party vorausgegangen, die die ersten Labour-Abgeordneten ins Unterhaus brachten. 1918 folgten die endgültige Aufkündigung der Zusammenarbeit zwischen Labour und den Liberalen und der erste größere Erfolg Labours bei Unterhauswahlen. 1923 bildete Labour zum ersten Mal und 1929 zum zweiten Mal eine Minderheitsregierung, die Liberalen wurden von nun an zur „major third party in the United Kingdom".[8] Labour hatte anfangs allerdings günstige Startbedingungen: die Unterstützung gewichtiger Persönlichkeiten, die ihr in der Öffentlichkeit zu Popularität verhalfen, großzügige finanzielle Unterstützung durch die Gewerkschaften, ein Parteiprogramm, das im Trend der Zeit lag, sowie die Schützenhilfe durch die Liberalen, die sich mit ihrer Spaltung nach dem Ersten Weltkrieg eifrig an ihrem eigenen Begräbnis beteiligten.

Spätestens mit dem Wahlsieg Labours 1945 war die Frage nach der zweiten großen Partei endgültig entschieden. Das Zweiparteiensystem Großbritanniens wurde bis gegen Ende der 60er Jahre zum schulbuchmäßig funktionierenden Modell.[9] Der Linksruck, den die Partei dann in den späten 70er und frühen 80er Jahren vollzog, war nicht nur durch innerparteiliche Auseinandersetzungen zwischen dem rechten und dem erstarkten linken Flügel unter Tony Benn gekennzeichnet, er wurde durch die Mitwirkung diverser marxistischer Gruppen beträchtlich verschärft. Er bereitete der Partei auch nach dem Rücktritt ihres damaligen Vorsitzenden Michael Foot noch erhebliche Schwierigkeiten, als sein Nachfolger Neil Kinnock den Weg in die Mitte antrat. 1985 z.B. verlor Kinnock auf dem Labour-Parteitag eine Auseinandersetzung mit dem marxistischen Bergarbeiterführer Scargill, und noch für geraume Zeit behauptete der linke Flügel, daß die Wahlniederlagen der Partei nur daher rührten, daß Labour nicht sozialistisch genug sei.[10] Aber der Marsch zurück zur Mitte war nicht aufzuhalten, er wurde unter Kinnock vorangetrieben und unter seinen Nachfolgern John Smith und Tony Blair jeweils beträchtlich beschleunigt. Bei der letzten Wahl trat dann „New Labour" mit einem Wahlprogramm an, das durchaus von einer konservativen Partei – allerdings nicht von der derzeitigen britischen – hätte stammen können.[11]

Zumindest für eine kurze Zeit am Beginn der 80er Jahre war es nicht ausgeschlossen, daß die Labour Party in einem gefährlichen Kampf mit der neu erstarkten Mitte des Parteispektrums um ihr Überleben als zweite Partei fürchten mußte. 1981 hatten Roy Jenkins, David Owen und Shirley Williams – gerne auch als die „Gang of Three" bezeichnet – aus Protest gegen deren steten Linkstrend ihre Partei verlassen und die Social

Democratic Party (SDP) als zweite Mittepartei neben den Liberalen, mit denen sie in den meisten Programmpunkten übereinstimmten, gegründet.[12] Beide Parteien taten sich zu einer Allianz zusammen und standen zumindest für kurze Zeit – nämlich im letzten Vierteljahr 1981 und im ersten Halbjahr 1982 – in den Meinungsumfragen sowohl vor den Konservativen als auch vor Labour.[13] Der Falklandkrieg im Frühsommer 1982 wirkte sich für die Allianz katastrophal aus, von nun an führten die Konservativen in den Umfragen für Jahre. Es ist deshalb durchaus nicht ausgeschlossen, daß das britische Parteiensystem – hätte der Falklandkrieg nicht stattgefunden, und hätte er vor allem nicht mit einem Sieg der Briten geendet – heute gänzlich anders aussähe und daß die Liberal Democrats in einer gewichtigeren Position wären. Die Allianz erreichte zwar 1983 mit 25,4 % der Stimmen ein deutlich besseres Ergebnis als die Liberalen vorher oder nachher, aber die Ausbeute von 23 Mandaten war – bedingt durch das Wahlsystem – mehr als unbefriedigend. Die SDP hielt sich zwar noch einige Zeit, und die Allianz erzielte 1987 ein vergleichbares Ergebnis (22,5 % der Stimmen, 22 Mandate), aber die SDP stand unter ihrem Parteiführer David Owen vor erheblichen innerparteilichen Problemen, und ihre übergroße Mehrheit schloß sich im Jahre 1988 mit den Liberalen zusammen und firmiert seitdem unter der neuen Bezeichnung Liberal Democrats.[14] Bei der letzten Unterhauswahl 1997 konnten die Liberal Democrats zwar mandatsmäßig mit 46 Unterhaussitzen das beste Wahlergebnis der liberalen Mitte seit 1929 erreichen, aber es bleibt doch fraglich, ob sie, die in dieser Wahl beträchtlich von den Fehlern der Konservativen profitierten, ein solches Ergebnis in absehbarer Zukunft wiederholen können. Ohne fremde Unterstützung – und als potentielle, wenn auch unfreiwillige Helfer bieten sich derzeit nur die Konservativen an – ist dies mehr als unwahrscheinlich.

Die derzeitige Schwächeperiode der Konservativen darf nicht darüber hinwegtäuschen, daß diese Partei die wohl erfolgreichste konservative Partei in einem demokratischen System des 20. Jahrhunderts überhaupt ist:[15] In den 111 Jahren nach der Spaltung der Liberalen über der Frage der Home Rule für Irland war die Konservative Partei 77 Jahre an der Regierung beteiligt – im Normalfall als alleinige Regierungspartei, vor und während des Zweiten Weltkrieges aber auch in Koalitionen. Ihr Pragmatismus, ihre Flexibilität sowie der hohe Stellenwert, den sie dem Gewinn einer Unterhauswahl beimißt, haben sie bisher davor bewahrt, sich größeren Krisen auszusetzen, und sie auch nach dem Zweiten Weltkrieg zur erfolgreichsten Partei im britischen politischen System gemacht. In den 50er und 60er Jahren standen die programmatischen Differenzen zu Labour eher auf dem Papier bzw. in den Wahlprogrammen, in der realen Politik waren beide Parteien nicht allzuweit auseinander, der bewahrende und sich an die wirtschaftlichen und gesellschaftlichen Gegebenheiten anpassende Konservatismus gab den Ton an. Am Ende der 70er Jahre setzte – zunächst äußerst vorsichtig – in dieser Partei ein neuer neoliberaler Kurs ein, der mit dem Namen der ehemaligen Regierungschefin Margaret Thatcher verbunden ist und auch heute noch weiterwirkt. Thatcher, die als völlige Außenseiterin im Jahre 1974 den Parteivorsitz eher zufällig von Edward Heath übernahm,[16] steuerte zunächst mit großer Vorsicht und mit einer für sie – rückwirkend betrachtet – ungewöhnlichen Zurückhaltung den Kurs der konservativen Regierung, die 1979 unter ihrer Führung an die Macht kam. Erst als sie die Unterhauswahl 1983 gewonnen hatte, wurde sie zunehmend rigoroser sowohl im Umgang mit ihren innerparteilichen Gegnern als auch in der Durchsetzung ihrer programmatischen Vorstellungen. Erst jetzt wurde mit der ihr eigenen Unerbittlichkeit der Sozialstaat zunehmend in Frage gestellt, erst jetzt wurde die Wirtschaftspolitik durchgesetzt, die den Namen „Thatcherismus“ trägt.[17] Im Verlauf der weitgehenden Privatisierungen von Staatsbetrieben brachte dann einer der großen alten Männer der Konservativen, der ehemalige Premierminister Harold Macmillan, die innerparteiliche Kritik auf den Punkt: Er warf der „Eisernen Lady“ vor, ihre Politik bedeute „selling off the family silver“.[18] Das Neue an ihrer Politik lag aber nicht nur in einer Neuinterpretation der meisten Politikfelder, es lag auch an ihrer Polarisierung der Partei. Thatcher hat sich selbst treffend charakterisiert: „Ich bin kein Konsens-Politiker, ich bin Überzeugungspolitiker."[19] Ihre Polarisierung der Konservativen in „wets" and „drys" oder die von ihr häufig wiederholte Äußerung „There is no alternative", die ihr eine Zeitlang den Spitznamen TINA eintrug, schufen ein neues, explosives Klima in der Partei. „Die Dame bleibt ungeliebt, eher fern und fremd, nur eben erfolgreich"[20], schrieb Ralf Dahrendorf zu ihrem zehnjährigen Regierungsjubiläum. Kurz danach war die Partei nicht mehr bereit, an den Erfolg der Regierung zu glauben. Frau Thatcher wurde abgelöst, der von ihr geprägte Stil und die Wende in der konservativen Politik aber blieben – wenn auch mit Einschränkungen. Im Wahlkampf 1997 stellten die Konservativen eine abwartende und distanzierte Haltung zu Europa, die Heraushebung einer erfolgreichen Wirtschaftspolitik mitsamt einer Steuersenkung sowie eine Ablehnung sämtlicher diskutierter Verfassungsreformen in den Mittelpunkt ihrer Kampagne.[21] Daß sie damit die Unterhauswahl gewinnen würden, glaubten in Anbetracht der Umfragedaten nur noch unerschütterliche Optimisten.

Während die britischen Grünen – sieht man von ihrem Erfolg bei der Wahl zum Europäischen Parlament im Jahre 1989 ab[22] – als Beispiel dafür dienen können, welche Schwierigkeiten das britische Wahlsystem kleineren Parteien bereitet, sind regional verankerte Parteien, die auf Selbstbestimmung, Autonomie oder Loslösung vom Mutterland setzen, in Großbritannien durchaus in der Lage, einige Sprengkraft zu entwickeln. Die irischen Nationalisten haben dies um die Jahrhundertwende mit Erfolg dokumentiert. Als vor allem die Scottish National Party (SNP) und in einem geringeren Ausmaß auch die walisische Plaid Cymru in den beiden Unterhauswahlen von 1974 beträchtliche Stimmen- und Mandatsgewinne verbuchten, zeigte sich die indirekte Wirkung solcher Wahlergebnisse: Man war in London über die Entwicklung der relativ armen Randregionen besorgt, und die damalige Labour-Regierung wußte, daß sie sich um diese beiden Gebiete, die Labour-Hochburgen darstellen, kümmern mußte. Die von ihr initiierten Vorschläge blieben aber damals ohne Erfolg, der derzeitigen Wiederaufnahme dieser Bemühungen durch die Regierung Blair dürften allerdings nach den beiden Volksabstimmungen im Jahre 1997 keine wesentlichen Hindernisse mehr im Weg stehen.[23] Zwar sanken die Zustimmungsquoten für diese beiden Parteien damals nach den gescheiterten „devolution"-Volksabstimmungen zunächst wieder ab, aber in den folgenden Wahlen konnten sie ihre Stimmen- bzw. Mandatsanteile – wenn auch nur leicht – verbessern.[24]

In Wales hat die linksnationalistische Plaid Cymru aber trotz dieser jüngsten Erfolge keine Chance, ihrem zentralen Ziel näherzukommen. Der walisische Nationalismus hat nämlich – sieht man von dem Wunsch nach größerer Autonomie ab – im wesentlichen den Erhalt der walisischen Sprache zum Ziel, und dies stellt für die Plaid Cymru letztlich wohl ein unüberwindliches Hindernis dar: Die Zahl derjenigen Waliser, die noch in der Lage sind, sich in der eigenen Landessprache zu verständigen, geht kontinuierlich zurück von ca. der Hälfte der Bevölkerung um die Jahrhundertwende auf derzeit noch ca. 20 %.[25] Da aber Plaid Cymru Erfolge vor allem in denjenigen Regionen von Wales erzielt, in denen die Bereitschaft zur Verteidigung der eigenen Sprache noch relativ hoch und die Bodenständigkeit der Bevölkerung noch nicht durch „Einwanderung" von Engländern gefährdet ist,[26] wird die Bereitschaft zur Unterstützung dieser Partei auf die Dauer sinken, da ein Fortschreiten der sprachlichen Assimilierung – trotz einiger Erfolge zugunsten der walisischen Sprache – unausweichlich sein dürfte.

In Schottland hingegen spielen Sprachprobleme keine Rolle, hier ist die traditionelle Distanz zu England in erster Linie historisch, politisch und wirtschaftlich bedingt. Auch kann die Scottish National Party mit ihrer Forderung nach einem unabhängigen Schottland auf eine deutlich größere Anhängerschaft bauen als die Plaid Cymru in Wales,[27] die sich wiederum in einem höheren Anteil an den Wählerstimmen niederschlägt.[28] Auch wenn die Ressentiments der Schotten gegen die Engländer deutlich stärker sind als diejenigen der Waliser, die von

Lord Cockfield bei einer Rede im Oberhaus geäußerte Befürchtung – „Das Königreich bricht vor unseren Augen in Stücke“[29] – hat sich inzwischen wohl erledigt. Die im wesentlichen gegen die Konservativen gerichteten Angriffe der SNP[30] haben mit der Vertreibung der ehemaligen Mehrheitspartei aus Schottland – bei der letzten Wahl konnten die Konservativen nicht einen einzigen Wahlkreis in Schottland und Wales gewinnen[31] – deutlich an Brisanz verloren. Da eine der Hauptforderungen der Wähler der SNP die Einrichtung eines eigenen schottischen Parlamentes ist, dürften die anlaufenden „devolution“-Bemühungen der neuen Labour-Regierung die schottischen Nationalisten eine nicht unerhebliche Anzahl ihrer Sympathisanten kosten.[32]

2. Zur Organisation der britischen Parteien

Die Erweiterung der Wählerschaft durch die zweite Reform Bill von 1867 machte bei den Wahlkämpfen einen beträchtlichen personellen Unterbau nötig. Konservative und Liberale begannen deshalb unter den Parteiführern Disraeli und Gladstone mit dem Aufbau ihrer außerparlamentarischen Organisationen. Bis heute können die britischen Parteien insbesondere aufgrund ihrer Willensbildungsstruktur nicht verleugnen, daß sie ihren Ursprung in den Parlamentsfraktionen haben. Obwohl die Labour Party den umgekehrten Weg ging, hat auch sie in der Tradition der Konservativen und der Liberalen ihrer Fraktion ein Gewicht eingeräumt, das derzeit erst langsam abgebaut wird und das in Deutschland nicht denkbar wäre. Bei den Konservativen schlägt sich diese Herkunft noch heute im Namen der Parteiorganisation nieder: Die Conservative Party ist nicht etwa die Gesamtpartei der Konservativen, es ist vielmehr die konservative Unterhausfraktion, die außerhalb des Unterhauses von der „National Conservative Association“ unterstützt wird.

Die Zahl der eigentlichen Träger der Parteiaktivitäten, der Mitglieder nämlich, hat sich in Großbritannien deutlich anders entwickelt als z.B. in der Bundesrepublik. Während die beiden großen Parteien in Großbritannien vor allem in den 50er und frühen 60er Jahren ihr komfortabelstes Mitgliederpolster zu verzeichnen hatten – die Konservativen im Jahre 1953 mit etwas über 2,8 Mio. und die Labour Party mit etwas über 1 Mio. direkten Mitgliedern ein Jahr zuvor –, ging ihr Mitgliederpotential seit Mitte der 60er Jahre stetig zurück.[33] Die deutschen Parteien erreichten ihre maximale Mitgliederzahl hingegen später – die SPD im Jahre 1976 mit etwas über 1 Mio. und die CDU/CSU im Jahre 1983 mit zusammen knapp 920000 Mitgliedern.[34] Heute liegen die Mitgliederzahlen der britischen Parteien eher niedriger als diejenigen der deutschen, je nachdem wie man die indirekten Labour-Mitglieder bewertet: Für die Conservatives werden 560000 Mitglieder – allerdings mit deutlich abnehmender Tendenz – geschätzt.[35] Die Labour Party, die ihren Mitgliedertiefpunkt im Jahre 1991 mit 261000 hatte, kommt auf knapp 370000 direkte Mitglieder. Dieser Anstieg nach 1991 bei Labour ist im wesentlichen nur durch die Bemühung bedingt, die ca. 5 Mio. indirekten Mitglieder möglichst zu einer direkten Mitgliedschaft zu motivieren. Das Splitting von direkter und indirekter Mitgliedschaft geht auf den Anfang der Partei zurück: Bis nach dem Ersten Weltkrieg gab es – von Ausnahmen abgesehen – keine direkte Mitgliedschaft in der Labour Party.[36] Auf dem Parteitag von 1918 wurden die Beibehaltung der indirekten und die Einführung auch von direkten Mitgliedschaften beschlossen.[37] Die Liberal Democrats können derzeit auf eine Mitgliedschaft von ca. 100000 blicken.[38]

Neben den Mitgliedern und den an anderer Stelle zu behandelnden Parlamentsfraktionen[39] sind in den britischen Parteien, die selbstverständlich auch regionale Untergliederungen haben und vor allem auf der Ebene der Wahlkreise gewichtige Organisationen aufgebaut haben, auf nationaler Ebene die Parteitage und die Parteivorstände von Bedeutung. Die Labour Party hat zwar in ihrem Selbstverständnis immer wieder betont, daß der Parteitag das oberste Beschlußorgan der Partei sei. Robert McKenzie aber hat diese Einschätzung bereits in den 50er Jahren als verfehlt bezeichnet und darauf verwiesen, daß zumindest dann, wenn Labour an der Regierung war, der Parteitag de facto keine Rolle spielte und nicht einmal ein „Schimmer von direkter Kontrolle über die Regierung“[40] nachweisbar war. Sollten die Parteiführer mit ihren Positionen auf dem Parteitag nicht durchgedrungen sein, so blieb ihnen als beliebtes Mittel das schlichte Ignorieren des entsprechenden Beschlusses. Die berühmte Clause IV, die auf Sidney Webb zurückgeht, eine Sozialisierung der Produktionsmittel verlangt und seit 1918 Bestandteil des Labour-Parteiprogrammes war, hat auf keinen der Nachkriegs-Parteiführer größeren Eindruck gemacht, obwohl wiederholte Versuche, sie zu streichen, scheiterten. Sie war immer nur ein Bezugspunkt für die Kritiker der Parteiführung, bevor es Tony Blair 1995 schließlich gelang, sie aus dem Programm zu entfernen. Wegen des hohen Stimmenanteils, mit dem die indirekten Labourmitglieder per Blockstimmrecht durch die Gewerkschaften vertreten wurden, sorgten die Labour-Parteitage ab und zu für Überraschungen – so genügten z. B. in den fünfziger Jahren die Stimmen der sechs größten Gewerkschaften für eine Mehrheit auf den Parteitagen.[41] Im Rahmen der Bemühungen, die direkte Parteimitgliedschaft zu stärken, senkte man dann auf dem Parteitag von 1992 das Stimmengewicht der Gewerkschaften von 87 % auf 70 % und auf dem Parteitag von 1995 schließlich von 70 % auf 50 % der Gesamtstimmenzahl ab, wobei inzwischen den Parteitagen die Möglichkeit, gegen die Führung zu opponieren, wesentlich erschwert wurde.[42]

Eine Auseinandersetzung direkt nach dem Krieg zwischen dem Kriegspremier Churchill und seinem Nachfolger Attlee von der Labour Party hebt den Unterschied in der Beurteilung der Kompetenzen und Aufgaben der Parteivorstände beider Parteien wohl deutlicher heraus, als es der Wirklichkeit entspricht. Churchill – damals noch Premier – hatte Attlee als Chef der Opposition in Anbetracht des noch nicht feststehenden Ausganges der Unterhauswahl eingeladen, ihn zur Potsdamer Konferenz zu begleiten. Harold Laski veröffentlichte in seiner Funktion als Vorsitzender des National Executive

Committee (NEC) der Labour Party eine Erklärung, die es Attlee nur gestattete, als Beobachter an dieser Konferenz teilzunehmen. Churchill warf der Labour Party vor, bei ihr sei eine gewählte Regierung nicht dem Parlament, sondern dem Vorstand der Partei verantwortlich. Attlee seinerseits gestand dem Vorstand nur das Recht zu, befragt zu werden, weitergehende Kompetenzen einer Labourregierung gegenüber schloß er hingegen aus.[43] Und bis heute spielt der Parteivorstand, dessen Mitgliedschaft auf die innerparteilichen Gruppen aufgeteilt ist,[44] kaum eine nennenswerte Rolle, solange Labour die Regierung stellt; nur zu Oppositionszeiten – dies war insbesondere während der späten 70er und der frühen 80er Jahre der Fall – kam das National Executive Committee doch zu einem meßbaren Einfluß.

Die erwähnte Auseinandersetzung zwischen Churchill und Attlee macht bereits deutlich, daß die Konservativen den Parteimitgliedern und den Organisationen ihrer Partei noch weniger Rechte einzuräumen bereit sind als Labour. Erst in jüngster Zeit sind in diesem Punkt Änderungen im Schwange. Der Parteitag der Konservativen verlief bisher – von seltenen Ausnahmen abgesehen – friedlich und demonstrierte die Einigkeit der Partei: „In the main ... the Conservative Conference is traditionally a united and deferential gathering, especially in the flush of electoral success. This annual display of party unity has done much, especially with the televising of the party conferences, to enhance the image (however accurate an image) of the Conservative Party as a cohesive body."[45] Dies gilt letztlich mit geringfügigen Einschränkungen auch für die Parteitage von 1995 und 1996,[46] als sich die konservative Unterhausfraktion bereits in fortschreitender Auflösung befand, und dürfte sich auch nicht wesentlich ändern, wenn Hague die von ihm geforderten Änderungen der innerparteilichen Willensbildung durchsetzen kann.

Bei den Konservativen ist noch auf das Central Office der Partei zu verweisen, das auf professioneller Ebene die zentralen Verwaltungsaufgaben und die Überwachung der lokalen Einheiten auszuüben hat. Dieses Central Office steht in völliger Abhängigkeit vom jeweiligen Vorsitzenden: Direkt nach seiner Wahl hat William Hague im Juni 1997 Cecil Parkinson zum Generalsekretär der Partei bestimmt. Weder das Central Office noch das Executive Committee der National Conservative Association, der Organisation der Mitglieder der Partei, können bisher die Kreise des Vorsitzenden stören; Gefahr kann für ihn – vorerst noch – nur von der Unterhausfraktion kommen.

Am deutlichsten läßt sich die Hierarchisierung demonstrieren am Procedere der Wahl bzw. Abwahl der Parteivorsitzenden in den beiden großen Parteien. Der Sturz des Parteiführers ist – insbesondere dann, wenn er gleichzeitig Premierminister ist – bei den Konservativen schwierig: Zu dem relativ komplizierten Wahlmodus[47] kommt eine psychologische Schwelle hinzu, die den Amtsinhaber vor allem deshalb schützt, weil seine Niederlage auch der Partei selbst Schaden bringen könnte. Aus dieser Furcht konnte z.B. John Major Nutzen ziehen: Sein Rücktritt als Parteivorsitzender im Sommer 1995 und seine anschließende Wiederwahl brachten ihm, der sich stetigen Attacken einer parteiinternen Minderheit ausgesetzt sah,[48] zumindest kurzfristig Entlastung. Aber ein Sturz eines Regierungschefs durch die eigene Partei ist – die Ablösung Margaret Thatchers im Jahre 1990 stellt den Beleg dar – nicht ausgeschlossen. Ihre Entlassung durch die konservative Unterhausfraktion war in erster Linie damit zu erklären, daß sie auch dann nicht bereit war, die unpopuläre Kopfsteuer (poll tax) zurückzunehmen, als sie ihrer Partei eine Niederlage nach der anderen in Nachwahlen brachte und Umfragen einen Sieg der Konservativen bei der nächsten regulären Wahl in immer weitere Ferne rückten. Das Häuflein der Thatcher-Gegner gewann immer mehr Anhänger und erzwang schließlich den Rücktritt der Regierungschefin, weil man glaubte, nur mit einer deutlichen Kurskorrektur noch die Chance zu haben, die nächsten Wahlen zu gewinnen. Es bedurfte auch keiner prophetischen Gaben, um das Ende von John Major als Chef der britischen Konservativen nach seiner Niederlage in der Unterhauswahl von 1997 vorherzusagen. Nachdem die Konservativen ihre seit

1979 währende Vormachtstellung eingebüßt hatten, kündigte John Major – einer Abwahl zuvorkommend – am Tag nach der Wahl seinen Rücktritt als Parteivorsitzender an. Sechs Wochen später begann die Abstimmung über den Nachfolger in einem Wahlverfahren, dem die FAZ mit Recht das Etikett „barocke Umständlichkeit" zuerkennt.[49] Nach zwei Wahlgängen hatte sich schließlich der „rechte" William Hague gegen den „linken" Kenneth Clarke mit 90 zu 72 Stimmen durchgesetzt.

Obwohl der neue Parteivorsitzende noch heute allein von der Unterhausfraktion gewählt wird und obwohl er aus den Reihen der derzeit nur noch 165 konservativen Unterhausmitglieder stammen muß, stellt dies doch eine beträchtliche Demokratisierung des Wahlmodus bei den britischen Konservativen dar. Bis in die sechziger Jahre dieses Jahrhunderts wurde nämlich der Chef der Konservativen Partei Großbritanniens nicht gewählt, sondern von seinem Vorgänger oder einem kleinen Gremium von einflußreichen Persönlichkeiten der Unterhausfraktion „inthronisiert".[50] Der neue Vorsitzende Hague hat seine Partei einen weiteren gewichtigen Schritt in Richtung Demokratisierung vorangebracht, indem er seine Wahl einer Urabstimmung durch alle Parteimitglieder unterwarf, in der er über 80% der abstimmenden Mitglieder hinter sich bringen konnte. Für die Zukunft kündigte er eine Reform des Wahlmodus für den Vorsitzenden an, bei der die Mitglieder in einem an die Labour Party erinnernden „electoral college" mitentscheiden werden.[51] Anfangs war die Entscheidung der Konservativen zugunsten Hagues kein gutes Omen für künftige Wahlerfolge der Partei, weil die Folgen einer verstärkten Polarisierung nicht ausreichend bedacht waren. Sollte Hague aber mit seinem derzeitigen Versuch, die innerparteilichen Querelen insbesondere in der Europapolitk in erster Linie durch organisatorische Reformen zu überdecken, an den Gegnern in seiner Partei scheitern, muß er – zumindest wenn dem Premierminister keine allzu gravierenden Fehler unterlaufen – mit einem relativ frühen Verlust seines Amtes rechnen. Denn: Die Norm konservativer Parteien, daß ihre Vorsitzenden Wahlen zu gewinnen haben, gilt in Großbritannien in besonderem Maße.

Bei Labour wurde der Parteichef zwar immer gewählt, aber bis in die siebziger Jahre ausschließlich von der Unterhausfraktion. Doch in der Realität waren die Machtbegrenzungen des Parteiführers, die die Labour Party im Vergleich mit den Konservativen für sich beanspruchte, ohne größere Bedeutung: In der Praxis spielten die „beiden Parteiführer eine auffallend ähnliche Rolle. Dies gilt besonders, wenn die Partei die Regierung bildet“.[52] Gegen Ende der siebziger Jahre setzte bei der Labour Party auf Drängen des linken Parteiflügels ein Prozeß ein, der langsam die Rechte der Parteimitglieder gegenüber der tradierten Machtposition der Unterhausfraktion stärkte. 1981 beschloß man eine Satzungsänderung, der zufolge der Labour-Chef, der weiterhin der Unterhausfraktion angehören muß, in der Folgezeit von einem Gremium gewählt wurde, das sich zu je 30% aus Unterhausmitgliedern und Delegierten der Wahlkreisorganisationen der Labour Party und zu 40% aus Delegierten der Gewerkschaften zusammensetzte. In diesem „electoral college“ hatten die Unterhausmitglieder der Partei – ab 1988 auch die Labour-Mitglieder des Europäischen Parlaments – ebenso wie die einzelnen Wahlkreisorganisationen der Partei je eine Stimme, während bei den Gewerkschaften der Anteil der Stimmen davon abhing, wieviele indirekte Labour-Mitglieder sie in ihren Reihen hatten.[53] Tony Blairs Vorgänger John Smith setzte dann ein verändertes und demokratischeres System auf dem Parteitag 1993 in einer kontroversen und bis zum Schluß offenen Schlacht[54] durch. Einerseits wurde der Stimmenanteil der Gewerkschaften zugunsten der beiden anderen Gruppen im „electoral college“ reduziert: Alle drei Gruppen haben jetzt einen Anteil von einem Drittel. Andererseits – und diese Reform war von wesentlich größerer Bedeutung – wurde das Blockstimmensystem abgeschafft. Durch das neue Omov-System („one member one vote“) haben nun sowohl in den Wahlkreisorganisationen als auch bei den Gewerkschaften die direkten oder indirekten Labour-Mitglieder die Möglichkeit, individuell über den jeweiligen Vorsitzenden mitzubestimmen. Das neue System bestand bei der Wahl des jetzigen Labour-Chefs Tony Blair die Feuerprobe: Sowohl

Blair als auch sein Stellvertreter John Prescott erhielten auf Anhieb absolute Mehrheiten in allen drei Sektionen.[55] Den Einflußzuwachs, den diese Reform dem einzelnen Parteimitglied brachte, wird man zunächst nicht überschätzen müssen. Vorerst drängt sich der gegenteilige Eindruck auf, daß die Labourführer der letzten anderthalb Jahrzehnte von Michael Foot bis hin zu Tony Blair, „der die abgeschlaffte, muffige alte Labour Party am Nasenring herumführt“[56], eher über eine immer stärkere Machtposition verfügen. Die Beschlüsse des jüngsten Labour-Parteitages Ende September 1997, die durch die Vorschaltung eines „Policy Forum“ spontane Reaktionen des Parteitages gegen die Parteiführung de facto unmöglich machen und damit wesentliche Rechte der Parteibasis einschränken, bestätigen diese Tendenz.[57] Diese Entwicklung war zunächst durch den wachsenden Willen der Partei, endlich die nächsten Unterhauswahlen zu gewinnen, bedingt, nach dem Wahlsieg von 1997 stellt sie einen Bonus für Blair dar.[58] Wie die Partei reagiert, wenn der Premier in die ersten Turbulenzen gerät, wird man abwarten müssen.

Im Gegensatz zur Michelsschen Perspektive, die lange Zeit in der Bundesrepublik die Diskussion beherrschte und die einzig die Partei im Auge hatte und darüber den Wählereinfluß vergaß,[59] steht in der britischen Sichtweise, die am eindringlichsten von Robert T. McKenzie formuliert wurde,[60] der Wähler im Mittelpunkt und die Partei am Rande: Der Wähler hat das Unterhaus und indirekt die Regierung gewählt, ihm sind die Abgeordneten und der Premier verantwortlich, nicht der Partei, die diese Verantwortlichkeit gegenüber der Wählerschaft nicht durchkreuzen darf. Diese immer wieder betonte Verantwortung insbesondere der Regierung gegenüber dem Wähler verschafft dem Parteiführer bzw. Premier eine relativ große Unabhängigkeit von seiner Partei. Sie setzt ihn aber auch unter Erfolgszwang: Von ihm wird – wie erwähnt – erwartet, daß er in der Lage ist, die nächsten Wahlen zu gewinnen.

Von den hierarchischen Strukturen in den großen Parteien weichen die Liberal Democrats relativ deutlich ab: Ihr Parteivorsitzender, der allerdings ebenfalls Mitglied des Unterhauses sein muß, wird per postalischer Urwahl gewählt. Sie haben durch die Etablierung eines Präsidenten, der an der Spitze des „Federal Executive Committee“ der Partei steht, und des Parteivorsitzenden, der Chef des „Federal Policy Committee“ ist, Elemente innerparteilicher Gewaltenteilung in ihre Organisation eingebaut und den Mitgliedern bei weitem die meisten Rechte eingeräumt. Durch eine Willensbildung von unten nach oben ist aber auch diese Partei nicht gekennzeichnet.[61]

Diese Wählerorientierung der britischen Parteien verhinderte relativ lange, daß überhaupt jemand Anstoß nahm an den geringen Mitwirkungsmöglichkeiten der Parteiorganisationen und an der totalen Dominanz der Fraktions- bzw. Parteiführungen. Die in den 80er Jahren einsetzende Demokratisierung bei Labour, die jüngst auch bei den Konservativen Interesse findet, sowie die deutlich größere Sensibilität, die die liberalen Mittelparteien für die Mitwirkungsmöglichkeiten der Parteimitglieder entwickelten,[62] werden aber ohne Zweifel langfristig auch in Großbritannien Weiterungen nach sich ziehen. Die derzeitige, etwas außergewöhnliche Situation, daß die Strukturen der Konservativen liberalisiert werden, während Labour den Parteivorsitzenden immer stärker gegen innerparteiliche Einflußnahmen abschottet, dürfte jedoch als Übergangsphase zu interpretieren sein.

VII. Das britische Wahlsystem

Im Gegensatz z.B. zu Frankreich, das in der Vergangenheit sein Wahlsystem in vergleichsweise kurzen Abständen änderte und es langsam zur Prämie in den Händen der Machthabenden verkommen ließ,[1] herrschte in Großbritannien Kontinuität: Seit 1832 wurde in mehreren Schritten die Anzahl der Wahlberechtigten erweitert, und die Wahlkreisgrößen wurden mehrmals aneinander angeglichen. Mit diesen Reformen wurde sichergestellt, daß die Diskussion um eine Änderung des Wahlsystems selbst, die auch in Großbritannien mit Ausdauer und teilweise mit einiger Schärfe geführt wurde,[2] nicht auf die Verfassungspraxis übergriff und daß der Siegeszug, den die Verhältniswahl um die Jahrhundertwende in Europa antrat, das Land nicht erfaßte. Das relative Mehrheitswahlsystem, bei dem das Wahlgebiet in ebenso viele Wahlkreise eingeteilt wird, wie Mandate[3] zu vergeben sind, und bei dem derjenige Kandidat, der die meisten Stimmen in seinem Wahlkreis erhält, das Mandat gewinnt, ohne daß eine Verrechnung der restlichen Stimmen auf höherer Ebene stattfindet, blieb – zumindest bis heute – erhalten.

1. Die historische Entwicklung des Wahlsystems

Die Folgen der nicht selten als „Great Reform" bezeichneten ersten Wahlreform von 1832 beurteilt nicht nur der britische Wahlforscher David Butler zu Recht mit großer Zurückhaltung.[4] Die durch diese Reform bedingten Veränderungen hielten sich in Grenzen, obwohl damals ein erheblicher Reformbedarf bestand: Das Parlament war ein „Instrument des aristokratischen Klasseninteresses",[5] ein Wahlkreis, der immer noch zwei Abgeordnete ins Unterhaus entsandte, war bereits im Meer versunken,[6] und der Handel mit Wahlkreisen brachte einen eigenen Berufsstand, die Wahlkreishändler (boroughmongers), hervor.[7] Aldous Huxley karikierte hübsch die damalige Situation: „Sein Vater, ein Handelsherr der Ostindischen Kompanie, hatte ihn für die politische Laufbahn bestimmt und es sich einiges kosten lassen, ihm zu seinem einundzwanzigsten Geburtstag einen hübschen kleinen Wahlkreis zu schenken. Zu Recht war er empört, als dann die Reform Bill von 1832, unmittelbar bevor George großjährig wurde, diesen Wahlkreis abschaffte."[8] Diese gravierenden Mängel wurden durch die Reform geringfügig gemildert: die Anzahl der Wahlberechtigten wurde von ca. 5 auf 7% der Bevölkerung ausgedehnt, 65 Wahlkreise wurden aufgelöst, 13 Zweierwahlkreise in Einerwahlkreise umgewandelt, und die freiwerdenden Sitze in erster Linie den Städten zugeteilt, die in der Folge der industriellen Expansion einen erheblichen Bevölkerungszuwachs zu verzeichnen hatten.[9]

1854 folgte ein Gesetz zur Verhinderung von Wahlkorruption, und 1867 brachte dann ein weiterer „Representation of the People Act" eine deutliche Demokratisierung des Wahlrechts: Das Wahlrecht der Landbevölkerung wurde um 45%, dasjenige der Stadtbewohner um 134% erweitert,[10] und wiederum beseitigte man die gröbsten Ungerechtigkeiten bei den Wahlkreisgrößen. 1884/85 schließlich führte man das stark erweiterte Wahlrecht der männlichen Bevölkerung in den Städten auch für die ländliche Bevölkerung ein und schuf damit ein annähernd allgemeines und gleiches Männerwahlrecht,[11] und erstmals richtete man auch ähnlich große Wahlkreise ein. Die Verknüpfung zwischen Besitznachweis und Wahlberechtigung fiel aber endgültig für die männliche Bevölkerung Großbritanniens erst 1918, und zu diesem Zeitpunkt wurde erstmals auch ein partielles Frauenstimmrecht eingeführt – nämlich für die über dreißigjährigen Bürgerinnen. Das allgemeine und gleiche Frauenstimmrecht folgte dann 1928. Im Jahre 1948 wurde dieser langwierige Demokratisierungsprozeß des britischen Wahlrechts durch die Abschaffung des doppelten Stimmrechts für Universitätsabsolventen und für Bürger, die über einen Betrieb in einem von ihrem Wohnort getrennten Wahlkreis verfügten, abgeschlossen. Erst mit diesem Schritt von 1948 war das allgemeine Wahlrecht in Großbritannien auch in ein gleiches Wahlrecht verwandelt worden. Verblieben waren für die damals über Einundzwanzigjährigen – 1969 wurde das Wahlalter auf 18 Jahre gesenkt – nur die üblichen Wahlausschlußgründe, die allerdings in Großbritannien bis heute – wegen ihrer Mitgliedschaft zum Oberhaus – auch ein Wahlverbot für die Peers beinhalten.[12] In einem Zeitraum von mehr als einem Jahrhundert wurde das britische Unterhaus von einem Nominations- und Kooptationsparlament durch die „Reform Acts" in ein demokratisch legitimiertes Parlament verwandelt. Diese stetige Ausdehnung des Wahlrechtes auf immer neue Bevölkerungskreise nahm dem britischen System seinen aristokratischen und teilweise auch plutokratischen Charakter[13] und war im wesentlichen dafür verantwortlich, daß die weitergehende Forderung nach Abschaffung des relativen Mehrheitswahlsystems im großen und ganzen leerlief. Allerdings mit einer wesentlichen Ausnahme: Ende der 20er Jahre hatte die damalige Labour-Regierung eine Änderung des Wahlsystems in Richtung Verhältniswahl auf den Weg gebracht, insbesondere wegen der großen Verzerrungen bei den Stimmen- und Mandatsanteilen der Parteien im zurückliegenden Jahrzehnt.[14] Dieses neue Wahlsystem war zwar im Unterhaus beschlossen worden, der Entscheid wurde jedoch vom Oberhaus nicht mitgetragen und fiel schließlich dem Sturz der Regierung MacDonald bzw. der Parlamentsauflösung von 1931 zum Opfer.

2. Die Wirkungen der relativen Mehrheitswahl

Nach der endgültigen Etablierung der Labour Party als zweiter Kraft, nach der Überwindung der Ungerechtigkeiten der zwanziger Jahre stand das relative Mehrheitswahlsystem im Nachkriegsgroßbritannien für eine beträchtliche Zeit außerhalb der Diskussion. Es folgte vielmehr eine Zeit, in der dieses Wahlsystem sich u.a. wegen seiner systemstabilisierenden Wirkung zu einem Modell entwickelte, das eine immer breitere

Anhängerschaft von Politikern und Wissenschaftlern auch im Ausland fand.[15]

Die einsichtigste Erklärung und die einprägsamsten Begriffe für die Wirkungsweise des relativen Mehrheitswahlsystems entwickelte damals der französische Politikwissenschaftler Maurice Duverger.[16] Die Tendenz des relativen Mehrheitswahlsystems, ein Zweiparteiensystem zu etablieren, wenn nicht starke regionale Parteien entgegenwirken, erklärt Duverger mit dem „mechanischen" und dem „psychologischen" Faktor der relativen Mehrheitswahl. Der „mechanische" Faktor ist eine Folge der „Feindlichkeit" der relativen Mehrheitswahl gegenüber kleineren Parteien ohne regionale Schwerpunkte, die durch eine hohe „Sperrklausel" in den einzelnen Wahlkreisen bedingt ist. Kandidieren z.B. in einem Wahlkreis Bewerber von vier Parteien, so kann dieser Wahlkreis nur mit einem Mindeststimmenanteil von knapp über 25% gewonnen werden. Parteien, die unter der relativen Mehrheit bleiben, verlieren alle Stimmen aus diesem Wahlkreis, da eine Stimmenverrechnung auf höherer Ebene unterbleibt. Normalerweise können die kleineren Parteien in Großbritannien bestenfalls das Kräfteverhältnis der beiden großen Parteien im Wahlkreis beeinflussen, während ihre Stimmen nicht ausreichen, um den Wahlkreis selbst zu gewinnen. Die Liberalen Demokraten haben zwar 1997 die höchste Anzahl an Mandaten für eine dritte Partei seit 1929 erringen können,[17] aber statt der 110 Mandate, mit denen sie bei einem Verhältniswahlsystem hätten rechnen können, erhielten sie deutlich weniger als die Hälfte. Außerdem hatten sie sich in den vorangegangenen Wahlen bei einem geringfügig höheren Stimmenanteil mit nur 20 Mandaten zufriedengeben müssen. Neben diesen „mechanischen" stellt Duverger den „psychologischen" Faktor, der nochmals gegen die kleinen Parteien und in Richtung eines Zweiparteiensystems wirkt: „Kommt es beim Verfahren der einfachen Mehrheitswahl zu einem Dreiparteiensystem, so werden die Wähler bald begriffen haben, daß ihre Stimmen verloren sind, wenn sie sie weiter für die dritte Partei abgeben, und sie werden dazu neigen, sie auf den weniger unangenehmen Rivalen zu übertragen, um einen Erfolg des unangenehmen Gegners zu verhindern."[18] Einen recht deutlichen Beleg für diesen psychologischen Faktor lieferte z.B. der Wahlslogan der Liberalen im Jahre 1964: „If you think like a Liberal vote like a Liberal."[19]

Diese „Feindlichkeit" der relativen Mehrheitswahl gegenüber den kleinen Parteien im einzelnen Wahlkreis und die Nichtverrechnung ihrer Stimmen auf höherer Ebene führen zu einer ständigen „Unterrepräsentation" dieser Parteien und implizieren umgekehrt eine „Überrepräsentation"[20] der siegreichen (Regierungs-)Partei, teilweise auch der jeweiligen Oppositionspartei (siehe die folgende Tabelle). Diese „Überrepräsentation" der Regierungspartei bringt erfahrungsgemäß den Effekt mit sich, der in Großbritannien an der relativen Mehrheitswahl am stärksten geschätzt wird: Sie wandelt die relativen Stimmenmehrheiten der größten Partei – von Ausnahmen abgesehen – in absolute Mandatsmehrheiten um, wodurch einerseits Koalitionen unnötig werden und andererseits die Entscheidung über die jeweilige Trägerin der Regierungsmacht direkt bei den Wählern liegt. Diese Eigenheit des relativen Mehrheitswahlsystems gilt bei seinen Anhängern als sein eigentlicher Vorteil und seine Pflicht.[21] Die Wähler bestimmen selbst über das eigentliche Entscheidungszentrum des politischen Systems, die neue Regierung kann umgehend ihre Arbeit aufnehmen, gewichtige Entscheidungen – wie die Stärkung der Unabhängigkeit der Bank of England oder die Ankündigung der Unterzeichnung des Europäischen Sozialprotokolls nach dem Regierungswechsel von 1997 – werden im Vertrauen auf die Durchsetzungskraft der Regierung als vollzogen verkündet, längst bevor die formellen Voraussetzungen erfüllt sind.[22]

Die „Unterrepräsentation" der kleineren Parteien und die „Überrepräsentation" der größten Partei bringen noch eine weitere bedeutsame Wirkung der relativen Mehrheitswahl mit sich, die Duverger als die „Sensibilität" dieses Wahlsystems bezeichnet hat.[23] Ein Stimmenumschwung von der einen zur anderen größeren Partei wird im Normalfall durch einen deutlich überhöhten Verlust bzw. Gewinn von Mandaten begleitet – 1966 z.B. gewann Labour nur 3,8 % der Stimmen, aber 7,6 %

Die Ergebnisse der britischen Unterhauswahlen seit 1945[24]

Wahljahr	Konservative		Labour		Liberale*	
	Stimmen	Sitze	Stimmen	Sitze	Stimmen	Sitze
1945	39,8%	213 (33,3%)	**47,8%**	**393 (61,4%)****	9,0%	12 (1,9%)
1950	43,5%	298 (47,7%)	**46,1%**	**315 (50,4%)**	11,8%	9 (1,4%)
1951	**48,0%**	**321 (51,4%)**	49,2%	295 (47,2%)	2,5%	6 (1,0%)
1955	**49,7%**	**344 (54,6%)**	46,4%	277 (44,0%)	2,7%	6 (1,0%)
1959	**49,4%**	**365 (57.9%)**	43,8%	258 (41,0%)	5,9%	6 (1,0%)
1964	43,4%	304 (48,3%)	**44,1%**	**317 (50,3%)**	11,2%	9 (1,4%)
1966	41,9%	253 (40,2%)	**47,9%**	**363 (57,6%)**	8,5%	12 (1,9%)
1970	**46,4%**	**330 (52,4%)**	43,0%	287 (45,6%)	7,5%	6 (1,0%)
1974 (I)	37,9%	297 (46,8%)	**37,1%**	**301 (47,4%)**	19,3%	14 (2,2%)
1974 (II)	35,8%	277 (43,6%)	**39,2%**	**319 (50,2%)**	18,3%	13 (2,0%)
1979	**43,9%**	**339 (53,4%)**	36,9%	269 (42,4%)	13,8%	11 (1,7%)
1983	**42,4%**	**397 (61,1%)**	27,6%	209 (32,2%)	25,4%	23 (3,5%)
1987	**42,3%**	**376 (57,8%)**	30,8%	229 (35,2%)	22,5%	22 (3,4%)
1992	**41,9%**	**336 (51,6%)**	34,4%	271 (41,6%)	17,8%	20 (3,1%)
1997	30,7%	165 (25,0%)	**43,4%**	**419 (63,6%)**	16,8%	46 (7,0%)

* ab 1983 Allianz bzw. Liberal Democrats
** Die jeweilige Regierungspartei ist durch Fettdruck gekennzeichnet

der Mandate gegenüber der Wahl von 1964 hinzu. Diese Eigenheit des relativen Mehrheitswahlsystems zwang die Parteien, insbesondere die Regierungsparteien, zu einer gemäßigten Politik der Mitte – von „Butskellism“ war die Rede.[25] Diese „Sensibilität“ der relativen Mehrheitswahl zog damals noch einen weiteren, für Parteien und Wähler gewichtigen Effekt nach sich, den man gewöhnlich als das „swinging of the pendulum“ bezeichnete. Es blieb nicht bei der Überhöhung der Mandatsverluste bzw. -gewinne – ein relativ häufiger Regierungswechsel zwischen den großen Parteien kam hinzu: 1951 ein Wechsel von Labour zu den Konservativen, 1964 nach einer für damalige britische Verhältnisse recht langen Regierungszeit die erneute Regierungsübernahme durch Labour und 1970 der abermalige Wechsel – all diese Veränderungen lagen wohlgemerkt in der Zeitspanne, die die SPD in der Bundesrepublik benötigte, um die CDU zum ersten Mal gänzlich aus der Regierungsverantwortung zu verdrängen und die erste sozialliberale Koalition zu etablieren.

Auch boten insbesondere die 50er Jahre die Gelegenheit, die Behauptung, das relative Mehrheitswahlsystem gleiche einem Lotteriespiel, zu widerlegen. Über Anleihen bei der Wahrscheinlichkeitsrechnung, mit der Poissonschen Regel – auch Kubusregel genannt –, mit der man die „Über-“ und „Unterrepräsentation“ der Parteien zum damaligen Zeitpunkt relativ gut erklären und prognostizieren konnte, sowie mit den Butlerschen „swing“-Berechnungen[26] versuchte man, das relative Mehrheitswahlsystem von diesem Vorwurf zu befreien: „The British electoral system is not a gamble.“[27] – so faßte der bekannte britische Wahlforscher David Butler seine Ergebnisse für die damalige Zeit durchaus verständlich, insgesamt aber wohl denn doch etwas zu definitiv zusammen.

So wie das relative Mehrheitswahlsystem damals in Großbritannien funktionierte, war es ein echtes Anti-Modell zum Verhältniswahlsystem, das denn auch in der Bundesrepublik während der Großen Koalition nochmals für heftige Diskussionen sorgte.[28] Man mußte als Wähler zwar damit rechnen, daß die Stimmen nicht exakt in Mandate umgesetzt wurden, und man hatte nur eine eingeschränkte Auswahl von chancenreichen Parteien. Bedenkt man jedoch auch die negativen Folgen einer zu großen Parteienvielfalt in einem politischen System – „Je unmittelbarer das Volk als Vielheit sich äußern will, umso einflußloser wird es auf den Inhalt dessen, was wirklich geschieht“[29] –, so überrascht die hohe Akzeptanz des britischen Wahlmodells zum damaligen Zeitpunkt nicht: Ein klares Gegenüber von Regierung und Opposition, direkter Zugriff des Wählers auf das eigentliche politische Entscheidungszentrum, relativ häufiger Wechsel der Regierungen, einigermaßen sichere Berechenbarkeit sowie Verhinderung von radikalen Parteien und Sicherstellung einer auf die politische Mitte ausgerichteten Politik. Die Zufriedenheit mit dem Wahlsystem führte in Großbritannien auch dazu, daß dasjenige Wahlergebnis der Nachkriegszeit, das mit Sicherheit in der Bundesrepublik die heftigsten Diskussionen hervorgerufen hätte, in Großbritannien ohne allzu erhitzte Debatten abgehakt wurde: Das Wahlergebnis von 1951 nämlich, das den Konservativen – bedingt durch einen „bias“[30] des Wahlsystems – die absolute Mehrheit der Sitze brachte, obwohl die Labour Party mit 49,2 % deutlich mehr Stimmen als die Konservativen mit 48,0 % erreicht hatte.[31] Für diese Wahl galt in Großbritannien noch die These Ramsey MacDonalds: „Democracy does not consist of counting noses“.[32] Das Zweiparteiensystem war nicht in Gefahr, man benötigte keine Koalitionen, Diskussionen um den künftigen Regierungschef gab es nicht, noch wurde in Großbritannien de facto kaum auf die Stimmen-, sondern in erster Linie auf die Mandatsverteilung geachtet.

Jedoch: Die Erfahrungen Großbritanniens mit dem relativen Mehrheitswahlrecht wurden von Teilen der Wissenschaft etwas vorschnell als verallgemeinerbare Gesetze betrachtet,[33] die vielfältigen Anhänger des relativen Mehrheitswahlsystems im Ausland überschätzten die Möglichkeit, dieses Wahlsystem ohne gravierende Probleme zu importieren, und die Briten selbst sollten erleben, daß sich die Wirkungen der Mehrheitswahl auch im eigenen Land über die Zeit deutlich verändern können.

Klammert man die Positionen der Liberalen und der kleineren Parteien aus, die schon immer das relative Mehrheitswahlrecht ablehnten, so wurde die Diskussion in den 70er Jahren neu entfacht, und zwar durch ein Problem, das auch die erwähnte letzte ernsthafte Infragestellung des britischen Wahlrechts am Ende der 20er Jahre mitbedingt hatte: durch ein „hung parliament" bei der Unterhauswahl im Februar 1974.[34] Bei der zweiten Unterhauswahl im Oktober desselben Jahres konnte Labour zwar seinen Vorsprung ausbauen und eine wenn auch knappe absolute Mehrheit zumindest am Anfang der Legislaturperiode erringen. Aber diese knappe Mehrheit hielt nicht lange: Über weite Strecken der Legislaturperiode mußte sich die Labourregierung Mehrheiten in Absprachen mit anderen Parteien – insbesondere mit den Liberalen – suchen.

Jedoch wurden in der Folgezeit auch andere bewährte Mechanismen der relativen Mehrheitswahl zumindest partiell außer Kraft gesetzt. Ende der 70er Jahre zeigte eine deutliche Polarisierung der großen Parteien – die Blake-Kommission[35] hatte bereits vorher auf diese Möglichkeit verwiesen –, daß die relative Mehrheitswahl nicht unbedingt zur einer Stärkung der gemäßigten Positionen innerhalb der Parteien führen muß, sondern daß sie auch zum Vorteil der radikaleren Parteiflügel ausschlagen kann. Die zeitweilige Vorherrschaft des linken Flügels der Labour Party und des rechten Flügels der Konservativen führte jedermann vor Augen, daß die zentripetale Wirkung nicht notwendigerweise eine Dauereigenschaft dieses Wahlsystems darstellen muß. Wenn die beiden großen Parteien – wie in den fünfziger und sechziger Jahren – in ausreichend vielen Wahlkreisen den Konkurrenzkampf um die Wählergunst direkt gegeneinander ausfechten müssen, dann ist in Großbritannien, wo die Wählerschaft überwiegend in der Mitte des politischen Spektrums anzusiedeln ist, anzunehmen, daß die Parteien diesem Weg nach innen folgen. Stehen direkte Auseinandersetzungen zwischen den großen Parteien jedoch durch den Wegfall einer größeren Zahl sog. „marginal seats" – das sind Wahlkreise, in denen beide großen Parteien eine reelle

Siegchance haben – seltener an und variieren die Veränderungen der Stimmenanteile von Wahlkreis zu Wahlkreis stärker als in den 50er und 60er Jahren, dann werden die Wahlen weniger berechenbar. Der deutlich angestiegene Stimmenanteil der Drittparteien und die erheblich verstärkte regionale Polarisierung – der Norden der Insel in der Hand von Labour, der englische Süden unter der Vorherrschaft der Konservativen – reduzierten damals die „Sensibilität" des relativen Mehrheitswahlsystems. Wenn dann der eigenen Ideologie ein höherer Stellenwert eingeräumt wird als einem Sieg bei den nächsten Wahlen, ist der Weg zur Mitte schnell verlassen. Margaret Thatcher oder Tony Benn jedenfalls waren nicht die integrativen Politiker der Mitte, sie demonstrierten, daß auch im relativen Mehrheitswahlsystem die Führer der extremeren Flügel die Oberhand gewinnen können. Das Wahlsystem steuerte damals aber nicht gegen diese Entwicklung. Diese Funktion übernahmen vor allem die Politiker der Mitte durch Austritte aus der Labour Party und durch Versuche, dem britischen Parteiensystem durch die Gründung der SDP und später der Allianz einen neuen Anziehungspunkt im Zentrum zu schaffen. Hierbei gewährte das Wahlsystem diesen Politikern nicht nur keine Hilfe, es stellte ihnen im Gegenteil kaum überwindbare Hürden entgegen.

Die durchgehende Vorherrschaft der Konservativen von 1979 bis 1997 weist auf weitere Veränderungen hin und macht deutlich, daß die These, das relative Mehrheitswahlsystem führe zu einem schnellen Regierungswechsel und besitze eine große „Sensibilität" hinsichtlich der Veränderung der Wählermeinung, unter den damaligen Bedingungen nur eine bedingte Gültigkeit für sich beanspruchen konnte.[36]

Insbesondere nach der Wahl von 1983 kam auch der Vorwurf, das britische Wahlsystem ähnele einem Lotteriespiel, wieder in Mode. Mit 1,5 Prozentpunkten weniger Stimmen als 1979 erhielten die Konservativen 58 Sitze mehr. Anders ausgedrückt: 42,4 % der Stimmen brachten den Konservativen 61,1 % der Unterhausmandate, womit sie ihren Mandatsvorsprung von 42 Sitzen vor allen anderen Parteien aus dem Jahre 1979 auf 144 mehr als verdreifachen konnten, und dies – wie erwähnt – trotz realer Stimmeneinbußen. Die Konservativen benötigten pro Sitz knapp 33 000 Stimmen, Labour ca. 7500 mehr, und die Allianz aus SDP und Liberalen mußte ca. das Zehnfache, nämlich 338 000 Stimmen pro Mandat, aufbringen – eine Verzerrung zwischen Zähl- und Erfolgswert der Stimmen, die zwischen 1945 und 1970 nur in der Wahl von 1964 in einem annähernd vergleichbaren Ausmaß (Lab: 38 500; Kons: 39 500; Lib: 343 600) nachweisbar war. Obwohl sich auch 1997 ähnliche Verzerrungen zeigten,[37] wurden nun die Forderungen nach einer Wahlreform in den Medien kaum erhoben:[38] Die Erleichterung über den Regierungswechsel vom am Ende seiner Laufbahn glücklosen Major zum neuen Hoffnungsträger Blair ließ die Probleme des Wahlsystems in den Hintergrund treten; außerdem wurden andere Verfassungsprobleme – wie z. B. die „devolution"[39] – für wichtiger erklärt.

Trotz der teilweise erheblichen Verzerrungen ist der Ausgang einer Wahl in Großbritannien in etwa vorhersehbar. Per Computer können die Umfragen auf die einzelnen Wahlkreise umgerechnet werden, so daß auch die Verteilung der Mandate einigermaßen präzise vorhergesagt werden kann. Daß solche Prognosen aber nur noch mittels komplizierter Rechnungen möglich sind, macht ebenso wie die teilweise extremen Verzerrungen zwischen den Stimmen- und Mandatsanteilen der Parteien deutlich, daß die oben zitierte Behauptung Butlers – „the British electoral system is not a gamble" – zunehmend außer Kraft gesetzt wurde. Zu welch kuriosen Ergebnissen das britische Wahlsystem führen kann, zeigt insbesondere eine Rechnung von Curtice und Steed.[40] Die beiden Wissenschaftler gingen vom Wahlergebnis des Jahres 1979 aus, nahmen an, daß der Trend zu den Liberalen weiter anhalten würde, und legten ihrer Rechnung einen Wechsel von je 9 % der Wähler von den Konservativen und Labour zu den Liberalen zugrunde. Labour (28,7 %) und Konservative (35,8 %) haben nach dieser Simulation zusammen genau die doppelte Anzahl von Stimmen wie die Liberalen. Diese können aber mit einem Drittel der Stimmen nur weniger als 10 % der Mandate für sich verbuchen. Doch nicht nur dies: Labour kommt nach dieser Annahme auf 3,5% weniger Stimmen als die Liberalen, im Gegensatz zu den 52 Mandaten der Liberalen erhält Labour aber 263 Sitze. Das Ergebnis dieser Simulation von Curtice und Steed dürfte auch für den treuesten Anhänger eines relativen Mehrheitswahlsystems nur schwer zu verteidigen sein, wobei es in diesem Beispiel noch nicht einmal eine absolute Mandatsmehrheit für eine Partei gibt und damit die immer wieder zitierte direkte Entscheidung über die Regierung durch die Wähler entfällt.

3. Die derzeitige Reformdiskussion

In Anbetracht der deutlichen Veränderungen der Wirkungsweise der relativen Mehrheitswahl konnte es nicht überraschen, daß man auch in Großbritannien begann, über Alternativen zumindest nachzudenken.

Ein erstes Indiz für diese neue Entwicklung war die Einsetzung der überparteilichen „Hansard Society Commission on Electoral Reform", die sich im Oktober 1975 mit dem Ziel konstituierte, Alternativen zum britischen Wahlsystem zu überprüfen. Obwohl der im Juni 1976 vorgelegte Bericht – nach dem Kommissionsvorsitzenden auch häufig als „Blake-Report" bezeichnet – die Vor- und Nachteile des britischen Wahlsystems säuberlich einander gegenüberstellt, wird im folgenden insbesondere auf die Bewertung der Nachteile des Wahlsystems einzugehen sein,[41] da die Kommission eine Reform forderte. Die durch das Wahlsystem bedingte Stabilität werde übertrieben – seit 1945 seien immerhin in drei Fällen Neuwahlen nach weniger als 18 Monaten fällig geworden; es gebe eine Schwelle der Verzerrung des Stimmengewichtes, bei deren Überschreiten von einem fairen Wahlsystem nicht mehr die Rede sein könne. Auch müsse verhindert werden, daß die Minderheit der Wähler durch Eigenheiten des Wahlsystems in die Lage komme, der Mehrheit ihren Willen aufzuzwingen; die Tradition der „adversary politics", die die jeweilige Opposition dazu anhalte, in de facto allen Punkten der Regierung zu widersprechen, habe zu einer deutlichen Instabilität und zu einer Stärkung der radikalen Flügel der Parteien geführt. Hinzu komme die Unzufriedenheit der Bevölkerung mit dem Wahlsystem, die sich schon in der wachsenden Abneigung gegen die beiden großen Parteien, aber auch durch entsprechende Antworten in demoskopischen Umfragen zeigen lasse. Die Kommission beließ es aber nicht bei der Kritik des traditionellen Wahlsystems, sie legte auch Reformvorschläge vor für ein neues Wahlsystem, wobei man auf eine Kombination der Forderungen nach gerechter Repräsentation einerseits und nach effektiver Regierung andererseits abzielte.[42] Man glaubte, entweder im System der „single transferable vote", das derzeit vor allem in Irland zum Einsatz kommt und das über Mehrmannwahlkreise und eine partielle Reststimmenverwertung zu einer stärkeren Proportionalität führt,[43] oder in dem modifizierten deutschen „personalisierten" Verhältniswahlsystem Vorbilder für eine Reform des Unterhauswahlsystems gefunden zu haben.[44] Die meisten Mitglieder der Kommission entschieden sich für das modifizierte deutsche Wahlsystem, das in Großbritannien als „additional member system" bezeichnet wird. Man vertrat aber einhellig die Auffassung, daß letztlich die Frage, welches der beiden Wahlsysteme das alte ersetzen solle, nicht so wichtig sei.

Daß die Blake-Kommission nicht das erhoffte Echo fand, hing u.a. damit zusammen, daß die Wahl von 1979 ein durchaus „normales" Ergebnis brachte: die Konservativen erreichten mit knapp 44 % der Stimmen etwas mehr als 53 % der Mandate und damit eine tragfähige absolute Mehrheit; die Überrepräsentation der Regierungspartei hielt sich in den bekannten Grenzen, und die Stimmenanteile der kleineren Parteien, von den Liberalen über die Plaid Cymru bis hin zu den Scottish Nationalists, gingen jeweils gegenüber den Wahlen von 1974 zurück. Es schien, als ob nach zwei problematischen Wahlergebnissen wieder Normalität eingekehrt sei. Doch es schien nur so.

Bedingt durch die ungewöhnlich lange Wartezeit auf den Oppositionsbänken und durch das nicht mehr schwingende

Pendel befielen Ende der 80er Jahre auch die Labour Party Zweifel, ob man die Wahlrechtsproblematik nicht neu überdenken müsse. Das Umschwenken eines Teiles der Mitglieder von Labour in der Frage des Wahlsystems war im wesentlichen verursacht durch Resignation und trug dem Motto Rechnung: „Lieber in einer Koalition als überhaupt nicht mehr an der Regierung".[45] Dieser Schwenk von Labour war neu für die Nachkriegszeit. Nach einigen Diskussionen mit den Liberalen, die aber im wesentlichen ohne Ergebnisse blieben, setzte die Labour Party 1990 eine Arbeitsgruppe unter dem Vorsitz von Raymond Plant ein, die sich mit den Wirkungen von Wahlsystemen befaßte. Sie legte sich in der ersten Fassung eines quasioffiziellen Parteidokumentes, dem sog. Plant-Report aus dem Jahre 1991, zwar nicht auf ein proportionales Wahlsystem für das Unterhaus fest, ließ aber doch eine gewisse Vorliebe für eine Wahlreform in Richtung eines solchen Wahlsystems durchschimmern.[46] In der endgültigen Fassung von 1993 war dieses Liebäugeln aber de facto wieder gestrichen worden.[47]

Die Parteispitze tat alles, um sich nicht in der Frage festlegen zu müssen, was nach einem Wahlsieg in Sachen Wahlsystem zu tun sei. Möglichst unverbindliche Formulierungen, die zurückhaltende Position des Vorsitzenden Tony Blair, der einer Wahlsystemreform keinen vorrangigen Stellenwert einräumte, und das Versprechen eines vorangehenden Referendums waren die Mechanismen, mit denen man sich vor einer klaren Position drückte.

Diese Haltung der Parteispitze und die Frage, ob die Mitglieder von Labour im Falle eines Wahlsieges ihre reservierte Haltung dem relativen Mehrheitswahlsystem gegenüber weiter pflegen würden, führen deshalb auch hier zu der für Reformankündigungen in Großbritannien berechtigten Frage: Wird man bei Labour den Plan nicht auf die lange Bank schieben und abwarten, ob die Partei nicht in Zukunft ebenso lange von den Vorteilen dieses Wahlsystems profitieren kann wie die Konservativen in der Vergangenheit? Noch ist diese Frage offen. Trotz seiner persönlichen Vorbehalte aber hat Tony Blair im Juli 1997 eine Regierungskommission eingesetzt, der auch der Parteichef der Liberalen, Paddy Ashdown, angehört und die sich u.a. mit einer Reform des Wahlsystems befassen soll.[48] Und da die Wahlen zum Europaparlament – die Regierung hat im Oktober 1997 einen Gesetzentwurf vorgelegt, der ein Verhältniswahlsystem in Wahlkreisen mit 4 bis 11 Mandaten und starren Listen vorsieht – und zu den geplanten Regionalparlamenten nach einem proporzähnlichen Wahlsystem ablaufen sollen,[49] erscheint es derzeit zumindest nicht ausgeschlossen, daß Großbritannien schrittweise seinem traditionellen Wahlsystem entwöhnt wird.

VIII. Die Medien

In einem Verfassungsstaat hängt das Funktionieren des demokratischen Prozesses maßgeblich von der Existenz unabhängiger Medien ab, die ihre Kontrollfunktion kompetent und verantwortungsvoll wahrnehmen und gleichzeitig den Bürgerinnen und Bürgern erst die Teilnahme am Prozeß der Meinungs- und Willensbildung ermöglichen. Diese Lehrbuchweisheit hat in kaum einem anderen politischen System so viel Bedeutung wie im britischen Westminstermodell, das den Schutz seiner Bürger vor staatlichem Machtmißbrauch lieber dem politischen Prozeß und damit der Kontrolle durch Opposition und Öffentlichkeit anvertraut als etwa einem Verfassungsgericht.[1]

1. Die britische Presse

Ein großer Teil der Tageszeitungen, die derzeit an britischen Zeitungskiosken zu kaufen sind, hat eine lange Tradition. „The Times" informiert seit 1785 das gebildete britische Establishment und wurde dabei ab 1855 zunehmend vom Konkurrenten „The Daily Telegraph" unter Druck gesetzt. „The Guardian" erschien erstmals vor 175 Jahren als „Manchester Guardian", und die „Daily Mail" leitete im Jahr 1896 die Ära des Boulevardjournalismus in Großbritannien ein. Aber nicht nur einzelne „papers" besitzen eine traditionsreiche Vergangenheit. Auch die verschiedenen Ausprägungen der heutigen britischen Zeitungslandschaft gehen nicht auf völlig neue Entwicklungen zurück, sondern sind in ihren Grundzügen aus früheren Zeiten bekannt. Zu den Charakteristika des britischen Zeitungsmarktes gehört neben den im internationalen Vergleich immer schon hohen Auflagen sowie Leserzahlen[2] auch die Tatsache, daß es sich dabei seit jeher um einen territorial sehr konzentrierten Markt handelt. Obwohl es auch regionale Blätter gibt,[3] dominieren die ausschließlich in London erscheinenden auflagenstarken Zeitungen eindeutig. Anders als in der Bundesrepublik oder den USA, wo der Zeitungsmarkt auf größere Städte und damit regional ausgerichtet ist, lesen in Großbritannien zwei Drittel aller Erwachsenen regelmäßig eine der nationalen Morgen- oder Abendzeitungen. Diese gehören folglich zu den auflagenstärksten Presseorganen Europas.[4] Nur die schottischen Leserinnen und Leser können zwischen den vor Ort gedruckten Ausgaben der Londoner Presse sowie verschiedenen eigenständigen schottischen Zeitungen auswählen.[5]

Wie in anderen Ländern auch, ist der britische Zeitungsmarkt von einem steten Rückgang der Zahl der Zeitungen[6] bei gleichzeitiger Konzentration der Besitzverhältnisse geprägt. Bereits zu Beginn des 20. Jahrhunderts konzentrierte sich der Besitz von Tageszeitungen in wenigen Händen: die drei damals führenden Verleger kontrollierten ca. zwei Drittel aller Londoner Tageszeitungen. Einer von ihnen, Lord Northcliffe, hatte dabei im Jahr 1910 die Verfügungsmacht über 39 % aller Londoner Tageszeitungen. Auf den ersten Blick hat sich an dieser Pressekonzentration – abgesehen von den Namen der Akteure – wenig geändert. Rupert Murdoch, der aus Australien stammende Chef des Konzerns „News International“,[7] kontrolliert ca. 35 % des britischen Zeitungsmarktes. Nachdem er bereits 1968 das Massenblatt „News of the World“ und die auflagenstärkste britische Zeitung „The Sun“[8] gekauft hatte, übernahm er 1980 mit „The Times“ und „The Sunday Times“ erstmals seriöse Blätter.[9] Während Unternehmer vom Typ eines Rupert Murdoch nicht nur den britischen Zeitungsmarkt, sondern die Medienstrukturen global umgestalten, sterben in Großbritannien die „Pressezaren“ des alten Formats, wie sie der bereits erwähnte Lord Northcliffe verkörperte, allmählich aus. Einer der letzten von ihnen ist sein Neffe, Lord Rothermere, der der „Associated Group“ vorsteht. Zu ihr gehören neben der „Mail on Sunday“ und dem „Evening Standard“ die zwar traditionsreiche, dafür aber niveauarme „Daily Mail“, die als „reaktionäre Hauspostille des englischen Kleinbürgers“[10] eingestuft wird. Ein weiterer Beteiligter am Markt der Großen ist die „Mirror Gruppe“, die von 1984 bis zu seinem Tod 1991 von Robert Maxwell geleitet wurde und inzwischen einem Bankenkonsortium untersteht.[11] Dieser Konzern ist verantwortlich für die Tageszeitung „Daily Mirror“, den „Sunday Mirror“ sowie die überregionale Sonntags-Boulevardzeitung „The People“. Die „Mirror Gruppe“ übernahm inzwischen gemeinsam mit der irischen Gesellschaft „Newspaper Publishing“ die Zeitungen „The Independent“ und „The Independent on Sunday“. Mit dieser Übernahme im Jahr 1994 scheiterte das 1986 begonnene Experiment von drei Redakteuren von „The Daily Telegraph“, eine unabhängige Tageszeitung am Markt zu etablieren.[12] Ihr Vorstoß sollte das bisherige Kartell etablierter Zeitungen, die fast alle – mit Ausnahme des liberalen „The Guardian“[13] – eher dem rechten Meinungsspektrum zuzuordnen sind, aufbrechen. Nicht nur Mißmanagement[14] verhinderte den Erfolg des Projekts, sondern vor allem der zunehmend erbitterte Wettbewerb auf dem Zeitungsmarkt.[15] Besonders Rupert Murdoch trieb die Rivalität der Konzerne um Leserzahl und Auflage, die ausschlaggebend für die Anzeigenpreise ist, voran. Das breite Publikum nimmt von dieser Konkurrenz in erster Linie den erbitterten Preiskrieg wahr, den Murdoch mit Preissenkungen bei „The Sun“ (von 25 auf 20 Pence) und „The Times“ 1993/94 auslöste.[16] Als größter Verlierer des Verdrängungswettbewerbs im mittleren Qualitätssegment[17] gilt „The Express“ (früher „Daily Express“), dessen Auflage um ca. 300000 auf nun 1,2 Millionen sank. Für „The Times“ hat sich der Preisnachlaß gelohnt: ihre verkaufte Auflage hat sich inzwischen mehr als verdoppelt und liegt nun durchschnittlich bei 750000 Exemplaren pro Tag. Darüber hinaus stehen den gesunkenen Einnahmen aus dem Zeitungsverkauf deutlich gewachsene Anzeigenerlöse gegenüber.[18] Schließlich setzte sich Murdoch auch noch gegenüber den bis dahin mächtigen Druckergewerkschaften durch. Diese Auseinandersetzung ging 1986 als „Death of Fleet Street“ bzw. als „British Newspaper Revolution“ in die britische Mediengeschichte ein.[19]

Gravierender als die Veränderungen von Preisen und Sitten auf dem Zeitungsmarkt[20] erscheinen aber die rapiden Qualitätseinbußen bei fast allen britischen Tages- und Sonntagszeitungen. Die seriöseren Blätter im sogenannten „broadsheet-Format"[21] – „The Daily Telegraph", „The Times", „The Guardian" und „The Independent" – passen sich nicht nur im äußeren Erscheinungsbild, sondern auch in ihren Themen verstärkt den Boulevardblättern, den „tabloids", an.[22] An die Stelle ihrer früheren ernsthaften und betont international ausgerichteten Berichterstattung treten immer öfter recht oberflächlich gehaltene Kolumnen. Zudem scheint den britischen Journalisten die Unterscheidung zwischen Kommentar und Nachricht immer schwerer zu fallen. Versuche, politische Themen durch Personalisierungen „interessanter" zu machen, dienen ebenso dem Ziel der Auflagensteigerung wie die Anteilnahme am Privatleben der britischen Königsfamilie, die früher noch das „Privileg" der Massenblätter war. Der Konflikt zwischen dem Recht auf eine freie und unzensierte Berichterstattung, das auch den meisten Politikern als hohes Gut gilt, sowie den Persönlichkeitsrechten auch Prominenter spitzte sich nach dem Unfalltod von Prinzessin Diana zu. Die Verleger bemühen sich zwar, ihre bisherige Strategie beizubehalten und staatliche Eingriffe durch die Verpflichtung zur Selbstkontrolle abzuwehren.[23] Aufgrund des Drucks einer Öffentlichkeit, die einerseits über Sensationen „informiert" sein will, sich andererseits aber über die Methoden derer empört, die sie ihnen liefert, scheint die Verschärfung der gesetzlichen Regelungen nicht mehr ausgeschlossen.[24]

2. Rundfunk und Fernsehen

Ähnlich wie in der Bundesrepublik Deutschland ist auch in Großbritannien das Rundfunkwesen dual organisiert. Neben dem öffentlich-rechtlichen Rundfunk, also der BBC (British Broadcasting Corporation), treten privatwirtschaftliche Unternehmen als Anbieter von Hörfunk- und Fernsehprogrammen auf. Die BBC geht auf die 1922 als private Gesellschaft gegründete BBCo (British Broadcasting Company) zurück.[25] Fünf Jahre später wurde diese auf der Grundlage einer Lizenz des britischen Postministeriums und eines königlichen Freibriefs (Royal Charter) zur öffentlich-rechtlichen Institution umgewandelt. Diese Charter, die alle zehn Jahre verlängert werden muß,[26] verleiht der BBC einen Status außerhalb des Einflußbereichs der Regierung.[27] Zusätzlich zu ihrem Radioprogramm strahlte die BBC bereits zwischen 1936 und 1939 erstmals Fernsehen aus, ab 1946 wurde daraus ein regelmäßiges Programm.[28] Jahrzehntelang galt der politische Konsens, den öffentlich-rechtlichen Rundfunk frei von staatlicher Einflußnahme zu halten, als Garant der Unabhängigkeit der BBC. Diese Staatsferne wird durch die Arbeit der für die gesamte duale Rundfunkordnung in Großbritannien so wichtigen Aufsichtsbehörden unterstützt.[29] Bei der BBC handelt es sich dabei um das „Board of Governors". Dessen zwölf Mitglieder werden zwar auf Vorschlag des Premierministers nach Absprache mit der Opposition von der Queen ernannt, in ihrer Amtsführung sind diese unabhängigen Persönlichkeiten des britischen Establishments[30] aber nicht der Regierung unterstellt. Die Aufgabe des Boards besteht u.a. darin, die Qualität der BBC-Programme zu überwachen und dafür zu sorgen, daß das Programmangebot den Interessen des Publikums entspricht. Besonders in Wahlkampfzeiten ist das Board aber auch gezwungen, die BBC vor politischen Einflußnahmen, die die Unabhängigkeit ihrer Berichterstattung gefährden könnten, zu schützen. In Phasen verstärkter parteipolitischer Konfrontation ging dies schon so weit, daß der damalige BBC-Generaldirektor, John Birt, die Redakteure aufforderte, alle Telephongespräche mit Politikern (egal welcher Partei) aufzuzeichnen, um so Einschüchterungsversuche besser abwehren zu können.[31] Neben Versuchen, mittels Pressionen die journalistische Arbeit zu beeinflussen, bietet aber auch der Finanzierungsmodus von BBC Möglichkeiten, politischen Druck auszuüben. Da ihr von Beginn an untersagt war, das Programm auch über Werbung zu finanzieren, ist die BBC ausschließlich auf die Gebühren angewiesen. Das entsprechende parlamentarische Genehmigungsverfahren verheißt durch die inzwischen vorgenommene Koppelung der Gebührenerhöhungen an die Preisentwicklung zwar Objektivität,[32] aber dennoch besteht für die BBC das große Problem darin, daß eine dynamische Weiterentwicklung, wie zum Beispiel die Teilnahme am digitalen Radio und Fernsehen sowie der geplante 24-Stunden-Fernsehnachrichtenkanal,[33] auf diese Weise kaum möglich ist.[34]

In Anbetracht der sprichwörtlichen Behäbigkeit der Anstalt, die in der Rede von der „alten Tante" BBC („auntie beeb") zum Ausdruck kommt, wundert es nicht, daß der Thatchersche Modernisierungswille auch vor dieser ehrwürdigen Institution keinen Halt machte. Zumindest phasenweise gab es sogar Privatisierungspläne. Als sich zu Beginn der 80er Jahre der politische Druck auf die BBC immer weiter verstärkte,[35] entschied sich ihr damaliger Generaldirektor, John Birt, für die Strategie der Vorwärtsverteidigung und schlug einen radikalen Erneuerungskurs ein. Innerhalb von nur vier Jahren wurde fast ein Fünftel aller Stellen, nämlich 4600 Jobs, bei der BBC wegrationalisiert. Um dem Vorwurf zu begegnen, die BBC sei zu teuer, zu bürokratisch und zu langsam, führte er unter anderem das System der sogenannten „producer choice" ein. Damit griff er eine frühere Auflage der Regierung auf, 25% der Rundfunk- und Fernsehproduktionen an unabhängige, externe Produzenten zu vergeben, um auf diese Weise die Kosteneffizienz zu steigern.[36]

Die BBC als öffentlich-rechtliche Rundfunkanstalt erhielt in Großbritannien bereits 1954 privatwirtschaftliche Konkurrenz. Aber auch das britische Privatfernsehen (Independent Television, ITV) war bisher in eine stark reglementierte Ordnung eingebunden. Um die negativen Auswirkungen von Wettbewerb und kommerzieller Organisation auf die Programminhalte möglichst gering zu halten, werden die Lizenzen, die die werbefinanzierten privaten Anbieter von terrestrischem, also über Antenne verbreitetem, Rundfunk erwerben müssen, räumlich und zeitlich begrenzt vergeben.[37] Für diese Lizenzierung ist ebenso wie für die Programmüberwachung eine Aufsichtsbehörde, die Independent Television Commission

(ITC), zuständig. Außer dem ITV, das jetzt unter dem Namen Channel 3[38] sechzehn Regionalgesellschaften vereinigt, kontrolliert sie auch Channel 4. Dieser Kanal soll seit 1982 die sogenannten „Minderheiten" bedienen, z.B. solche Menschen, die vom Fernsehen auch Hintergrundinformationen erwarten. Zusätzliche Arbeit erhielt die ITC 1997 mit der Errichtung des neuen überregionalen Senders Channel 5. Die bisherige Struktur des dualen Rundfunksystems, das weder eine ernstzunehmende wirtschaftliche Konkurrenz zwischen öffentlich-rechtlichen und privaten Sendern noch unter den Privaten kannte, wurde schon durch den Broadcasting Act von 1990 aufgebrochen. Nachdem die Konzentrationstendenzen im britischen Rundfunkwesen bereits infolge dieser Neuregelung deutlich zunahmen, wurden frühere Beschränkungen Anfang 1997 (durch den Broadcasting Act 1996) noch weiter gelokkert.[39] Ein kommerzielles Unternehmen darf seither, ungeachtet der Übertragungsmethode und der Zahl der Kanäle, maximal 15 % der Zuschauermarktanteile des gesamten britischen Fernsehmarktes halten.[40] Auch die Beschränkung von ITV-Gesellschaften auf maximal zwei ITV-Lizenzen wurde aufgehoben.[41] Bedeutung erlangte der Broadcasting Act 1996 schließlich dadurch, daß er die im internationalen Vergleich bisher sehr strengen Verbote für Zeitungsgruppen, ITV-Fernsehgesellschaften und nationale kommerzielle Radiobetreiber, in anderen Mediensektoren zu investieren, deutlich lockerte. Die Bedingungen der sogenannten „cross-ownership" wurden vereinfacht.[42] Diese Lockerung erlaubt es auch solchen ITV-Medienunternehmen, die bisher auf antennenübertragenes Fernsehen beschränkt waren, sich sowohl beim Kabel- und Satellitenfernsehen als auch beim digitalen Rundfunk zu engagieren.[43]

Obwohl sich das duale Rundfunksystem in Großbritannien als Ergebnis der Reform Anfang der 90er Jahre so stark verändert hat, daß Kritiker sogar von seinem Ende sprechen,[44] sind Kontinuitäten nicht zu übersehen. Dadurch, daß die Programmgesellschaften nach wie vor regional organisiert sind, geht der Wettbewerb um Zuschauer und Werbekunden nicht so weit, wie dies die Regierung Thatcher ursprünglich wohl beabsichtigt hatte. Ein stärkerer Konkurrenzdruck und damit auch eine weitergehende inhaltliche Orientierung am Massenpublikum ist dagegen von den kommerziellen Gesellschaften zu erwarten, die ihre Programme über Satellit und Kabel anbieten. Sie bilden somit neben den beiden BBC-Programmen und den ITV-Angeboten den dritten Zweig der britischen Fernsehlandschaft. Diese werden zwar ebenfalls u.a. von ITC nach Regionen lizensiert, aber die inhaltlichen Auflagen hinsichtlich Breite und Qualität des Angebots sind im Vergleich zu den Vorschriften für ITV-Gesellschaften wesentlich reduziert. Ihnen ist lediglich verboten, gegen den „guten Geschmack, Anstand und Moral" zu verstoßen. Marktführer beim Satellitenrundfunk ist BskyB, das 1990 aus dem Zusammenschluß zweier Konkurrenten, von Rupert Murdochs Sky Television und British Satellite Broadcasting (BSB), entstand. Murdoch bewies damit, daß er auch bei seinem Engagement in Großbritannien die Strategie verfolgt, in allen Medienbereichen präsent zu sein.[45] BskyB bietet sowohl über Satellit als auch über Kabel eine Vielzahl von Unterhaltungsprogrammen an, die meist von US-Produktionen dominiert werden, und finanziert sich über die Abonnementsgebühren für Satellitenprogramme bzw. die Gebühren der Kabelnetzbetreiber sowie über Werbeeinnahmen.

3. Parteilichkeit der britischen Medien

In Anbetracht der deutlichen Konzentrationstendenzen in der britischen Medienlandschaft liegt die Frage nahe, ob die Medien bestimmte Parteien begünstigen. Ungeachtet der Diskussion, welche Wirkungen Massenmedien überhaupt auf die politische Meinungsbildung haben, kann man zunächst feststellen, daß Rundfunk und Fernsehen in Großbritannien zumindest bisher nicht die Möglichkeit hatten, sich konsequent parteipolitisch einseitig auszurichten. Auch die kommerziell organisierten Fernseh- und Rundfunksender unterstanden ja lange

Zeit einer relativ strengen Kontrolle. Diese Situation ändert sich aber mit der Ausweitung von Satelliten- und Kabelrundfunk sowie dem digitalen Übertragungssystem. Dadurch, daß der Grund für die bisherige strenge Aufsicht, nämlich die quantitative Beschränkung von Übertragungskanälen, wegfällt, wird die Reglementierung geringer und die Möglichkeit zur Parteilichkeit größer. Anders dagegen bei den Printmedien. Sie brauchen in Anbetracht des zumindest in der Theorie hier leichter zu verwirklichenden Wettbewerbs nicht durch inhaltliche Auflagen eingeschränkt zu werden; Parteilichkeit war bei der britischen Presse immer schon möglich und auch gegeben. Von den elf nationalen Tageszeitungen galten bislang acht als Blätter, die eindeutig die Tories und ihre konservativen Regierungen der Zeit von 1979 bis 1997 unterstützten. Lediglich „The Guardian" wurde als Sympathisant von Labour eingestuft.[46] Noch im Umfeld der Unterhauswahlen von 1992 wurde – ohne Rücksicht auf wissenschaftlich begründbare Vorbehalte gegenüber vereinfachenden Wirkungsmodellen – gemutmaßt, daß John Major seine damalige Wiederwahl u.a. dem Massenblatt „The Sun" von Rupert Murdoch zu verdanken hatte. Diese Unterstützung schwächte sich aber bereits während der Legislaturperiode deutlich ab.[47] Nachdem Tony Blair 1995 für einen Besuch des Murdoch-Konzerns sogar nach Australien geflogen war und damit den früheren Bann von Labour über die konservativ orientierten Massenblätter aufhob, nahm „The Sun" eine Radikalwendung vor und empfahl ihren Lesern im März 1997 explizit, für Labour zu stimmen. Etwas weniger direkt verlief der Schwenk auf den späteren Gewinner bei anderen Zeitungen: Der Ankündigung von Lord Rothermere, dem Besitzer der konservativen „Daily Mail", im Mai 1997, künftig nicht mehr für die Tories, sondern für Labour im Oberhaus zu sitzen, folgte die Mitteilung der Zeitungsredaktion, dies habe auf deren inhaltliche Linie keine Auswirkungen.

IX. Die politischen Institutionen

Angeregt durch die „Berliner Rede" von Bundespräsident Roman Herzog, beklagte Hans-Olaf Henkel, der Präsident des Bundesverbandes der Deutschen Industrie, Anfang Juli 1997 den durch die vielfältigen Blockademöglichkeiten der Institutionen bedingten Immobilismus der bundesdeutschen Politik und forderte in diesem Zusammenhang einen Umbau des bundesdeutschen Föderalismus sowie die Abschaffung des Verhältniswahlsystems.[1] Sowohl „Henkels holpriger Angriff auf Föderalismus und Wahlgesetz"[2] als auch die anschließende Diskussion[3] hätten sich bei einem weniger kurzen Gedächtnis weitestgehend erübrigt. Welches Land wenn nicht Großbritannien böte sich als Modell für die Henkelschen Vorstellungen an?[4]

Die auf Vermeidung jeglicher gewaltenteilender Elemente angelegten politischen Institutionen Großbritanniens kennen als Entscheidungsträger nur die jeweilige Mehrheitspartei und die von ihr gestellte Regierung, für Machtbegrenzungen bestehen nach dem Prinzip der „parliamentary sovereignty"[5] weder Berechtigung noch Möglichkeit. Doch als in den 70er Jahren in der Bundesrepublik vom „Modell Deutschland" die Rede war, litt Großbritannien unter der „Englischen Krankheit"[6] oder unter den Folgen der „adversary politics"[7]. Inzwischen spricht NEWSWEEK von der „deutschen Krankheit"[8], und Überlegungen über die Ursachen von Blockaden und Selbstblockaden haben in der Bundesrepublik Hochkonjunktur. Die gegensätzliche ökonomische Entwicklung unter den jeweils fortbestehenden Verfassungsrahmen in Großbritannien und Deutschland dürfte als Beleg dafür ausreichen, daß man die Auswirkungen der politischen Institutionen auf das wirtschaftliche Wohlergehen eines Landes nicht überschätzen sollte. Die entscheidenden Momente stellen sie jedenfalls nicht dar, weil personale und gesellschaftliche Faktoren zu stark in den Hintergrund gedrängt werden.

1. Die Regierung

Bagehot hat seine klassische und immer wieder zitierte Unterscheidung zwischen den „dignified“ und den „efficient parts of the constitution“ – „Bestandteile, welche die Ehrerbietung der Bevölkerung wecken und bewahren“ auf der einen und „Bestandteile, vermittels derer die Verfassung wirkt und herrscht“, auf der anderen Seite[9] – mit einer Begründung unterfüttert, die bis heute aktuell ist: „Zwei große Ziele muß jede Verfassung verwirklichen, um erfolgreich zu sein, und jede alte und ruhmvolle Verfassung muß sie in bewundernswerter Weise verwirklicht haben: jede Verfassung muß zuerst Autorität erwerben und sie dann gebrauchen: sie muß Loyalität und Vertrauen gewinnen und dann dieses Vertrauen in der Regierungspraxis einsetzen.“[10]

Das Faktum, daß sich in der britischen Verfassungsgeschichte immer mehr Verfassungsorgane von „efficient“ zu „dignified parts“ wandelten, belegt u.a., daß das System, das Montesquieu als Vorbild für die Entwicklung seiner Gewaltenteilungslehre diente,[11] seine früheren gewaltenteilenden Elemente in den Hintergrund drängte und sich in ein Regierungssystem wandelte, in dem der Spielraum der politischen Spitze immer weniger Einschränkungen und effektiven Kontrollen ausgesetzt ist. Diese Entwicklung traf die Monarchie und das Oberhaus, zu einem gewissen Maß auch das Unterhaus und – wie manche Autoren meinen – inzwischen auch die Kabinettsmitglieder mit Ausnahme des Premiers. Doch sind in diesem sogenannten „Westminster model“ nicht nur die gewaltenteilenden Mechanismen zwischen Parlament und Regierung – u.a. durch den Wegfall von Koalitionen – weitgehend außer Kraft gesetzt; das Fehlen anderer gewaltenbeschränkender Regelungen bedingt eine immense Machtballung bei den zentralen Institutionen, insbesondere bei der Regierung: Die „parliamentary sovereignty" macht einen steten Blick auf die Verfassung bzw. eine Entscheidung eines Verfassungsgerichts unnötig; eine Rücksichtnahme auf föderale Strukturen war zumindest bisher nicht geboten.[12] Dieses auf Effektivität angelegte Regierungsmodell kennt – sieht man von den möglichen innerfraktionellen Auseinandersetzungen ab – nur eine effektive Möglichkeit der Machtbegrenzung: die Niederlage der Regierungsmehrheit in einer Unterhauswahl.

Daß die gewaltenteilenden Elemente in einem erheblichen Umfang durch gewaltenvermischende Elemente überlagert wurden, ist insbesondere dadurch bedingt, daß sich hier – neben anderen Eigenheiten des britischen Modells – ein idealtypisches parlamentarisches Regierungssystem durchsetzen und bis heute erhalten konnte. Vergleicht man das parlamentarische mit dem präsidentiellen Regierungssystem, das insbesondere für die USA kennzeichnend ist, so zeichnen sich diese beiden Systeme vor allem durch folgende Besonderheiten aus:[13]

– Die Wahl im parlamentarischen Regierungssystem entscheidet sowohl über die Zusammensetzung des Parlaments als auch über die jeweilige Regierung. Während in anderen parlamentarischen Systemen die direkte Entscheidung des Wählers auch über die Regierung häufig durch Koalitionsverhandlungen mediatisiert wird, stellt das britische Zweiparteiensystem sicher, daß am Tag der Unterhauswahl auch über die künftige Regierung entschieden wird. Präsident und Kongreß werden hingegen in getrennten Wahlen legitimiert.
– Die Regierung wird im parlamentarischen System vom Parlament bestellt, und sie kann vom Parlament auch wieder abberufen werden. Das präsidentielle Regierungssystem sieht hingegen kein Abberufungsrecht vor; hier kann der Präsident nicht wegen wechselnder Mehrheiten oder sich verändernder Meinungen gestürzt werden, und eine Ablösung ist nur in einem justizähnlichen Verfahren, dem „impeachment", möglich, wenn dem Präsidenten strafrechtlich relevante Vergehen nachzuweisen sind.
– Der Premier, der im parlamentarischen System der Gefahr der Abberufung durch das Parlament unterliegt, hat umge-

kehrt die Waffen der Parlamentsauflösung und der Ausschreibung von Neuwahlen, wobei in Großbritannien die in Art. 68 GG festgelegten Beschränkungen fehlen. Dem Präsidenten bleibt eine solche Möglichkeit versagt, weil die gewaltenteilenden Elemente im präsidentiellen Regierungssystem stärker greifen und die Möglichkeiten gegenseitiger Einschüchterungsversuche minimieren sollen.

- Während im präsidentiellen Regierungssystem – sieht man von der Person des Vizepräsidenten ab, der Aufgaben sowohl in der Exekutive als auch im Senat wahrzunehmen hat – strikte Inkompatibilität herrscht, ist umgekehrt im idealtypischen parlamentarischen Regierungssystem Großbritanniens ein Amt in der Regierung nur für denjenigen erreichbar, der einen Sitz entweder im Unter- oder im Oberhaus innehat, und die wichtigsten Ämter in der Regierung müssen von Mitgliedern des Unterhauses wahrgenommen werden. Diese Betonung des Zusammengehörens von Regierungsamt und Parlamentsmandat rührt daher, daß das britische Kabinett historisch zu verstehen ist als „Ausschuß der gesetzgebenden Körperschaft, der dazu ausersehen ist, als exekutive Körperschaft zu fungieren".[14]
- Zumindest verfassungsrechtlich weisen beide Systeme der Regierung in der Gesetzgebung unterschiedliche Rollen zu. Während die Regierung im parlamentarischen System das Recht hat, Gesetze im Parlament zu initiieren, und in Großbritannien – wie auch in der Bundesrepublik – ein Vetorecht gegen ausgabenwirksame Gesetze des Parlaments besitzt, kommt der Regierung im präsidentiellen System theoretisch kein Gesetzesinitiativrecht, was in der Praxis allerdings dauernd umgangen wird, sondern nur ein – allerdings überstimmbares – Vetorecht gegen Gesetzesbeschlüsse des Parlaments zu.

Nicht nur aus deutscher Sicht hat die britische Regierung einen recht beträchtlichen Umfang. Man verstand – wie erwähnt – die Regierung als den Exekutivausschuß des Parlaments, nur Mitglieder des Parlaments selbst konnten die Führung und Kontrolle der Bürokratie übernehmen.[15] Dies war mit einer

Person an der Spitze nicht zu schaffen, weshalb meist eine hierarchisch gegliederte Parlamentariergruppe an der Spitze eines Ministeriums steht. Früher hatte man auf höchster Ebene unterschieden zwischen den Mitgliedern des „inner cabinet" – ein normalerweise informeller Kreis der engsten Berater des Premiers –, den Kabinettministern, den „non-cabinet ministers" – Ministern, die zwar an der Spitze eines Ministeriums (Behörde) standen, aber keinen Sitz im Kabinett hatten – und den diversen junior ministers, die innerhalb eines Ministeriums dem höherrangigen Minister unterstellt sind.[16] Die Unterscheidung zwischen Kabinettsministern und den „non-cabinet ministers" ist inzwischen allerdings obsolet geworden: Seit den frühen 80er Jahren sind die Spitzen der bedeutenden Ministerien jeweils auch mit einem Sitz im Kabinett bedacht worden, weshalb derzeit meist nur noch zwischen full und junior ministers unterschieden wird.[17] Auf der Ebene der junior ministers, herrschte – nicht nur für den Ausländer – früher eine babylonische Sprachverwirrung,[18] die inzwischen deutlich gemildert ist: Unter den Ressortchefs fungieren die „ministers of the State", auf der folgenden Stufe gibt es dann „ministers", deren Kompetenzbereich entweder durch Klammern oder ähnliches eingeschränkt wird. Am klarsten wird die jeweilige offizielle Position aber nicht durch die Titel, sondern durch die Höhe des Gehalts: Der Premier und seine Kabinettsmitglieder erhalten jährlich 100000 bzw. 60000, die „ministers of state" etwas mehr als 31000 und die unterste Stufe der Minister 23600 £. Den Unterhausmitgliedern in der Regierung verbleiben zusätzlich ihre Diäten in Höhe von knapp 44000 £.[19]

Die Zahl der Kabinettsmitglieder blieb seit geraumer Zeit unverändert – das Kabinett Blair liegt mit 22 Mitgliedern genau im Schnitt. Die Anzahl der bezahlten Posten in der Regierung insgesamt hat sich gegenüber der Jahrhundertwende ungefähr verdoppelt und liegt derzeit bei ca. 100.[20] Diese enorme Vergrößerung ist in erster Linie durch die Ausweitung der Staatsaufgaben und teilweise auch durch Zusammenlegungen von Ministerien bedingt.[21] Das englische Modell hat den Vorteil, daß die politischen Spitzen der Ministerien durch eine relativ geschlossene Gruppe von durchschnittlich fünf Mitgliedern der Mehrheitsfraktion gebildet werden. Dem steht der Nachteil gegenüber, daß der Mehrheitsfraktion gewichtige Politiker entzogen werden und somit das interne Kontrollpotential der Regierung geschwächt wird.[22] Darüber hinaus wird die Regierung gegenüber der eigenen Fraktion durch die Doktrin der „collective responsibility" gestärkt, die im Normalfall eine einheitliche Vertretung getroffener Entscheidungen durch die gesamte Regierung verlangt. Für ein Regierungsmitglied, das sich diesem Druck nicht beugen will, bleibt im Grunde nur der Rücktritt, will es nicht die Entlassung durch den Premier abwarten. Diese „convention" ist aber relativ flexibel gehandhabt und immer dann außer Kraft gesetzt worden, wenn sie in Anbetracht bestimmter gravierender Probleme nicht durchsetzbar war.[23] Bedingt durch die „collective responsibility" muß auch die gesamte Regierung bei einer Niederlage in einer wichtigen Abstimmung – im wesentlichen sind dies heute von der Regierung selbst festgelegte Vertrauensabstimmungen – zurücktreten. Neben der „collective responsibility" ist die „ministerial responsibility" von Bedeutung: Sie besagt, daß ein Minister für die Politik seines Ministeriums geradezustehen hat und daß gravierende Fehler notfalls seinen Rücktritt bzw. seine Entlassung zur Folge haben.

Die Diskussion, wo genau in der Regierung das Macht- und Entscheidungszentrum liegt, kommt in Großbritannien seit langer Zeit zu keinem Ende. Losgetreten hat diese Diskussion insbesondere der führende Labour-Politiker Richard Crossman. Er vertrat in seiner Einleitung zu Bagehots „English Constitution" die These, daß die Machtbeziehungen zwischen Unterhaus und Regierung nicht mehr allein mit der üblichen Unterscheidung zwischen dem „parliamentary government" für die Zeit des „golden age of the private M.P."[24] bis ca. 1867 und dem sich anschließenden „cabinet government" umschrieben werden können. Der Begriff des „cabinet government", der die Machtüberlegenheit der Regierung insgesamt gegenüber dem Parlament zum Ausdruck bringt, lasse sich auf das politische System Nachkriegsgroßbritanniens nicht mehr anwenden, da er die extremen Machtverschiebungen innerhalb der Regierung nicht erfasse. Crossman spricht, um die Macht des jeweiligen Premiers herauszuheben, deshalb vom „prime ministerial government". Er war zwar nicht der erste, der auf diese Entwicklung hinwies[25], er war aber der entschiedenste Verfechter dieser These, die weniger rigoros auch von John P. Mackintosh[26] und anderen[27] vertreten wurde. Die wichtigen Entscheidungen würden einzig vom Premier getroffen, das Kabinett hingegen „in obedience to the law that Bagehot discovered, joins the other dignified elements of the Constitution".[28]

In dieser Auseinandersetzung zwischen den Anhängern und Gegnern der „prime ministerial government"-These wurde so gut wie jede Kompetenz des Premiers unterschiedlich bewertet.[29] So wird die Freiheit des Premiers bei der Auswahl des Regierungspersonals von der einen Seite als Beleg für seine Stärke betrachtet, während die Gegner der „prime ministerial government"-These betonen, daß der Premier bei dieser Rekrutierung eben nicht gänzlich frei sei, sondern die verschiedenen Strömungen innerhalb seiner Partei zu berücksichtigen habe und auf die Mitarbeit verdienter und herausragender Persönlichkeiten nicht ohne Schaden für seine eigene Position verzichten könne. Außerdem werde die Patronagemöglichkeit des Premiers erheblich überschätzt, da die politischen Fähigkeiten der Abgeordneten wichtiger seien als ihre Nähe zum Premier. Hinsichtlich der Möglichkeit der Ministerentlassung stellt das „Massaker" Macmillans im Jahre 1962 den Hauptstreitpunkt dar. Das Faktum, daß ein Premierminister auf einen Schlag ein Drittel seiner Kabinettsmitglieder entlassen und auf insgesamt 24 Regierungsposten Veränderungen vornehmen kann, wird von den Anhängern des „prime ministerial government" gerne als Zeichen seiner besonderen Stärke interpretiert. Das gegnerische Lager betrachtet die Entscheidung Macmillans als Beleg seiner Schwäche und interpretiert sie als eine Vorstufe zu seinem eigenen Rücktritt im darauffolgenden Jahr, da er sich eine Menge Feinde gemacht und seinen eigenen Machtverfall eingeleitet habe. Dem Hinweis, daß der Premier über die Tagesordnung im Kabinett entscheide, wird mit dem

Argument begegnet, daß es ihm nicht gelinge, ihm unangenehme Themen für längere Zeit von den Kabinettsberatungen fernzuhalten. Bei den Sachentscheiden stellt man der Betonung der Ungebundenheit des Premiers den Hinweis entgegen, daß ein „Premier der einsamen Entscheidungen", der weder seine Ministerkollegen noch seine Fraktion kontaktiert, bald erhebliche Schwierigkeiten bekommt. Das Auflösungsrecht des Premiers wird von den Anhängern des „prime ministerial government" als Disziplinierungsmittel gegenüber der Mehrheitsfraktion betrachtet, die Gegner hingegen betonen, der Premier gefährde seine eigene Position mit einer solchen Aktion weit mehr als diejenige der meisten Mitglieder seiner Fraktion, die in sicheren Wahlkreisen kaum Probleme mit ihrer Wiederwahl hätten. Während man einerseits dem Kabinett bestenfalls noch geringe Bedeutung zumißt, vertritt man andererseits die Ansicht, daß die Entscheidungen zwar meist bereits in den Kabinettsausschüssen gefallen sind, bevor sie im Kabinett diskutiert werden, daß dies aber keinen Machtzuwachs des Premiers bedeute. Der ehemalige britische Außenminister Patrick Gordon Walker, der die Kabinettsausschüsse als partial cabinets bezeichnet hat, hält z. B. fest: „Partial cabinets, but not Prime Ministerial Government, have become an accepted and established part of the Cabinet system."[30]

Die Befürworter der „prime ministerial government"-These waren in den 60er und 70er Jahren nicht nur in der Minderheit, sie argumentierten auch weniger einsichtig als ihre Gegner. Vor allem Richard Crossman, „the would-be Bagehot of the twentieth century",[31] tat seiner Position mit der Veröffentlichung seiner Kabinettstagebücher keinen Gefallen, weil er hier häufig Beobachtungen festhielt, die seine eigenen Thesen widerlegten, aber daraus keine Konsequenzen zog.[32]

Man könnte nun behaupten, Frau Thatcher z. B. stelle einen exzellenten Beleg für die These vom „prime ministerial government" dar. Aber zum einen kam nach Frau Thatcher John Major, und dieser hat eher Gegenargumente geliefert. Zum anderen haben die Gegner der Crossmanschen Thesen nie behauptet, daß ein starker Premier im Großbritannien der Nachkriegszeit nicht möglich sei. Sie haben einer herausragenden Persönlichkeit durchaus eine gewichtige Machtposition zugebilligt, während Crossman und seine Mitstreiter das personale Element ausklammern und nur auf strukturelle Faktoren setzen. Ein starker Premier – auch Tony Blair läßt sich in diese Katagorie einordnen – ist mit der Position der Gegner des „prime ministerial government" durchaus vereinbar, ein schwacher Premier hingegen widerspricht den Thesen Crossmans und seiner Anhänger.

Auch wenn vor Übertreibungen gewarnt werden muß,[33] so ist doch nicht zu bestreiten, daß der britische Premier einerseits im internationalen europäischen Vergleich eine mächtige Position innehat[34] und daß er andererseits zusammen mit seiner Regierung heute gegenüber dem Parlament eine deutlich stärkere Stellung einnimmt als im letzten Jahrhundert. Durch den Übergang vom liberalen Nachtwächterstaat zum modernen Sozialstaat, zum état actif (Bertrand de Jouvenel), der eine immense Ausweitung der Staatsaufgaben und damit auch der Bürokratie brachte, wurde die Regierung beträchtlich gestärkt. In einem parlamentarischen Regierungssystem erweist sich der Aufbau einer parlamentseigenen Bürokratie als Gegengewicht zum personellen Übergewicht der Regierung, das durch diese Entwicklung der Staatsaufgaben bedingt ist, jedoch als schwierig: Teilweise besteht – wegen der eigenen direkten Zugriffsmöglichkeiten auf die Bürokratie – bei der Regierungsmehrheit kein Interesse, teilweise herrscht Ablehnung, weil sie in erster Linie der Opposition zugute käme. Durch die zunehmende „Internationalisierung der Politik" (Wilhelm Hennis) und durch die gewachsene Bedeutung der Planung entstehen der Regierung weitere Startvorteile, da sie in diesen Bereichen die Initiative innehat und die Mehrheitsfraktion – wenn sie nicht bereits vorher in die Verhandlungen bzw. in die Planung eingreift – vor der Frage steht, ob sie die Entscheidung der Regierung befürworten oder ablehnen soll. Und dies stellt im parlamentarischen Regierungssystem eine Scheinalternative dar, da der Mehrheitsfraktion im Normalfall nur die Zustimmung zur Position der eigenen Regierung bleibt.

Der im Vergleich mit dem Kontinent relativ spät entstandene Civil Service – die zentrale britische Bürokratie – steht im Ruf, jede Regierungspartei mit gleicher Loyalität zu unterstützen. Das Neutralitätsgebot des Civil Service, der als Ergebnis des Northcote-Trevelyan-Reports von 1854 nicht durch Juristen beherrscht ist und in dem man auf die allgemeine Qualität der Ausbildung und die analytischen Fähigkeiten der Bewerber großen Wert legt,[35] bezieht sich nur auf die Öffentlichkeit, nicht auf die internen Aktivitäten. In der Folge der erheblichen Veränderungen, denen der Civil Service seit Beginn der Ära Thatcher ausgesetzt war, ist heute die These vom neutralen britischen Civil Service deutlich stärker in Frage gestellt als früher.[36] Thatcher beauftragte den Marks-and-Spencer-Manager Derek Rayner mit der Suche nach Einsparungsmöglichkeiten und Effizienzsteigerungen im Civil Service. Zwar wurde der Civil Service unter der Ägide von Thatcher um ca. 20% reduziert, und es wurden vermehrt Managementerfahrungen in die Bürokratie eingebracht, aber die eigentliche „Revolution" begann erst gegen Ende ihrer Amtszeit mit dem Bericht „Next Steps" des Rayner-Nachfolgers Robin Ibbs, der unter John Major durch die Programme „Citizen's Charter" und „Competing for Quality: Buying Better Public Services" ergänzt und erweitert wurde. Am Ende dieser Entwicklung[37] soll ein „Skelett"-Modell stehen: bisher von den Ministerien wahrgenommene Aufgaben werden, soweit wie möglich, teilweise an untergeordnete Behörden verlagert, teilweise privatisiert. Den Ministerien bleibt nur noch ein kleiner Teil der Beamten, die im wesentlichen mit der Beratung des Ministers, der Vorbereitung der politischen Entscheidungen und mit der Kontrolle der untergeordneten Behörden befaßt sind. Verstärkter Wettbewerb soll in diesem Modell sowohl die Karrieren in den Ministerien als auch die Vergabe der bisher öffentlichen Aufgaben an private Unternehmen bestimmen.[38] Diese Reform, die unter John Major erhebliche Fortschritte machte, ist allerdings bei Labour nicht auf allzu große Zustimmung gestoßen. Versprochen sind u.a. die Überprüfung der bisherigen Erfahrungen, mehr Transparenz und die Verhinderung von Ämterpatronage.[39] Im letzteren Bereich könnte es zu erheblichen Schwierigkeiten kommen: Vorerst jedenfalls bestimmen Übernahmen von Labour-Beratern in den Civil Service, nicht Grundsatzfragen die Auseinandersetzungen.[40]

2. Die Monarchie

Kommt man auf die Bagehotsche Kategorisierung der britischen Institutionen zurück, so könnte man die Monarchie auch als den „most dignified part of the constitution" bezeichnen. Die früheren Prärogativen des Staatsoberhauptes sind im Laufe der Zeit sämtlich beseitigt worden.[41] Von der Ernennung von Ministern über die Verlesung der Thronrede bis hin zur Parlamentsauflösung, der Monarch handelt jeweils nach dem Willen des gewählten Premiers. Er ist gleichzeitig Oberhaupt der Anglikanischen Staatskirche und des Commonwealth – beides nicht allzu gewichtige Ämter mit stetig abnehmender Bedeutung. Nur hinsichtlich der Ermessensspielräume, die ihm bei der Ernennung eines Regierungschefs im Falle einer Parlamentswahl mit unklarem Ausgang bzw. in einer Situation, in der ein amtierender Premier die Parlamentsauflösung verlangt, obwohl ein anderer führender Politiker eine Mehrheit hinter sich hat, zukommen, wird noch ein wenig spekuliert.[42] Aber diese Problemfälle lassen sich ohne größere Konflikte lösen, wenn der Monarch auf ein klares Zeichen der Unterhausmehrheit wartet.

„Um es kurz zu sagen, in einer konstitutionellen Monarchie wie der unserigen besitzt der Souverän drei Rechte – das Recht konsultiert zu werden, das Recht zu ermutigen und das Recht zu warnen."[43] Diese immer wieder zitierten Worte Bagehots treffen heute nur noch in dem Sinne zu, daß der Monarch, neben dem unbestrittenen Recht, vom Premier über die laufende Politik informiert zu werden, ihn bei den regelmäßigen nichtöffentlichen Konsultationen warnen bzw. ermutigen kann. Öffentliche Denkanstöße in der Art der erwähnten „Berliner Rede" von Bundespräsident Herzog kann sich der britische

Monarch nicht leisten. Bereits mit ihrer Möglichkeit zu warnen scheint die Queen vor allem Margaret Thatcher in den wöchentlichen Gesprächen nicht immer erfreut zu haben.[44]

Zwar spielt der Monarch im politischen Kräftespiel Großbritanniens keine Rolle, aber nur durch parteipolitische Neutralität kann er seine Funktion als Repräsentant der Einheit des Königreiches auch erfolgreich ausfüllen. „Der Nutzen der Königin in ihrer Eigenschaft als ehrwürdige Institution ist nicht abzuschätzen“[45] – diese auf Queen Victoria gemünzte Äußerung zeigt, daß der Monarch insbesondere für die politische Kultur des Landes von Bedeutung ist.[46] Diese Feststellung dürfte heute aber nur für die Queen gelten, obwohl auch sie im Zusammenhang mit dem Tode von Prinzessin Diana recht spät auf die Wünsche der Öffentlichkeit einging. In der jüngeren Vergangenheit war jedenfalls weniger die Queen als die restliche Royal Family dafür verantwortlich, daß die Akzeptanz der Monarchie seit den 70er Jahren deutlich gefallen ist.[47]

Man wird das Schicksal der Monarchie abwarten müssen.[48] Sie hat zwar schon mehrere kritische Situationen überstanden, aber der seit längerer Zeit unstillbare Drang von Teilen der Royal Family, durch fortwährende Eskapaden die Schlagzeilen der britischen und ausländischen Boulevardpresse zu beherrschen, könnte doch die bisherige Unterstützung der Monarchie in der Bevölkerung auf ein Niveau absenken, das das Ende dieser Institution bedeuten würde. Möglicherweise führt der Schock über den Tod von Prinzessin Diana aber auch zum Umdenken bei den Royals, wobei allerdings erhebliche Startschwierigkeiten deutlich wurden: „Buckingham Palace, having eschewed her in life, is reclaiming her posthumously, but is unwilling to grasp what is going on.“[49] Sollten aber die britischen Royals die derzeitige Krise nicht überstehen, war es Selbstabschaffung, nicht Abschaffung einer Monarchie. „Wer braucht trotzkistische Revolutionäre, wo doch die Royals selbst so effektiv dabei sind, die Monarchie zu demontieren.“[50]

3. Das Unterhaus

Am Ende der 60er Jahre war das Unterhaus ein Beleg dafür, wie unterschiedlich Institutionen beurteilt werden können. In der Bundesrepublik galt es häufig als nachahmenswertes Modell.[51] In Großbritannien hingegen setzte sich langsam die Erkenntnis durch, daß bei der „Mutter der Parlamente" ein erheblicher Reformbedarf bestand.[52] Die abweichende Bewertung war jedoch verständlich, da über die richtige Gewichtung der Aufgaben eines modernen Parlaments keine Einigkeit herrscht. Winfried Steffani unterschied damals zwischen einem Rede-, einem Arbeitsparlament sowie einem Typus, der zwischen diesen beiden Polen steht.[53] Ein am britischen Unterhaus orientiertes Redeparlament zeichnet sich nach Steffani durch eine Betonung der Plenardebatten aus: sie stellen das „Forum der Nation" dar, in dem Regierungsmehrheit und Opposition ihre politischen Positionen gegenüber der Öffentlichkeit rechtfertigen. Nicht der Experte, sondern der Redner ist in diesem Parlamentstyp, in dem die Ausschußarbeit ohne größere Bedeutung bleibt, gefragt. In einem Arbeitsparlament nach Vorbild des amerikanischen Kongresses steht hingegen nicht das Plenum – eine geschlossene Konfrontation der Parteien stellt hier die seltene Ausnahme dar –, sondern die Arbeit in den Ausschüssen im Mittelpunkt. Hier dominiert nicht der Redner, sondern der kenntnisreiche Experte, dessen Einfluß vor allem von seiner Position im Ausschußsystem abhängt und der hier mit seinem Detailwissen die anstehenden Entscheidungen beeinflußt sowie für eine genaue Kontrolle der Regierung sorgt.

Der Bundestag als „arbeitendes Redeparlament" konnte damals also zur Verbesserung seiner Öffentlichkeitsarbeit beim britischen Unterhaus auf einige Reformimpulse hoffen, während man hier vor allem von der Sorge geplagt war, „that the House of Commons is in great danger of becoming the administration's Pekinese, able maybe to snarl and snap a bit after the event but never possessed by the current knowledge which is so essential if we were to have any chance of performing the function of a watchdog."[54]

Das öffentliche Erscheinungsbild des Unterhauses bringt allein schon durch seine dem Zweiparteiensystem angemessene Sitzordnung, die die Regierung und die Hinterbänkler der Regierungsmehrheit auf der einen Seite dem Schattenkabinett und den Oppositionshinterbänklern auf der anderen gegenüberstellt, Klarheit. Dieses Gegenüber erleichtert eine kontroverse Debatte, wobei die Auseinandersetzungen zwischen Regierungsmehrheit und Opposition in der Öffentlichkeit des Plenums normalerweise wesentlich konfrontativer verlaufen als in den Ausschüssen. Diese Debatten stehen unter der Leitung des „Speaker" oder eines seiner drei Stellvertreter. Der „Speaker" – seit 1992 hat mit Betty Boothroyd zum ersten Mal eine Frau dieses Amt inne, 1992 wurde erstmals auch eine Oppositionsabgeordnete in dieses Amt gewählt – ist stärker als der Präsident des Deutschen Bundestages zur parteipolitischen Neutralität verpflichtet, was u.a. dadurch unterstrichen wird, daß er bei den Unterhauswahlen keinen Gegenkandidaten von der anderen großen Partei erhält. Hinsichtlich der Debattenleitung hat der „Speaker" eine relativ starke Stellung inne.

Im Gegensatz zu den Anfängen der Bundesrepublik, wo man teilweise nicht Opposition „war", sondern Opposition „verbüßte" und nur langsam Bereitschaft zeigte, diese Institution als integralen Bestandteil eines parlamentarischen Regierungssystems zu akzeptieren, erfreut sich die Opposition in Großbritannien seit langem einer positiven Bewertung, u.a. weil sie als Erfindung der britischen Verfassungsgeschichte gelten kann. Bereits 1742 formuliert Lord Bolingbroke in seinem „Spirit of Patriotism" einen durchaus modernen Oppositionsbegriff.[55] Der damalige Premier Walpole provozierte mit seinem „spoils system" ein Gegeneinander von „ins" und „outs", und ab 1735 sammelten sich die „outs" auf der Bank gegenüber der Treasury. „Diese Sitzordnung kann als erste Institutionalisierung der Opposition angesehen werden"[56], obwohl die „ins" und „outs" sich erst in der zweiten Hälfte des 19. Jahrhunderts zu konsistenten Gruppen entwickelten. Bereits vorher, nämlich

1826, fiel im Unterhaus die noch heute gebräuchliche Formel „His“ bzw. „Her Majesty's opposition“,[57] die den offiziellen Charakter der Opposition in Großbritannien andeutet. An dem gewichtigen Beitrag Großbritanniens für die Anerkennung und Institutionalisierung der Opposition ändert es nur wenig, daß man mit dem Ministers of the Crown Act von 1937 nicht – wie häufig behauptet – als erstes Land den „Leader of the Opposition“ institutionalisiert und ihm ein Gehalt eingeräumt hat – mit Kanada im Jahre 1905 und Australien im Jahre 1920 waren zwei Commonwealth-Länder schneller.[58]

Der Oppositionsführer bildet – bei der Labour Party ist er hier größeren Restriktionen ausgesetzt als bei den Konservativen – ein Schattenkabinett, das die Kontrolle und Kritik der einzelnen Ministerien der Verantwortung bestimmter Personen bzw. Personengruppen zuweist.[59] Seit Robert A. Dahls Unterscheidung von kompetitiver und kooperativer Opposition[60] und seit der Bezeichnung der britischen Opposition als einer „Opposition with a Capital ‚O‘“[61] wird sie gerne dem Typ der kompetitiven Opposition zugeordnet, die – in Übereinstimmung mit der „adversary politics“-These – jede Entscheidung der Regierung ablehnt und ihr eine Alternative entgegensetzt. Eine solche Einschätzung bringt jedoch erhebliche Probleme mit sich, da die Zuordnung zu einem der beiden Typen nicht selten einen deutlich subjektiven Anstrich trägt, da die Typen der kompetitiven und kooperativen Opposition für den internationalen Vergleich einer stärkeren empirischen Absicherung bedürften und da die britische Opposition im internen Willensbildungsprozeß des Unterhauses häufig deutlich kooperativer auftritt, als dies nach außen hin scheinen mag.[62] Daß jüngst erst wieder die britische Opposition im Vergleich mit der bundesdeutschen als kooperativer eingestuft wurde,[63] unterstreicht diese Bedenken.

Auch wenn die institutionalisierten Mitwirkungsrechte der Opposition in Großbritannien – im Vergleich z.B. zur Bundesrepublik – gering sind,[64] wird man ihre Einflußmöglichkeiten nicht unterschätzen dürfen. Sie kann an derzeit 20 sog. „opposition days“ im Jahr die Agenda im Plenum bestimmen, sie hat ausreichend Möglichkeit, ihre Positionen im Anschluß an die „Queen's Speech" im Gesetzgebungsprozeß, im Zusammenhang mit der „delegated legislation" oder durch den Gebrauch der verschiedenen Kontrollinstrumentarien von der Fragestunde bis zum Mißtrauensantrag zur Geltung zu bringen.[65] Daß die Opposition definitionsgemäß über keine Mehrheit verfügt, ist in diesem Zusammenhang von untergeordneter Bedeutung: Ihr eigentlicher Ansprechpartner ist nicht die Regierungsmehrheit, sondern die Wählerschaft, ihr eigentliches Ziel nicht die Veränderung von Regierungsentscheidungen, sondern der Gewinn der nächsten Wahl.

Wenn Dolf Sternberger von „intimen" Beziehungen zwischen Mehrheitsfraktion und Regierung spricht,[66] so wird man diese Formel für das britische System gelten lassen können; man wird aber auch betonen müssen, daß bei diesen Beziehungen seit den frühen 70er Jahren interne Kräche häufiger geworden sind. Die Bereitschaft, die Fraktionssolidarität aufzukündigen, wuchs in dieser Zeit bei den Mitgliedern der beiden großen Fraktionen im Unterhaus beträchtlich.[67] Gestiegene Professionalität der Abgeordneten, Unzufriedenheit mit den jeweiligen Regierungen und das Abbröckeln der Wirkung bestimmter „conventions" waren die wichtigsten Ursachen für dieses veränderte Selbstverständnis. Hinzu kam eine deutliche materielle Besserstellung – die Diäten stiegen von 4500 Pfund im Jahr 1972 auf knapp das Zehnfache heute, die Mittel für die Anstellung von Mitarbeitern von 500 Pfund 1969 auf über 40000 Pfund im Jahr 1993 – und die Bereitstellung von Abgeordnetenbüros. Es muß aber trotz dieser Emanzipationsversuche daran erinnert werden, daß die Struktur der britischen Regierung das Kontrollpotential der Mehrheitsfraktion erheblich schwächt und daß darüber hinaus die Spitze der Mehrheitsfraktion – der „Leader of the House" und die Einpeitscher (whips) – der Regierung angehören. Dies bedeutet jedoch nicht, daß die Hinterbänkler der Mehrheitsfraktion in totaler Abhängigkeit von der Regierung stünden.

In Deutschland scheint man allerdings etwas zu weitgehende Schlüsse aus der gestiegenen Macht des Unterhauses bzw. der

Mehrheitsfraktion zu ziehen. Aus Anlaß der Querelen um die Ratifizierung des Maastricht-Vertrages im britischen Unterhaus berichtete der SPIEGEL: „Im feudalen Londoner Carlton Club tafelten Tory-Abgeordnete; die Rechten feierten den 70. Geburtstag des mächtigen ‚1922–Committee'. Nach schottischem Lachs ließ Ausschußboß Sir Marcus Fox – genannt der ‚Würger' – das Hauptgericht auffahren: Britenpremier John Major."[68] Und: „Daß sich nun auch das ‚1922–Committee' den Premier vorknöpfte, signalisierte höchste Alarmstufe. ... Die 1922er kippten die Tory-Premiers Heath (1974) und Margaret Thatcher (1990); die Liste der von dem Feudalklub verjagten Kabinettsmitglieder ... ist fast so lang wie eine Thronrede der Queen."[69] Nach dieser mehr als übertriebenen Schilderung des SPIEGEL könnte man meinen, man bewege sich in Großbritannien wieder in die Richtung des „parliamentary government" des 19. Jahrhunderts. Der Weg dorthin ist allerdings noch weit: Im Falle Major dauerte es z.B. noch knapp fünf Jahre, bis das „Hauptgericht" wirklich serviert wurde, jedoch nicht dem 1922-Komitee – dem Zusammenschluß der konservativen Hinterbänkler –, sondern dem Wähler. Die Beziehungen zwischen Mehrheitsfraktion und Regierung sind deshalb so schwer abzuschätzen, weil man nach außen möglichst Einheit demonstriert. Margaret Thatcher verdankte einen Teil ihrer Machtposition ihrer Fähigkeit, die Wünsche ihrer Hinterbänkler schon in die Vorphase der Entscheidungen einzubeziehen. Aufstände finden statt, aber sie werden nur dann an die Öffentlichkeit getragen, wenn es sich nicht vermeiden läßt: „Indeed the best backbench coups with ministers are like the perfect murder: nobody is aware of what has been done, not even the victim."[70]

Ein Reformbedarf bestand bei den Öffentlichkeitsfunktionen des Unterhauses offensichtlich nur in geringem Maße, und hier beschränkte man sich auf eher marginale Änderungen – sieht man einmal von der Zulassung des Fernsehens in beiden Häusern des Parlaments ab. Die Abgeordneten des Unterhauses waren allerdings zunächst nicht sonderlich daran interessiert, den Neuerungen des Medienzeitalters Rechnung zu tragen. Es bedurfte nach 1965 diverser Anläufe, bis man schließlich nach der Vorreiterrolle des House of Lords[71] als eines der letzten Parlamente westlicher Demokratien im Jahre 1988 vorläufig und im Jahre 1990 endgültig eine Übertragung der Plenar- und Ausschußdebatten durch das Fernsehen zuließ.[72] Die beachtliche Debattendauer des Unterhauses beträgt ca. 1600 Stunden jährlich – der Bundestag kommt neuerdings gerade auf etwas mehr als ein Viertel dieser Zeit.[73] Ergänzt werden die ausgedehnten Plenardebatten durch die öffentlichen Sitzungen der Ausschüsse und die intensive Wahlkreispflege der Abgeordneten – Klagen gegen diese nach außen gerichtete Willensbildungsfunktion des Unterhauses sind nicht leicht zu begründen.

Jedes Parlament steht darüber hinaus vor der Forderung, ein Spiegelbild der sozialen Zusammensetzung der Bevölkerung abzugeben, und keinem Parlament gelingt es, dieser Repräsentations- oder Artikulationsfunktion auch nur in Ansätzen gerecht zu werden. Im amerikanischen Kongreß z.B. sind die Juristen und die Geschäftsleute, im Deutschen Bundestag z.B. die Beamten überrepräsentiert. Die Frauen hingegen sind in keinem Parlament – am besten noch in den skandinavischen – gemäß ihrem Bevölkerungsanteil vertreten: In der Unterhauswahl von 1997 konnten sie ihren Anteil verdoppeln und stellen nun 120 der 659 Abgeordneten. Unterrepräsentiert sind im Unterhaus z.B. auch die Arbeiter – insbesondere bei den Konservativen, aber auch bei Labour. Umgekehrt haben Hochschulabsolventen deutlich größere Chancen, gewählt zu werden.[74] Einer ständischen Vorstellung der Interessenrepräsentation stehen heute vor allem die Parteien und Fraktionen als Hindernisse entgegen. In erster Linie werden Parteien gewählt und nicht einzelne Kandidaten als Vertreter bestimmter Standesinteressen, und die Rückkoppelung der Entscheidungsträger an die Meinung der Bevölkerung erfolgt über die Pflege ihrer Wahlkreise, die in Großbritannien relativ intensiv ist,[75] sowie durch demoskopische Umfragen, durch die Medien und seit 1967 auch durch den Parliamentary Commissioner for the Administration. Dieser englische Ombudsmann, der inzwischen durch weitere Commissioners in speziellen Bereichen unterstützt wird, hat Beschwerden aus der Bevölkerung über Verwaltungsakte nachzugehen.[76]

Das eigentliche Problem des Unterhauses waren nicht seine Öffentlichkeitsfunktionen, es war am Ende der 60er Jahre die Frage, ob die Unterhausabgeordneten – insbesondere im Bereich der parlamentarischen Kontrolle – die Tiefe des Sumpfes der Ineffektivität zu erkennen vermochten, in den sie geraten waren,[77] und ob sie in der Lage waren, hier für Abhilfe zu sorgen. Die Mitglieder des Unterhauses begannen ihre Fixiertheit auf das Plenum, in dem man alle mehr oder weniger wichtigen Angelegenheiten glaubte behandeln zu müssen,[78] und ihre Phobie gegen ein effektives Ausschußsystem in dieser Zeit zu überdenken. Ende der 60er Jahre wurde dann unter Richard Crossman, dem damaligen „Leader of the House", ein erster Versuch gemacht, durch eine Reform des Ausschußsystems die „Allround-Experten" des britischen Unterhauses darauf hinzuweisen, daß Regierungskontrolle ohne Spezialisierung und Detailinformationen im modernen Leistungsstaat leerläuft. Zunächst wurden mit dem „Select Committee on Agriculture" und dem „Select Committee on Science and Technology" nur zwei ressortbezogene Kontrollausschüsse getestet, und in beiden Fällen war überdeutlich, daß das Unterhaus auch bei Reformvorhaben in hohem Maße vom Wohlwollen der Regierung abhängig war. Aber die endgültige Etablierung dieses neuen Ausschußsystems am Beginn der ersten Regierung Thatcher – insgesamt 14 ressortbezogene Ausschüsse mit 11 bis 13 Mitgliedern wurden damals eingesetzt – machte auch deutlich, daß die Unterhausabgeordneten sich an das neue Ausschußsystem gewöhnt hatten und daß eine Stornierung dieser Neuerung zu erheblichen Auseinandersetzungen geführt hätte.[79] Seitdem wurden diese „Departmental Select Committees" nach jeder Wahl mit leicht veränderten Schwerpunkten neu eingesetzt, auch wurde ihre Anzahl geringfügig – nach der Wahl von 1997 waren es insgesamt 17 Ausschüsse – erhöht.[80] Die Abgeordneten hatten die Sicht ihrer eigenen Aufgaben in kurzer Zeit erheblich geändert. Die Kontrolltätigkeit des Unterhauses erschöpft sich zwar nicht in der Arbeit dieser Ausschüsse, die anderen Kontrollinstrumente[81] – am bekanntesten ist die Fragestunde – erfreuen sich jedoch keiner sonderlich großen Beliebtheit und waren umgekehrt wegen ihrer Ineffektivität für den Aufbau des Systems der neuen Ausschüsse im Unterhaus mitverantwortlich.[82]

Die von F.A. Bentley aufgeworfene Frage, „whether the legislature (is) Moses the law-giver or Moses the registration clerk“,[83] ist für das englische Unterhaus häufig im Sinne der letzten Alternative beantwortet worden. Bei solchen Urteilen ist allerdings Vorsicht geboten. Betrachtet man zunächst einmal die formalen Aspekte der Gesetzgebung in Großbritannien, so müssen die „public bills“,[84] „die das allgemeine, für jedermann gültige Recht zum Gegenstand“ haben,[85] unterteilt werden in „government bills“ und „Private Members' bills“. Die „Private Members' Bills“ sind Gesetzesentwürfe, die von den einzelnen Mitgliedern des Unterhauses eingebracht werden, für die aber nur eine beschränkte Beratungszeit zur Verfügung steht und die – von Ausnahmen abgesehen – nicht sonderlich gewichtige Problembereiche zum Inhalt haben. Annähernd alle Initiativen zu wichtigen Gesetzen kommen – wie auch in der Bundesrepublik – von der Regierung. Diese „Government Bills“ werden in den Ministerien formuliert,[86] im Kabinett wird formell über ihre Einbringung entschieden, dann gehen sie ans Unterhaus, wo sie folgende Stationen durchlaufen: 1. Lesung, die die formelle Einbringung ohne Debatte beinhaltet; dann folgt die 2. Lesung, die mit einer Grundsatzdebatte und einer Abstimmung verbunden ist; es schließt sich nun die Ausschußphase an. Diese Beratungen finden in seltenen Fällen im „Committee of the Whole House“ – hier fehlt nur der Speaker, alle anderen MPs können an den Beratungen teilnehmen –, meist aber in den „Standing Committees“ statt – das sind die ca. 10 Ausschüsse, die zur detaillierten Beratung von Gesetzen eingesetzt werden, wobei die Mitglieder heute jeweils ad hoc für das spezielle Gesetz benannt werden. Die Ergebnisse der Ausschußberatungen werden dem Plenum berichtet; dieser „Report Stage“, in der ebenso wie in der Ausschußphase Veränderungen der Regierungsvorlagen möglich sind, folgten die 3. Lesung und eine Abstimmung; nun geht die Vorlage an das Oberhaus; Finanzgesetze und Gesetzesvorlagen, zu denen das Oberhaus keine Veränderungen vorschlägt, erhalten anschließend den „Royal Assent". Sollte das Oberhaus Einwände haben, stimmt das Unterhaus nochmals über diese Vorschläge ab, wobei das letzte Wort immer beim Unterhaus liegt.[87]

Der Gesetzgebungsprozeß ist zwar in Großbritannien in hohem Maße exekutivgesteuert, aber deshalb können die Abgeordneten nicht einfach zum „Stimmvieh" oder das Unterhaus zum „rubber stamp" für Regierungsvorlagen erklärt werden.[88] Solche bis in die 60er Jahre durchaus nicht selten anzutreffenden Festlegungen stellten bereits damals keine getreue Wiedergabe der Realität dar. Man kann die Bewertung des Einflusses des Unterhauses auf die Gesetzgebung – mit Einschränkungen – auf die Formel bringen: Je genauer die Recherchen, desto positiver das Bild des Unterhauses. Darüber hinaus: Das veränderte Selbstverständnis der Unterhausabgeordneten hat über die Zeit die Kritiker immer leiser werden lassen. Bereits die Untersuchung von Griffith hat deutlich gemacht, daß das Unterhaus im Gesetzgebungsprozeß nicht so schwach ist, wie gerne behauptet wurde, und daß es nicht weiterhilft, wenn man nur die Anregungen zusammenzählt, die am Widerstand der Regierung gescheitert sind. Entscheidend für den Einfluß des Unterhauses ist zum einen der Einfluß der Mehrheitsfraktion auf die Regierung vor Einbringung der Gesetzesvorlage und zum anderen die Frage, wie viele der im ersten Anlauf abgelehnten Änderungsvorschläge – sei es der Regierungsmehrheit, sei es der Opposition – dann von der Regierung mit eigenen Formulierungen erneut eingebracht und durchgesetzt werden.[89] Die jüngste Studie bestätigt diese Tendenz: In den von Ludger Helms untersuchten Gesetzgebungsprozessen, die alle in die Zeit fallen, in der Margaret Thatcher nicht mehr weit von ihrem Machtgipfel entfernt war, kann von einer bedingungslosen Akzeptanz der Regierungsmeinung durch die Regierungsmehrheit nicht die Rede sein.[90] Und wenn ein Abgeordneter der Mehrheit sich über seine eigene Regierung beklagt und ihr vorwirft, daß sie allzu bereitwillig die Vorschläge der Opposition aufgreife,[91] so ist das erst recht nicht als Argument für einen zu geringen Einfluß des Unterhauses auszulegen.

Um hier die nicht nur nach Bagehot wichtigste Funktion des Unterhauses erst zum Schluß zu erwähnen: Die Entscheidung über die jeweilige Regierung liegt zwar im wesentlichen beim Volk und ist am Tag der Wahl gefallen, die Einsetzung des Vorsitzenden der siegreichen Partei als Regierungschef wird, ohne daß ein entsprechendes formelles Votum des Unterhauses vorliegt, vom Monarchen vollzogen. Und obwohl das Unterhaus in die Wahrnehmung dieser Aufgabe keinerlei Zeit investieren muß, ist sie doch konstitutiv für das Funktionieren des britischen Regierungssystems. Das Kabinett aber, für das das Parlament das gesamte Personal stellt, ist „ein verbindender Ausschuß – ein Bindestrich, der zusammenfügt, eine Klammer, die den gesetzgebenden Teil des Staates an seinem exekutiven Teil befestigt".[92] Ohne die Wahlfunktion des Unterhauses, die die Elitenbildungsfunktion (Max Weber) mit umfaßt, und die mit ihr ebenfalls verknüpfte Möglichkeit des Regierungssturzes wäre diese Klammerfunktion des Kabinetts nicht zu verstehen, das Funktionieren des britischen Regierungssystems nicht zu erklären.

Bereits 1980 zog der Amerikaner J.E. Schwarz das folgende, bis heute gültige Fazit: „No matter how permanent the changes we have witnessed prove to be, it is time to reassess the House of Commons. It is time to reach beyond viewing it as an institution so steeped in tradition that change is next to impossible. The House of Commons in the 1970s showed itself to be a legislature, quite capable of fooling us, in which not only can substantial changes in members' behavior and in internal procedure occur, but indeed may take only a very short span of time to be realized."[93] Das englische Unterhaus hatte seinen Weg weg vom reinen Redeparlament hin zu einem arbeitenden Rede- oder einem Mischparlament nicht nur angetreten, es hatte einen beträchtlichen Teil dieses Marsches mit Erfolg hinter sich gebracht. Über die Zusammenlegung der Gesetzgebungs- und der Kontrollausschüsse wäre sicherlich noch eine Effizienzsteigerung des Unterhauses zu erreichen. Die Gefahr aber, daß auch das Unterhaus zu den „dignified parts“ der Verfassung abrutscht, ist derzeit jedenfalls gebannt.[94]

4. Das Oberhaus

Neben der Monarchie ist das House of Lords die zweite Institution, die ihre frühere Bedeutung in hohem Maße eingebüßt hat. Bis zum Beginn dieses Jahrhunderts fungierte das Oberhaus als annähernd gleichberechtigte zweite Kammer.[95] Das Problem, ob eine nicht gewählte Kammer im Zuge einer steten Demokratisierung Gleichberechtigung mit der vom Volk gewählten Kammer beanspruchen kann, mußte sich stellen. Die entscheidende Krise kam 1910 zum Ausbruch. Das von den Konservativen beherrschte Oberhaus bremste diverse Gesetzesvorhaben der liberalen Mehrheit im Unterhaus ab und hatte sogar den Mut, das Budget abzulehnen. Premierminister Asquith holte sich 1910 in zwei Unterhauswahlen die Rückendeckung der Wählerschaft und erzwang mit der Androhung eines Peersschubs[96] die Zustimmung des Oberhauses zu dessen eigener Entmachtung: Das Veto gegen Finanzgesetze fiel völlig, bei den anderen Gesetzen wurde das absolute Vetorecht in ein aufschiebendes Vetorecht umgewandelt. Wenn das Unterhaus einem Gesetzentwurf in drei aufeinanderfolgenden Sessionen zustimmt, wurde mindestens zwei Jahre nach der ersten Abstimmung eine Zustimmung des Oberhauses nicht mehr benötigt. Mit dem Parliament Act von 1949 wurden diese Zeitspannen auf die heute gültigen Fristen von zwei Sessionen und einem Jahr reduziert.[97]

Der größten zweiten Kammer der westlichen Demokratien gehören derzeit insgesamt 1223 Personen, darunter nur 76 Frauen, an: 762 Mitglieder des Erbadels, 409 Life Peers und je 26 kirchliche Würdenträger und Law Lords. Die kirchlichen Würdenträger sind die beiden Erzbischöfe von Canterbury und York sowie 24 weitere anglikanische Bischöfe. Die derzeit 26 Law Lords, die aus den hochrangigen Juristenkreisen ausgewählt werden, dokumentieren die Funktion des Oberhauses als oberste Berufungsinstanz des Landes.[98]

Die Möglichkeit des Premiers, Life Peers zu ernennen, wurde durch das Gesetz von 1958, das im wesentlichen auf eine Verlebendigung des Oberhauses abzielte, geschaffen. Und diese Life Peers tragen heute auch im wesentlichen die Arbeit des House of Lords, das weiterhin von den Konservativen dominiert wird, wobei man sich allerdings ab und zu auch gegen konservative Regierungen stellt.[99] 1963 wurde mit dem Peerage Act – im Zusammenhang mit der geplanten Übernahme des Premierministeramtes durch Lord Home – den Peers die Möglichkeit eingeräumt, auf ihre Titel zu verzichten.

Bei der Gesetzesberatung leistet das Oberhaus nicht selten gute (Detail-)Arbeit und erzielt auch manchmal Erfolge,[100] aber auch diese Tatsache wird auf die Dauer nicht verhindern können, daß diese für westliche Demokratien anachronistische Institution in Gefahr ist. Nützlichkeit kann die fehlende Legitimation einer Institution heute nur noch schwer ersetzen. Ein Ausschluß des Erbadels ist von der jetzigen Labour-Regierung angekündigt, ob und wann auch die „devolution“ Veränderungen für das Oberhaus bringt, wird man abwarten müssen.

X. Das Gerichtswesen

Die politischen Institutionen, die im vorangegangenen Kapitel behandelt wurden, repräsentieren das Vereinigte Königreich als Einheit und spiegeln somit den unitarischen Charakter des Landes wider. Ganz anders verhält es sich mit der Justiz. Der historische Prozeß der Staatsbildung, in dessen Verlauf zunächst eigenständige Territorien in den von England dominierten Herrschaftsverband einbezogen wurden,[1] hat zur Folge, daß es kein gesamtbritisches Rechtswesen gibt. Das englische und das nordirische Recht besitzen gemeinsame Wurzeln und sind damit auch in ihren aktuellen Ausprägungen nicht allzu verschieden. Beide arbeiten im Rahmen des sogenannten „common law". Dieses zeichnet sich vor allem dadurch aus, daß es einerseits ohne umfassende Kodifikationen, also ohne systematische Gesetzbücher, auskommt und sich andererseits an sogenannten Präzedenzfällen orientiert, also von einzelnen Gerichtsentscheidungen her denkt.[2] Im Unterschied zur englischen „common law"-Tradition baut das schottische Recht, auf das im folgenden nicht eingegangen wird, auf einer völlig anderen Rechtstradition, nämlich der römisch und kontinentaleuropäisch geprägten, auf.[3] Auch die Gerichtssysteme der einzelnen Landesteile unterscheiden sich. Nur in dem einen Fall, wenn eine politische Institution, nämlich das britische Oberhaus, als oberste Berufungsinstanz auch juristische Funktionen übernimmt, sind alle nationalen Gerichtssysteme vereinigt.

1. Der Aufbau der Gerichtsbarkeit in England und Wales

Das englische Gerichtswesen kennt zwei Hauptzweige:[4] die Strafgerichtsbarkeit und die Zivilgerichtsbarkeit.[5] Anders als etwa in der Bundesrepublik Deutschland gibt es weder spezielle Verwaltungsgerichte noch ein Verfassungsgericht. Auf der untersten Ebene der Strafgerichtsbarkeit sind die sogenannten „magistrates' courts" angesiedelt, bei denen ca. 90% aller Strafprozesse verhandelt werden. Diese Gerichte können Gefängnisstrafen bis zur Dauer von sechs Monaten und Geldstrafen bis zur Höhe von 500 Pfund aussprechen.[6] Schwerere Vergehen[7] sowie Berufungen gegen Urteile eines „magistrates' court" werden vor dem „Crown Court" verhandelt. Dies ist ein einheitliches Obergericht, das an mehr als 90 verschiedenen Gerichtsorten (Crown Court Centres) tätig wird, von denen „Old Bailey" für die City of London wohl der berühmteste ist. Ihnen sitzt ein berufsmäßiger Richter vor, der die Funktion hat, die Einhaltung des Verfahrensrechts zu überwachen und im Falle eines Schuldspruchs durch die Geschworenen die Höhe der Strafe zu bestimmen. Die nächsthöhere Instanz ist dann der „Court of Appeal". Auch bei zivilgerichtlichen Streitigkeiten ist der dreistufige Gerichtsaufbau zu beachten. Unterste Instanz sind normalerweise die „county courts", nur für einige familienrechtliche Angelegenheiten sind auch die „magistrates' courts" zuständig. Von den „county courts" aus ist die Berufung zum „High Court (of Justice)" bzw. zur zivilrechtlichen Abteilung des „Court of Appeal" möglich. Als höchstes Revisions- und Berufungsgericht für das gesamte Vereinigte Königreich fungiert in Straf- wie in Zivilsachen das House of Lords.[8] Es befaßt sich aber nur mit solchen Fällen, in denen es um Rechtsfragen von allgemeinem und öffentlichem Interesse geht. Seine Befugnisse in der Rechtsprechung gehen auf das überlieferte Recht zunächst der englischen Könige und schließlich der Beratergremien des Königs zurück, über Beschwerden gegen Gerichtsurteile zu entscheiden.[9] Bereits seit dem 14. Jahrhundert wurde diese Aufgabe nicht mehr vom gesamten Parlament, sondern nur noch vom House of Lords ausgeübt.[10] Während sich zunächst alle Lords, unabhängig von ihrer Vorbildung, an der Rechtsprechung beteiligen konnten, entschied man sich ab Mitte des 19. Jahrhunderts für eine Professionalisierung der Verfahren. Um den juristischen Sachverstand des House of Lords zu stärken, besteht seit dem

„Appellate Jurisdiction Act" von 1876 die Praxis, daß die Queen auf Vorschlag des Premierministers inzwischen maximal zwölf ausgewiesene Juristen[11] zu sogenannten Law Lords (auch als „Lords of Appeal in Ordinary" bezeichnet) ernennen kann. Gemeinsam mit dem Lord Chancellor, also dem Vorsitzenden des House of Lords, fungieren diese besoldeten Berufsrichter als oberste Berufungsinstanz im britischen Rechtswesen. Der ursprüngliche Gedanke, daß diese Aufgabe von den geborenen bzw. ernannten Mitgliedern des Oberhauses ausgeübt wird, kommt darin zum Ausdruck, daß an den Beratungen und Entscheidungen der Law Lords zusätzlich all die Lords teilnehmen können, die Richter an einem obersten Gericht waren oder noch sind.[12] Obwohl die Law Lords dieselben Rechte haben wie die anderen Mitglieder des House of Lords, nehmen sie an dessen politischen Funktionen nur dann teil, wenn diese Fragen der Justiz betreffen.[13]

2. Die Position von Laien und Richtern

Es gehört zu den Besonderheiten des britischen Rechtswesens, daß die Zahl der berufsmäßigen Richter ausgesprochen gering ist.[14] An ihre Stelle treten in England juristische Laien. Besondere Bedeutung hat das Laienelement bei den ca. 450 Strafgerichten der untersten Instanz in mittleren und größeren Städten („magistrates' courts"), an denen insgesamt fast 28000 sogenannte Friedensrichter („justice of the peace", JP, bzw. „magistrate") arbeiten.[15] Den zwei bis drei Friedensrichtern, die in einem „magistrates' court" ohne eine zusätzliche Jury zu Gericht sitzen, ist ein juristisch ausgebildeter „Sekretär" (clerk) zur Seite gestellt, der ihnen bei juristischen Problemen hilft. Obwohl sie für dieses Ehrenamt mindestens zwei Tage im Monat zur Verfügung stehen müssen, erhalten die JPs keine Vergütung, sondern nur eine Aufwandsentschädigung. Dagegen wird in den großen Städten, vor allem aber in London, auf hauptberufliche Richter (sogenannte „stipendiary magistrates") zurückgegriffen, die im Unterschied zur ihren Laienkollegen auch bezahlt werden. Das Vertrauen in ihre juristische Schulung kommt darin zum Ausdruck, daß sie alleine zu Gericht sitzen. Eine weitere Ausprägung des Laienelements sind die zwölfköpfigen Geschworenenjurys, die normalerweise in Kriminalprozessen am Crown Court die Entscheidung über Schuld oder Unschuld des Angeklagten treffen. Da der Zeit- und Kostenaufwand für diese Geschworenenverfahren immens ist, wurden in den letzten Jahren einige Vergehen davon ausgenommen. Grundsätzlich gilt das Recht auf „Trial by Jury" aber seit dem 17. Jahrhundert als Bürgerrecht – mit einer grundlegenden Reform des Systems ist schon deshalb nicht zu rechnen.

Nicht nur die zahlenmäßige Dominanz juristischer Laien ist eine britische Besonderheit. Auch die Rekrutierung der berufsmäßigen Richter unterscheidet sich deutlich von der kontinentaleuropäischen Praxis. In Großbritannien setzt die Tätigkeit als Richter eine langjährige Berufspraxis als Anwalt voraus. Dabei spielt die statusmäßige Aufspaltung des Anwaltsberufs in zwei Kategorien eine wichtige Rolle. Die insgesamt ca. 62000 zugelassenen „solicitors" sind für das juristische Alltagsgeschäft zuständig. Fühlt sich jemand gezwungen, einen Rechtsstreit zu führen, nimmt er oder sie Kontakt mit dem „solicitor" auf, läßt sich von diesem beraten und hat meist ausschließlich mit diesem zu tun. Wird ein Fall vor einem der Gerichte verhandelt, zu denen „solicitors" nicht zugelassen sind, tritt der andere Typ von Anwalt in Erscheinung: die sogenannten „barristers". Diese haben sich auf bestimmte Materien spezialisiert und vertreten die von einem „solicitor" betreuten Klienten vor Gericht, d.h. sie fungieren als Prozeßanwälte. Die Bedeutung des beruflichen Status als „barrister" ist darin zu sehen, daß aus ihrer Gesamtheit von ca. 5500 auch fast alle Richter (mit Ausnahme der Friedensrichter) rekrutiert werden. Auch „barristers" kennen eine berufsinterne Hierarchie. Die meisten von ihnen haben auch dann noch den Status eines „junior barrister" inne, wenn sie schon kurz vor dem Ruhestand stehen. Nur wenigen (ca. 10%) gelingt es, sich erfolgreich um die Einstufung als „Queen's Counsel" (QC) zu bewerben.[16] Derzeit wohl bekanntestes Mitglied dieser Elite, die in Anspielung auf die seidene Beschaffenheit ihrer Anwaltsroben auch als „silk" bezeichnet wird, ist die Ehefrau von Premierminister Tony Blair, Cherie Booth.

Bei den bezahlten Berufsrichtern lassen sich, je nach Gerichtstyp und nach Qualifikation bzw. Berufserfahrung der Amtsinhaber, verschiedene Typen von Richtern unterscheiden.[17] Der Einstieg in das Richteramt an einem höheren Gericht[18] geschieht normalerweise über eine nebenberufliche Tätigkeit als „recorder". Die insgesamt ca. 1200 „recorders" bleiben im Hauptberuf „barristers" und üben, nachdem sie zunächst eine Unterweisung von einem erfahrenen Richter erhalten haben, zwanzig Tage im Jahr ein Richteramt aus. Ihnen werden am „Crown Court" die einfacheren Verfahren (ca. 25%) zugewiesen. Im Grunde handelt es sich bei der auf drei Jahre erfolgenden Ernennung zum „recorder" um eine Art Probezeit. Aus ihrem Kreis werden dann nämlich die eigentlichen Richter, die ungefähr 500 „Circuit judges" rekrutiert, die z.B. beim Crown Court für ca. 70% der Verfahren zuständig sind. Den ranghöchsten Status haben die „High Court judges". Sie entstammen nur selten dem Kreis der „Circuit judges". Normalerweise kommen dafür nur „barrister" in Betracht, die sich als langjährige QCs Erfahrung und hohes Ansehen erworben haben. Sie konzentrieren ihre Arbeit auf die bedeutendsten Anklagen (z.B. Mord, Spionage oder terroristische Akte). Zwar ist es seit 1971 grundsätzlich auch möglich, „solicitors" in das Amt als „Circuit judge" oder „recorder" zu berufen. Richterstellen an höheren Gerichten stehen aber nur einem „barrister" offen.

3. Das Verhältnis von Politik und Justiz

Aufgrund der Besonderheiten der britischen Verfassungsordnung spielte die Justiz im politischen System Großbritanniens bisher eine der Politik eindeutig nachgeordnete Rolle. Amtsträger und öffentliche Bedienstete dürfen zwar auch in Großbritannien nur im Rahmen der gesetzlichen Vorschriften handeln, und britische Gerichte wenden bei der Frage nach der Vereinbarkeit exekutiven Handelns mit den legislativen Grundlagen auch Kriterien wie Gerechtigkeit und Angemessenheit an.[19] Dennoch hindert das Prinzip der Parlamentssouveränität die Gerichte daran, sich dadurch, daß sie ein Gesetz für unzulässig erklären, über den Gesetzgeber bzw. das Parlament zu stellen. Ein richterliches Prüfungsrecht, wie es der US-amerikanische Supreme Court oder das deutsche Bundesverfassungsgericht ausüben, kennt das britische Rechtswesen nicht. Darum beschränkten sich die britischen Gerichte zumindest bisher darauf, in erster Linie die Art und Weise, in der exekutive Entscheidungen vollzogen wurden, zu überprüfen (sog. formelles Prüfungsrecht). Zu deren Inhalt bezogen sie nicht Stellung.[20] Wenn man sich vor Augen führt, zu welchen Kommentaren sich Politiker gerade in der Bundesrepublik Deutschland dann bemüßigt fühlen, wenn ein Urteil des Bundesverfassungsgerichts ihren Intentionen zuwiderläuft,[21] wird offensichtlich, daß das Fehlen einer solcher juristischen Kompetenz nicht nur den Nachteil hat, auf eine wichtige Form der Gewaltenhemmung zu verzichten. Zu den positiven Nebeneffekten gehört, daß dieser Verzicht automatisch konfliktmindernd wirkt. Die Politiker „belohnten" die verfassungsrechtlich vorgegebene Zurückhaltung der britischen Justiz dadurch, daß sie den Entscheidungen der Gerichte Respekt zollten. Damit trugen sie ihren Teil zu der in Großbritannien bestehenden Grenzziehung zwischen Politik und Justiz bei. Dieses distanzierte Verhältnis ist umso bemerkenswerter, als in anderer Hinsicht direkte Berührungspunkte zwischen den verschiedenen Gewalten bestehen. Sie werden an der Person und den Kompetenzen des Lordkanzlers (Lord Chancellor)[22] offensichtlich. Er ist nicht nur ein vom Premierminister berufenes Kabinettsmitglied, also Mitglied der Exekutive,[23] sondern steht zugleich dem Oberhaus vor.[24] Der Lordkanzler hat das Recht, die Queen bei der Ernennung von Richtern zu beraten, de facto liegt das Berufungsrecht also bei ihm. Während er sich bei der Ernennung von Laienrichtern schon aufgrund der großen Zahl auf die Empfehlung örtlicher Komitees verläßt,[25] kann er seit Anfang der 80er Jahre die Berufsrichter anhand einer von seinem Ressort geführten Liste über den Karriereverlauf aller „barristers“ unter 50 Jahren auswählen.[26] Dieses Auswahlverfahren wird in den letzten Jahren zwar vor allem deshalb kritisiert, weil Frauen und Angehörige (ethnischer) Minderheiten darin fast nie eine Chance erhalten. Da die Rekrutierung aber ansonsten nach professionellen Gesichtspunkten erfolgt, steht die Ernennungspraxis zumindest nicht in dem Verdacht, (partei-)politisch mißbraucht zu werden.[27]

Dieses bisher skizzierte Verhältnis von Politik und Justiz in Großbritannien hat sich in den letzten Jahren deutlich gewandelt. Zunächst kam die Justiz dadurch in die öffentliche Diskussion, daß die Gerichtsverfahren immer langwieriger und zugleich teurer wurden. Mit der Frage, ob das britische Rechtswesen überhaupt noch in der Lage sei, den rechtsstaatlichen Anspruch auf richterliches Gehör zu gewähren, entwickelte sich die Justiz selbst zu einem parteipolitisch umstrittenen Thema.[28] Zum anderen hat sich die Distanz zwischen Politik und Justiz dadurch verkürzt, daß die britischen Gerichte seit einiger Zeit eine zunehmend aktive Rolle für sich in Anspruch nehmen. Dieser Wandel wird damit begründet, daß sich die Gerichte in Anbetracht der „Arroganz“,[29] die Minister vor allem der Regierung Major gegenüber Gesetzen und gerichtlichen Entscheidungen an den Tag legten, gezwungen sahen, das Verhalten der Exekutive juristisch zu bewerten. Im Rahmen des damit verbundenen „judicial activism“ waren verschiedene Klagen z.B. gegen die vom Innenministerium zu verantwortende Asylgewährung vor britischen Gerichten erfolgreich. Dadurch, daß diese Gerichtsentscheidungen in den britischen Medien auch als persönliche Niederlage des betroffenen Ministers dargestellt wurden, erhielten sie zusätzlich politisches Gewicht. Der Anspruch der Gerichte, gegebenenfalls Entscheidungen der Regierungen juristisch überprüfen zu können, wurde schließlich durch die Europäische Menschenrechtskonvention (EMRK) und die Frage ihrer möglichen Inkorporierung in britisches Recht sowie durch die Europäische Integration begünstigt.[30] Verschiedene Urteile britischer Gerichte einschließlich des Oberhauses, aber auch Beschlüsse des Europäischen Gerichtshofs für Menschenrechte in Straßburg veranlaßten die britische Regierung, Gesetze so zu ändern, daß sie mit europäischem Recht in Einklang stehen.[31] Um den britischen Bürgern zu ermöglichen, die durch die EMRK verbürgten Rechte direkt vor britischen Gerichten einklagen zu können, ohne den zeit- und kostenraubenden Umweg über die Straßburger Instanzen gehen zu müssen,[32] hat die Regierung unter Tony Blair angekündigt, die Hauptbestimmungen der EMRK in das britische Recht aufzunehmen. Damit würde Großbritannien einen weiteren Schritt zur Angleichung des britischen Rechtswesens an das kontinentaleuropäischer Staaten tun, der gleichzeitig für die britische Zentralregierung eine Einschränkung ihrer Macht zur Folge hätte. Anders als z. B. die Liberal Democrats, die einen verbindlichen Grundrechtskatalog mit der Möglichkeit der Verfassungsbeschwerde vor einem Supreme Court einführen wollen, lehnt Labour den Vorschlag eines richterlichen Prüfungsrechts jedoch entschieden ab. Die Regierungspartei teilt damit die Bedenken derer, die in einem solchen Schritt mehr sehen als lediglich den Ausbau von Rechtsschutzinstanzen[33] und darauf verweisen, daß die damit verbundene Absage an den bisherigen Vorrang der Politik vor dem Recht weitreichende Veränderungen des politischen Systems Großbritanniens zur Folge hätte.[34] Ein derartiger Wandel des Politikstils in eine Richtung, wie wir ihn von den Staaten kennen, in denen das richterliche Prüfungsrecht verankert ist,[35] und der es den Parteien erlaubt, sich schwierigen politischen Fragen zu entziehen und diese den Gerichten zuzuweisen, geht selbst der reformfreudigen Labour-Regierung deutlich zu weit.

XI. Zur politischen Kultur in Großbritannien

Die Briten sind anders.[1] Diejenigen, die auf die Gemeinsamkeiten des „(west-)europäischen Erbes" bauen und wissen, daß alle Mitgliedstaaten der Europäischen Union typische Kennzeichen des parlamentarischen Regierungssystems aufweisen,[2] das sich schließlich in England entwickelte, befremdet eine derartige Feststellung. Aber auch jene, die ihr Augenmerk eher auf die aktuellen Entwicklungen in Großbritannien richten und die These von der „Europäisierung Großbritanniens"[3] für plausibel halten, werden mit dieser Feststellung kaum einverstanden sein, sie zumindest als überholt einschätzen. Zur Klärung, ob die These von der Andersartigkeit der Briten (noch) zutrifft, trägt die politische Kulturforschung bei. Sie beschreibt u.a. die Unterschiede in der politischen Kultur verschiedener westlicher Gesellschaften und versucht, die Differenzen der Probleme und Problemlösungsfähigkeiten zu erklären.[4] Ausgangspunkt ist die Feststellung, daß die Menschen in verschiedenen Ländern und die jeweiligen politischen Systeme nicht in derselben Weise auf gleiche oder ähnliche politisch relevante Sachverhalte reagieren. Diese Beobachtung gilt auch innerhalb von Großbritannien selbst. Da sich vor allem die schottische politische Kultur deutlich von der englischen unterscheidet,[5] beziehen sich die folgenden Ausführungen nur auf England.

1. Großbritannien als Gegenstand der politischen Kulturforschung

Das Konzept der politischen Kultur beschreibt „die ‚subjektiven' Dimensionen der gesellschaftlichen Grundlage politischer Systeme" und analysiert die Ideen und Werte, welche politisches Handeln regulieren.[6] Es beruht auf der Annahme, daß die fundamentalen allgemeinen Überzeugungen der Gesellschaftsmitglieder den politischen Tendenzen eines Landes eine Art „Grundrichtung“ verleihen.

Ende der 50er Jahre führten die amerikanischen Politikwissenschaftler Gabriel A. Almond und Sidney Verba die Fünf-Länder-Studie „The civic culture“ durch,[7] in der sie zu dem Ergebnis kamen, daß die politische Kultur in den beiden angelsächsischen Ländern ihrer Idealvorstellung von einer „civic culture“ am ehesten entsprach. Mit diesem Schlagwort, das in der Folgezeit auch häufig kritisiert wurde,[8] umschrieben sie die ihrer Auffassung nach ideale Mischung zweier Formen politischer Kultur: der „Untertanenkultur“ auf der einen und der „partizipativen politischen Kultur“ auf der anderen Seite[9] – eine Kombination, die ihnen zugleich als geeignete Grundlage für eine stabile Demokratie erschien.[10] Nach diesem Konzept von „civic culture“ halten es Bürger zwar generell für notwendig und angemessen, Mehrheitsentscheidungen zu befolgen, sie sind jedoch nicht bereit, z.B. Machtmißbrauch zu dulden, und protestieren gegen solche staatlichen Maßnahmen, die ihnen unrechtmäßig erscheinen. Von derartigen Ausnahmesituationen abgesehen, hält sich das Bedürfnis, selbst stärker zu partizipieren, aber schon deshalb in systemverträglichen Grenzen, weil den politischen Akteuren und damit den staatlichen Institutionen ein ausreichend großes Maß an Vertrauen entgegengebracht wird.[11] Nach Einschätzung von Almond und Verba wies Großbritannien als Ergebnis einer jahrhundertelangen Entwicklung eine „pluralistic culture“ auf, „based on communication and persuasion, a culture of consensus and diversity, a culture that permitted change but moderated it“.[12] Jahre später waren die entsprechenden Aussagen über Großbritannien dagegen schon deutlich weniger positiv. Obwohl im 1980 veröffentlichten Folgeband „The civic culture revisited“ die ursprünglichen Thesen der Autoren zur politischen Kultur Großbritanniens nicht völlig revidiert wurden – im Unterschied etwa zu den Aussagen über die Bundesrepublik Deutschland –, kam Dennis Kavanagh in seinem Beitrag über Großbritannien gleichwohl zu einigen abweichenden, insgesamt aber wohl realistischeren Einschätzungen der britischen politischen Kultur.[13] So stellte er vor allem fest, daß die Zufriedenheit der Briten mit den politischen Institutionen deutlich schwächer ausgeprägt war, als dies noch die Vorgängerstudie angenommen hatte.[14]

2. Charakteristika der englischen „Zivilkultur" und ihre Veränderungen

Von den verschiedenen Versuchen, die englische „Zivilkultur" näher zu bestimmen, sind aus deutscher Sicht diejenigen besonders interessant, die die politische Kultur Englands der deutschen gegenüberstellen.[15] Durch den bereits von Kavanagh konstatierten Zerfall von „civic culture" in Großbritannien haben sich diese Verschiedenheiten zwar deutlich abgeschwächt bzw. sind z.T. überhaupt nicht mehr wahrnehmbar.[16] Dennoch ist die idealtypische Gegenüberstellung beider Länder hilfreich, um die unterschiedlichen Ausgangspunkte und damit Entwicklungslinien nachvollziehen zu können. Sie arbeitet mit Begriffspaaren, die sich auf verschiedene Ausprägungen der jeweiligen politischen Kultur beziehen, durchaus aber in einem inneren Zusammenhang zueinander stehen. So wurde Deutschland als typisches Beispiel einer sogenannten „Staatsgesellschaft" eingestuft. Sie war bzw. ist teilweise immer noch charakterisiert durch eine „legalistische" Kultur und einen „zweckrationalen, an einem ‚technischen' Paradigma orientierten Kulturtyp".[17] In einer derartigen Gesellschaft ist die hohe Wertschätzung der demokratischen Institutionen und Verfahrensweisen nicht das Ergebnis von emotionaler Verbundenheit, sondern basiert auf der Einsicht in ihre Zweckmäßigkeit und Unersetzbarkeit. Einem solchen Kulturtyp liegt die Vorstellung zugrunde, daß es in der Politik letztlich auf Organisationen und damit auf die Konstruktion des richtigen politischen Systems ankommt. Zu dieser „technokratischen" Staatskonzeption gehört, daß die Verbundenheit mit der staatlichen Ordnung vor allem von deren Leistungsfähigkeit im

Hinblick auf die Verteilung öffentlicher Güter abhängig gemacht wird.

Dagegen zeichnete sich England durch seine „konventionalistische“ bzw. handlungsnormierende politische Kultur und einen „am Lebensweiseparadigma orientierten Kulturtyp“ aus.[18] Ihre Erscheinungsweise als „Nicht-Staatsgesellschaft“[19] läßt sich auch historisch erklären: in England wurden bürokratische Strukturen deutlich später aufgebaut als in Deutschland. Der Staatsapparat entstand erst, nachdem Industrie und Wirtschaft des Landes bereits erfolgreich und damit auch identitätsstiftend arbeiteten. Dieser historische Hintergrund begründet auch die Einstufung der englischen Kultur als „zivile“ Kultur. Damit ist gemeint, daß in England deshalb lange Zeit eher auf „zivile“ im Sinne von „nicht-staatlichen“ Lösungen gesetzt wurde und die Instrumente staatlichen Handelns nur subsidiär herangezogen wurden,[20] weil die Menschen mehrheitlich in der Überzeugung lebten, ihren Mitmenschen vertrauen zu können.

Während das gesellschaftliche Zusammenleben in Großbritannien demnach zumindest in den ersten beiden Nachkriegsjahrzehnten von den „general attitudes of social trust and confidence“ geprägt war, sahen viele Beobachter den politischen Prozeß ursprünglich durch „deference“, also Ehrerbietung, bestimmt.[21] Almond und Verba führten die Unterschiede zwischen der „participant civic culture“ in den USA und der „deferential civic culture“[22] Großbritanniens in den 50er Jahren darauf zurück, daß die Briten den Eliten und Institutionen größeren Respekt zollten („deference“) als die US-Amerikaner mit ihrer auf dem aktiven, teilnehmenden Bürger aufbauenden „Bürgerkultur“.[23] Damit griffen sie eine Charakterisierung von Walter Bagehot auf,[24] der die Engländer zu den sogenannten „deferential nations“, also den ehrerbietigen Nationen, gerechnet hatte. Diese sah er dadurch charakterisiert, daß „deren zahlenmäßig großer, aber weniger kluger Teil von dem an Zahl geringeren klügeren Teil regiert zu werden wünscht. Die numerische Mehrheit ... ist bereit, strebt danach, ihre Macht zur Wahl ihres Herrschers an eine bestimmte ausgewählte Minderheit zu übertragen. Sie dankt zugunsten ihrer Elite ab und erklärt sich bereit, jedem zu gehorchen, dem diese Elite vertraut."[25] „Deference" meint – im Unterschied zur obrigkeitsstaatlichen Orientierung in der deutschen Tradition, bei der sich die „Autoritätsgläubigkeit" auf den „Staat" bezieht – immer das Verhältnis zu einer gesellschaftlichen Elite. Sie ist auf konkrete Personen ausgerichtet,[26] bezeichnet also nicht die eher abstrakte und entpersonalisierte Beziehung zum modernen „Anstaltsstaat".[27] Diese Haltung erklärt auch, daß es in Großbritannien gelang, über die nach wie vor bestehenden Klassenunterschiede[28] hinweg und ungeachtet regionaler Nationalismen[29] eine gemeinsame Identität zu wahren. Neben dem Stolz auf die parlamentarische Tradition und deren Institutionen war es, zumindest bislang, vor allem die Monarchie, die in Personen und Zeremonien die Einheit der Nation symbolisierte.[30]

Die Ausprägung von „deference" erklärt auch, warum die britische politische Kultur, anstatt auf Festschreibungen durch juristische Regelungen zu setzen, bis heute eher auf überlieferte Verhaltensmuster und Konventionen vertraut.[31] An (politische) Probleme wird lieber praktisch und nach der Methode des „trial and error" herangegangen, als sie nach einem abstrakten Prinzip zu behandeln. Politik wird hier nicht von einem System her gedacht, sondern von den handelnden Menschen. Bei dieser stark personalistischen Orientierung wundert es nicht, daß in einer solchen Kultur ein enger Zusammenhang zwischen Politik und Moral gesehen wird. Auch das öffentliche Leben in England wird am hohen Standard des Verhaltens eines „gentleman" gemessen und verläßt sich als Handlungsmaxime auf die Orientierung am „common sense". Gleichzeitig wird das gesellschaftliche Zusammenleben, ebenso wie das politische und berufliche Arbeiten, häufig durch persönliche Bekanntschaft und Empfehlung gesteuert. Dieses Festhalten am „Amateurprinzip"[32] gehört zu den Gründen, warum gerade im britischen Civil Service, aber auch im Justizwesen lange Zeit Generalisten gegenüber Experten bevorzugt wurden.

Im Unterschied zum Kulturtyp, wie er gerade auch für Deutschland lange Zeit als charakteristisch galt,[33] wird in einer konventionalistischen politischen Kultur das politische System eher als institutionalisierter Ausdruck einer Lebensform empfunden. Hier entwickeln die Bürger häufiger auch ein gefühlsmäßiges Verhältnis zur demokratischen Ordnung. Im Unterschied zu dieser „output"-Orientierung, die in den meisten kontinentaleuropäischen Staaten lange Zeit vorherrschte, galt es ursprünglich als Kennzeichen der englischen politischen Kultur, mehr Wert auf den Faktor „input" zu legen. Politik wurde stärker daran gemessen, ob es gelang, die unterschiedlichen gesellschaftlichen Interessen angemessen zu berücksichtigen und in einer Weise zum Ausgleich zu bringen, daß der soziale Frieden nicht gefährdet war. Doch auch diese Unterscheidung zwischen England und der Bundesrepublik Deutschland ist inzwischen bei weitem nicht mehr so eindeutig, wie es noch in den 60er Jahren erschien. Im Unterschied zu Italien, das von Almond und Verba als weiteres europäisches Land in die „civic culture"-Studie einbezogen worden war und wo, neueren Forschungsergebnissen zufolge, die Kontinuität überwiegt, haben nämlich sowohl England als auch die Bundesrepublik deutliche Veränderungen ihrer politischen Kultur erfahren.[34] Auffallend an diesen Veränderungen ist, daß sie unter gegensätzlichen Vorzeichen stehen: In Deutschland schuf die zumindest bis zur Vereinigung 1990 positive wirtschaftliche und soziale Entwicklung die Grundlagen dafür, daß die Zufriedenheit der Bevölkerung mit den Institutionen und Prozessen des politischen Systems kontinuierlich anwuchs. Im Sinne des Konzepts der „civic culture" von Almond und Verba hat sich damit ein wesentlicher Grundstock für die Stabilität des gesamten Systems entwickelt. Dagegen haben sich die seit Mitte der 60er Jahre und gerade in den 70er Jahren sichtbar werdenden Leistungsdefizite[35] auf die Einstellungen der britischen Bevölkerung negativ ausgewirkt und dazu beigetragen, daß die Zufriedenheit mit Politik und Politikern im Vergleich zu den Nachkriegsjahren deutlich zurückging. Im internationalen Vergleich rangieren die Briten in dieser Hinsicht höchstens noch im Mittelfeld. Während sich zu Beginn der 90er Jahre ca. 60% der befragten Briten als sehr oder weitgehend zufrieden mit ihrem politischen System äußerten, sank dieser Anteil seit 1992 wieder auf unter 50%; dort hatte er auch während der 80er Jahre die meiste Zeit rangiert – 1973 hatte dieser Anteil sogar nur 44% betragen.[36] Die Mehrheit des britischen Volkes sieht demzufolge Personen und Institutionen seit geraumer Zeit mindestens so kritisch, wie dies die Bundesdeutschen infolge der Deutschen Vereinigung ebenfalls wieder tun.[37] Auch die wachsenden Ohnmachtsgefühle von britischen Bürgerinnen und Bürgern gegenüber der Politik wecken Besorgnis: während 1974 nur 14% der Befragten der Aussage zustimmten, ihresgleichen habe keinen Einfluß auf das Regierungshandeln, waren es 1994 doppelt so viele, nämlich 28%.[38] Schließlich scheint die damit in Zusammenhang stehende Überzeugung, daß die Amts- und Mandatsträger nicht das Gemeinwohl, sondern ihren Eigennutz verfolgen,[39] mehr Engländer zu veranlassen, auch unkonventionelle und sogar illegale Formen von Beteiligung in Betracht zu ziehen.[40] Die Summe dieser Daten wird als Indiz dafür gewertet, daß die tradierte „deference" gegenüber politischen Eliten und Institutionen als Erklärungsmuster der englischen politischen Kultur an Bedeutung verloren hat und gleichzeitig der Grad an politischer Zufriedenheit zurückging.[41]

Selbst das britische Königshaus ist von diesem Ansehensverlust betroffen.[42] Das bewies vor allem die öffentliche Diskussion über die Rolle der Monarchie, die nach dem Unfalltod von Prinzessin Diana im September 1997 einsetzte. In der Folge sah sich das Königshaus vor einen schwierigen Balanceakt gestellt: Auf der einen Seite forderte die Öffentlichkeit, unterstützt von Premierminister Blair, die „Royals" dazu auf, sich nicht wie bisher von der breiten Bevölkerung abzuschotten, sondern „volksverbundener" zu werden. Auf der anderen Seite war man sich bewußt, daß der besondere Status des britischen Königshauses maßgeblich davon abhängt, „Mythologie und Magie" mit „diskreter Beharrlichkeit" pflegen zu können.[43] Die mit einer Modernisierung zwangsläufig verbundene Entmystifizierung ihrer Rolle und ihres Status ließe die Frage nach der Daseinsberechtigung der Monarchie näherliegend erscheinen, als dies jetzt der Fall ist. Es wird also vom Ausgang dieses Balanceaktes abhängen, ob die Monarchie auch künftig die Rolle des einigenden Faktors in der politischen Kultur des Landes übernehmen kann.

Die genannten Veränderungen in der politischen Kultur Englands lassen sich in erster Linie als Unzufriedenheit der Bürger mit dem politischen und wirtschaftlichen Erscheinungsbild ihres Landes sowie dem Auftreten ihrer Repräsentanten interpretieren. Verstärkt wurde diese Haltung in ihrer Wirkung dadurch, daß auch in Großbritannien der in allen westlichen Gesellschaften feststellbare Trend zur Individualisierung zum Tragen kommt, der mit der zunehmenden Infragestellung tradierter Einrichtungen einhergeht. Während sich auf diese Weise die politische Kultur „von unten her" wandelte und der anderer kontinentaleuropäischer Staaten anglich, wurden in Großbritannien gerade während der Regierungszeit von Margaret Thatcher aber auch Versuche unternommen, „von oben her" auf die politisch und gesellschaftlich relevanten Einstellungen und Verhaltensweisen der Menschen Einfluß zu nehmen. Um den Staat zu stärken, wollte Thatcher ihn möglichst weitgehend vor den Ansprüchen und Anforderungen der Bürger und der Interessengruppen schützen. Mit ihrer Feststellung „there's no such thing as society"[44] legte Thatcher ein Bekenntnis zur Selbstverantwortung jedes und jeder einzelnen ab, das darauf abzielte, den in den vorausgegangenen Jahrzehnten etablierten wohlfahrtsstaatlichen Konsens mit seiner solidarischen Ausrichtung aufzukündigen. Zwar kann man die Hinwendung der Labour Party zur marktwirtschaftlichen Ordnung als Indiz dafür werten, daß sich tatsächlich einige entsprechende Einstellungsmuster in Großbritannien gewandelt haben. Insgesamt scheiterte aber das Bemühen der verschiedenen Tory-Regierungen, eine „enterprise culture"[45] zu verankern – so hat sich z.B. an der öffentlichen Meinung zur Rolle des Staates im Gesundheits- oder Erziehungswesen nichts verändert.[46] Ein Ergebnis, das auch als Beleg dafür genommen werden kann, daß sich die politische Kultur eines Landes nicht verordnen läßt.

3. Verfassungsreform und politische Kultur

Eine grundsätzliche Meinungsverschiedenheit in der politischen Kulturforschung besteht darin, ob die verschiedenen Umfrageergebnisse über die Einstellungen der Engländer zu ihrem Staatswesen und dessen Repräsentanten tatsächlich Ausdruck nennenswerter Neuerungen sind[47] oder ob sich nur die Art und Weise geändert hat, wie die politische Kultur des Landes wahrgenommen wird. Philip Norton begründet seine These, es habe lediglich ein Perzeptionswandel stattgefunden, mit dem Hinweis, die politische Kultur Englands sei in Phasen der wirtschaftlichen Prosperität zu idealisiert dargestellt worden.[48] Er warnt vor dem Mißverständnis, die Unzufriedenheit gegenüber einer Regierung und deren konkreter Politik oder auch die öffentliche Reaktion auf politische Skandale mit genereller Systemkritik gleichzusetzen.[49] In das von ihm gezeichnete Bild, das die öffentliche Unterstützung für das politische System in Großbritannien als nach wie vor sehr groß einstuft, passen die internationalen Vergleichsdaten über die Reformfreudigkeit der Briten aber kaum. Während sich die (West-) Deutschen Ende der 80er Jahre immerhin zu ca. 60 % für eine Reform des politischen Systems aussprachen, waren es in demselben Zeitraum in Großbritannien sogar mehr als 70 % der Befragten.[50] Auf den darin zum Ausdruck kommenden Wunsch der britischen Bevölkerung, die politische und gesellschaftliche Struktur des Landes zu modernisieren, berufen sich vor allem diejenigen, die ihre Kritik an der britischen Verfassungsordnung[51] zu einem grundsätzlichen Anliegen machen. Sie argumentieren, daß der angestrebte Wandel nicht durch einen Austausch der politischen Eliten zu erreichen sei, sondern allein durch eine tiefgreifende Reform der britischen Verfassungsordnung.[52] Die Aufbruchstimmung, die in Großbritannien infolge des so eindeutigen Wahlerfolgs von Labour am

1. Mai 1997 spürbar wurde und die selbst nach dem ersten halben Jahr der neuen Regierung unter Tony Blair als anhaltend „euphorisch“ einzustufen war,[53] unterstützt gerade auch die Befürworter der „constitutional reform“.[54] Dabei ist der Zusammenhang zwischen dem Thema Verfassungsreform und den Ausprägungen der politischen Kultur in Großbritannien offensichtlich: Nicht nur, daß ihre Protagonisten die Reform als Gelegenheit interpretieren, die Partizipationschancen der Bürger quantitativ und qualitativ zu verbessern. Darüber hinaus erweist sich die Art und Weise, wie die Reformdebatte verläuft, bereits als Beleg dafür, daß sich die politische Kultur des Landes weiter wandelt. So unterscheiden sich die Reformbefürworter in Organisation und Auftreten deutlich von den Akteuren, die herkömmlich an den vom Zwei-Parteiensystem geprägten politischen Diskurs beteiligt sind.[55] Vor allem eine Gruppierung hat maßgeblich dazu beigetragen, das Thema auf die politische Tagesordnung zu bringen und es auch darauf zu halten: „Charter 88“[56] wurde als Reaktion auf die offizielle 300-Jahr-Feier der Glorious Revolution im Jahr 1988 ins Leben gerufen und bemüht sich seither, mit einer Vielzahl von Einzelaktionen sowohl Politiker als auch die Öffentlichkeit für ihr Anliegen einer vollständigen Reform der britischen Verfassung einzunehmen. Die als Reaktion auf die Unzufriedenheit mit überkommenen Partizipationsformen gegründete neue Form von „pressure group“ nimmt dabei auch Anleihen bei den sog. „Neuen Sozialen Bewegungen“. Mit ihren derzeit rund 70000 Mitgliedern[57] wird sie aber erst allmählich der Einstufung als potentielle „Massenbewegung“[58] gerecht.

Kontinentaleuropäischen Beobachtern, denen die britische Modernisierungsdebatte und die Diskussion um Regionalisierung und weitere Ebenen der Gewaltenteilung nur als ohnehin verspätetes Aufspringen auf den „europäischen Zug“ erscheinen mag, ist häufig nicht bewußt, daß es hier für die Briten um ganz grundsätzliche und zukunftsweisende Fragen geht. Sie wirken sich auf das gesamte politische System Großbritanniens und damit auch auf das Verhältnis der Bürger zu der bisherigen und gegebenenfalls der künftig modifizierten politischen Ordnung aus. Diese Brisanz der Reformpläne veranlaßt auch die Labour-Regierung zu entsprechend vorsichtigem Taktieren. Nicht nur die Notwendigkeit, die eigene Glaubwürdigkeit zu wahren, zwingt die Regierung dazu, den Wünschen nach einer Verfassungsreform nachzugeben. Darüber hinaus gebieten dies tatsächlich bestehende Mißstände, die gerade auch in den erwähnten Umfrageergebnissen Ausdruck finden, sowie vor allem die verfassungspolitischen Zwänge, die sich aus der Mitgliedschaft in der Europäischen Union ergeben.[59] Obwohl diese Beweggründe für eine Reform sprechen, möchte auch New Labour – trotz aller Reformeuphorie – keinesfalls das gesamte politische und verfassungsrechtliche System zur Disposition stellen. Schließlich anerkennen auch die Reformbefürworter, daß sich der Kern dieser Ordnung seit Jahrhunderten bewährt hat und von einer Mehrheit der Bürger prinzipiell unterstützt wird. Eine sehr weitgehende Reform, die auf die unitarische Staatsorganisation ebenso abzielt wie auf die nationalen Symbole Monarchie und Oberhaus, setzt nämlich unter Umständen sogar die nationale Einheit und damit den Bestand des Vereinigten Königreichs aufs Spiel.

Die angesprochene Schwierigkeit für die Regierung besteht nun darin, daß es nicht einfach werden dürfte, die Verfassungsreform auf die einzelnen bisher angekündigten und gut begründbaren Reformschritte einzugrenzen. Da eine Reformmaßnahme leicht eine andere nach sich ziehen kann[60] und fast alle Auswirkungen auf den Grundsatz der Parlamentssouveränität haben, ergibt sich unter Umständen ein nicht mehr zu kontrollierender „Domino-Effekt". Wie die politischen Akteure, die verschiedenen Interessengruppen und vor allem auch die englische Öffentlichkeit mit dieser Herausforderung politisch umgehen, läßt dann auch wieder Rückschlüsse auf den Zustand der politischen Kultur in Großbritannien zu. Vor diesem Hintergrund wird es in den nächsten Jahren noch interessanter als bisher sein, die britische (Verfassungs-)Politik zu beobachten. Dabei wird auch die These vom Anderssein der Briten[61] überprüft werden müssen. Zweifelsohne zielen die Reformen der Regierung von Tony Blair darauf ab, einige der britischen Besonderheiten abzubauen. Wie stark der Wunsch, die Sonderrolle Großbritanniens zu verändern, aber tatsächlich ausgeprägt ist und ob die Reformmaßnahmen in der Lage sind, den Ärmelkanal abzuflachen und Großbritannien endgültig zu einem ganz „normalen“ EU-Staat zu machen, muß man abwarten. Gänzlich auszuschließen ist nicht, daß es auch künftig politische Akteure in Großbritannien geben wird, die versuchen, aus der Betonung der britischen Sonderrolle innenpolitisch Kapital zu schlagen. Erfolgversprechend dürfte ein solches Vorhaben aber wohl kaum sein.

Anhang

1. Anmerkungen

I. Grundzüge der englischen Verfassungsgeschichte

1 Zu früheren Zeitabschnitten vgl. Krieger, Geschichte Englands (1990). Die Frühgeschichte der heute zu Großbritannien gehörenden Landesteile Schottland und Wales wird im folgenden ausgeklammert (siehe dazu ausführlicher Kapitel IV Abschnitt 1). Nordirland, das gemeinsam mit Großbritannien das „United Kingdom of Great Britain and Northern Ireland" formt, ist nicht Gegenstand des vorliegenden Bandes.

2 Ein (englischsprachiger) Nachdruck der Magna Charta findet sich z. B. in: Baglay, J. J./P. B. Rowley: A documentary history of England, Bd. 1 (1066–1540). – Harmondsworth: Penguin books 1966, S. 100 ff. Vgl. die deutsche Übersetzung von Peter Cornelius Mayer-Tasch, wiederabgedruckt in: Die Verfassungen der EG-Mitgliedstaaten. Textausgabe mit einer Einführung und einem Sachverzeichnis von Adolf Kimmel. – München: Deutscher Taschenbuch Verlag 1996 (4. Aufl.), S. 568 ff. (= Beck-Texte im dtv).

3 Zur englischen Geschichte im Mittelalter siehe Maurer, Geschichte Englands (1997), S. 11–73.

4 Vgl. Krieger, a. a. O. (Anm. 1), S. 126 ff.

5 Zitiert nach: Die Verfassungen der EG-Mitgliedstaaten, a. a. O. (Anm. 2), S. 570.

6 Kluxen, Geschichte Englands (1991), S. 76.

7 Zur Wirkungsgeschichte der Magna Charta vgl. Baglay, a. a. O. (Anm. 2), S. 91 ff.

8 Ausführlich zur Rolle des Parlaments im Mittelalter vgl. Wende, Geschichte Englands (1995), S. 59–64.

9 Vgl. Krieger, a. a. O. (Anm. 1), S. 170.

10 So Ritter, Parlament (1972), S. 69 ff.

11 Zu der wissenschaftlichen Diskussion über die Funktionen des frühen Parlaments vgl. Krieger, Grundprobleme (1982), S. 41 ff. mit weiteren Nachweisen.

12 Vgl. Maitland, Constitutional history (1955), S. 64 f.

13 Ebd., S. 166 ff.

14 Der Begriff „peer", der sich ebenfalls im 14. Jahrhundert durchsetzte, ist auf das lateinische „pares" (Gleiche) zurückzuführen, worin das Privileg zum Ausdruck kommt, daß die Lords gegebenenfalls nur von

einem Gericht, das sich aus ihresgleichen zusammensetzte, zur Verantwortung gezogen werden durften; vgl. ebd., S. 169 f.

15 Vgl. Kluxen, a.a.O. (Anm. 6), S. 116. Zur Entwicklung des Repräsentationsgedankens und der Befugnisse von Parlamentsmitgliedern siehe Edwards, J. G.: The plena potestas of English parliamentary representatives. – in: Fryde/Miller (Hrsg.), Historical Studies, Band 1 (1970), S. 136–149.

16 Zu den Finanzverhältnissen der Könige vgl. Maitland, a.a.O. (Anm. 12), S. 92 ff.

17 Vgl. Schröder, Englische Geschichte (1995), S. 17; vgl. den weitgehend identischen Aufsatz von Schröder in Kastendiek u.a. (Hrsg.): Länderbericht (1994), S. 15–67.

18 Vgl. dazu Anderson, Perry: Die Entstehung des absolutistischen Staates. – Frankfurt a.M.: Suhrkamp 1979 (= edition suhrkamp 950), S. 143 f. (Originalausgabe London 1974).

19 Fawtier, Robert: Das englische Parlament und die französischen Generalstände im Mittelalter. – in: Rausch, Heinz (Hrsg.): Die geschichtlichen Grundlagen der modernen Volksvertretung. Band 1: Allgemeine Fragen und europäischer Überblick. – Darmstadt: Wissenschaftliche Buchgesellschaft 1980, S. 355.

20 Vgl. dazu ausführlich Müller, Christoph: Das imperative und freie Mandat. Überlegungen zur Lehre von der Repräsentation des Volkes. – Leiden: Sijthoff 1966, S. 125 ff.

21 Kluxen, a.a.O. (Anm. 6), S. 123.

22 Schröder, a.a.O. (Anm. 17), S. 23.

23 Vgl. dazu ausführlich Haan/Niedhart, Geschichte Englands (1993), S. 121 ff.

24 Vgl. Ritter, a.a.O. (Anm. 10), S. 32.

25 Zu den Interpretationsansätzen für das „Jahrhundert der Revolutionen" vgl. Haan/Niedhart, a.a.O. (Anm. 23), S. 150 ff.

26 Vgl. Goldie, Mark: Absolutismus, Parlamentarismus und Revolution in England. – in: Fetscher, Iring/Herfried Münkler (Hrsg.): Pipers Handbuch der politischen Ideen. Band 3: Neuzeit. Von den Konfessionskriegen bis zur Aufklärung. – München u. a.: Piper 1985, S. 287 ff.

27 Zum Forschungsstand über die englischen Revolutionen des 17. Jahrhunderts vgl. von Greyerz, Revolutionen (1994), mit weiteren Nachweisen.

28 Ebd., S. 149 f. und S. 155 ff.

29 Zur Information über die konfessionelle Entwicklung in England und Schottland vgl. die entsprechenden Artikel in Galling, Kurt u.a. (Hrsg.): Die Religion in Geschichte und Gegenwart. Handwörterbuch für Theologie und Religionswissenschaft. – Tübingen: Mohr (Siebeck) 1961 (6 Bände) (3. Aufl.) sowie den entsprechenden Abschnitt in von Greyerz, a.a.O. (Anm. 27), S. 77 ff.

30 Vgl. Ritter, a.a.O. (Anm. 10), S. 29 f.

31 Vgl. Anderson, a.a.O. (Anm. 18), S. 171 f.

32 Haan/Niedhart, a. a. O. (Anm. 23), S. 162.
33 Vgl. dazu: Williams, E. N.: A documentary history of England Vol. 2 (1559–1931). – Harmondsworth: Penguin Books 1965, S. 36 ff.
34 Der Text der Petition of Rights ist abgedruckt in: Die Verfassungen der EG-Mitgliedstaaten, a. a. O. (Anm. 2), S. 572 ff.
35 Von Greyerz, a. a. O. (Anm. 27), S. 155 f.
36 Vorausgegangen war die Selbstauflösung des Parlaments, vgl. Kluxen, a. a. O. (Anm. 6), S. 292 f.
37 Zu den beiden „Bishop's Wars" vgl. ebd., S. 298 ff.
38 Vgl. die Skizzierung der Streitfragen und Ereignisse bei Haan/Niedhart, a. a. O. (Anm. 23), S. 170 ff.
39 Vgl. von Greyerz, a. a. O. (Anm. 27), S. 92 ff. und S. 168 ff., mit weiteren Nachweisen.
40 Vgl. den Hinweis von Haan/Niedhart, a. a. O. (Anm. 23), daß sich in der politischen Alltagssprache die Begriffe Presbyterianer und Independenten zunehmend auf politische Grundpositionen bezogen und dadurch die Zuordnung nach religiöser und politischer Orientierung oft schwierig war.
41 Kluxen, a. a. O. (Anm. 6), S. 336.
42 Dazu Schröder, a. a. O. (Anm. 17), S. 30.
43 Kluxen, a. a. O. (Anm. 6), S. 346.
44 Der Wortlaut der Habeas-Corpus-Akte ist in Übersetzung abgedruckt in: Die Verfassungen der EG-Mitgliedstaaten, a. a. O. (Anm. 2), S. 575 ff.
45 Zu diesen Auseinandersetzungen im Rahmen der „exclusion crisis" (1679–1681) vgl. Keir, Constitutional history (1960), S. 257 ff.
46 Zur Frage der Einstufung der Ereignisse als Revolution vgl. von Greyerz, a. a. O. (Anm. 27), S. 239 ff.
47 Koch, Einführung (1991), S. 58.
48 Zur Frage nach dem revolutionären Moment der damaligen Ereignisse vgl. Maitland, a. a. O. (Anm. 12), S. 283 ff.
49 Zu Zustandekommen, Inhalt und Wirkung des Dokuments vgl. Lock, Geoffrey: The 1689 Bill of Rights. – in: Political studies 37 (1989), S. 540 ff.; vgl. Williams, a. a. O. (Anm. 33), S. 95 ff.
50 Vgl. Ritter, a. a. O. (Anm. 10), S. 72 f.; die Formel „King in Parliament" beinhaltete aber auch den Dualismus zwischen Krone und Parlament und barg damit ein erhebliches Konfliktpotential; dazu Wende, a. a. O. (Anm. 8), S. 131–141.
51 Siehe dazu Kluxen, a. a. O. (Anm. 6), S. 371 f.
52 Im Jahr 1716 wurde dann aber eine siebenjährige Legislaturperiode eingeführt.
53 Inzwischen besitzt der nach wie vor existierende Privy Council, der aus fast 400 Mitgliedern (z. B. allen ehemaligen und gegenwärtigen Ministern) besteht, nur noch beratende und einige protokollarische Funktionen. Der Text des Act of Settlement ist abgedruckt in: Die Verfassungen der EG-Mitgliedstaaten, a. a. O. (Anm. 2), S. 581 ff.

54 Dazu Ritter, a.a.O. (Anm. 10), S. 81 ff.
55 Als Beispiel sind sowohl die Werke von De Lolme als auch von Blackstone zu nennen.
56 Alle Anträge auf Bewilligung von Geldern mußten im Unterhaus eingebracht werden; das Oberhaus hatte zwar ein globales Ablehnungsrecht, konnte aber keine Änderungen vornehmen.
57 Haan/Niedhart, a.a.O. (Anm. 23), S. 205.
58 Auf den Gegensatz zwischen den Sphären „government" und „property" wurde bereits unter Abschnitt 3 eingegangen.
59 Dabei ist zu beachten, daß das damalige Verständnis von „Partei" nichts mit unserem heutigen Parteienbegriff zu tun hat.
60 Vgl. Kapitel VII, Abschnitt 1.
61 Haan/Niedhart, a.a.O. (Anm. 23), S. 207.
62 Vgl. dazu Ritter, a.a.O. (Anm. 10), S. 78 ff.
63 Zu dessen Kennzeichen im Vergleich zum präsidentiellen Regierungssystem vgl. Kapitel IX, Abschnitt 1.
64 Vgl. Kapitel IX, Abschnitt 3.
65 Zum heutigen Verhältnis zwischen Regierung, Parlament und Monarchie vgl. Kapitel IX.

II. Die Besonderheiten der englischen Verfassung

1 Zusammenfassend hierzu z.B. Mayer-Tasch, Peter-Cornelius: Europäische Verfassungshomogenität als politisches Erbe. – in: ders. (Hrsg.): Die Verfassungen Europas. – München: Beck 1975, S. 1 ff.
2 Vgl. dazu die materialreiche Untersuchung von Koch, Einführung (1990).
3 Die Bezeichnung leitet sich davon ab, daß alle Parlamentsgesetze in das „statute book", also das „Buch der Statuten", eingetragen werden.
4 Vgl. den Überblick von Döring, Großbritannien (1993), S. 16 ff. sowie von Kavanagh, British Politics (1996), S. 48 ff. Die Abgrenzungen zwischen den verschiedenen Quellen des britischen Verfassungsrechts sind in der Literatur häufig im Detail unterschiedlich; einen kurzen Überblick über die verschiedenen Lehrmeinungen gibt Wolf-Phillips, Constitution (1984), S. 393 f.
5 Dazu grundlegend Marshall, Constitutional conventions (1986) sowie Meyn, Karl-Ulrich: Die Verfassungskonventionalregeln im Verfassungssystem Großbritanniens. – Göttingen: Schwartz 1975 (= Göttinger rechtswissenschaftliche Studien).
6 Während Dicey noch die „constitutional conventions" vor allem auf das Handeln des Monarchen bezog, werden sie heute in einer wesentlich größeren Bandbreite gesehen; vgl. den Katalog bei Marshall, a.a.O. (Anm. 5), S. 4.
7 Vgl. Punnett, British government (1994), S. 304.
8 Für weitere Bedeutungen des Begriffs „common law" vgl. Koch, a.a.O. (Anm. 2), S. 45, Fußnote 91.

9 Die Verbindung zum „common law“ zeigt sich auch daran, daß es zu den Befugnissen eines „common law“ Gerichts (Court of King's Bench) gehörte, bestimmte Gebote und Verbote, die auf königliche Vorrechte zurückgingen, zu erlassen; vgl. Henrich, Privatrecht (1993), S. 5; vgl. Kavanagh, a.a.O. (Anm. 4), S. 48; Döring, a.a.O. (Anm. 4), S. 18.

10 Marshall, a.a.O. (Anm. 5), S. 19.

11 Döring, a.a.O. (Anm. 4), S. 166.

12 Zum Beispiel durch Jowell, Jeffrey: The Rule of Law today. – in: Jowell/Oliver (Hrsg.), Constitution (1994), S. 58ff.

13 Vgl. das so benannte zweite Kapitel von Mount, Constitution (1992); vgl. die Einleitung von Bogdanor, Politics (1996).

14 Dabei handelt es sich um ein konstituierendes Merkmal von Staatlichkeit; vgl. Heller, Herrmann: Staatslehre. Herausgegeben von Gerhart Niemeyer. – Leiden: Sijthoff 1963 (3., unveränderte Auflage), S. 270ff.; vgl. Georg Jellinek: Allgemeine Staatslehre. Bad Homburg vor der Höhe: Gentner 1959 (6. Neudruck der 3. Auflage), S. 505ff.

15 Vgl. Jellinek, ebd., S. 534.

16 Vgl. Dicey, Introduction (1961), S. 39f. und S. 67. Als Quelle der Parlamentssouveränität gilt das Verhalten der Gerichte, das sich seit 1700 durchgesetzt hat; vgl. Bradley, A. W.: The Sovereignty of Parliament – in Perpetuity? – in: Jowell/Oliver (Hrsg.), Changing Constitution (1994), S. 85.

17 Dazu Loveland, Ian: Parliamentary sovereignty and the European Community: The unfinished revolution? – in: Parliamentary affairs, Jg. 49 (1996), S. 520.

18 Daß in der englischen Verfassungsgeschichte kurze Zeit auch die Idee von „fundamental law“ und richterlichem Prüfungsrecht eine Rolle gespielt hat, beweist das Urteil von Chief Justice Sir Edward Coke im „Dr. Bonham's case“ 1610; dazu Koch, a.a.O. (Anm. 2), S. 36; vgl. Starck, Verfassung (1994), S. 627ff.

19 Dazu Henrich, a.a.O. (Anm. 9), S. 20f.

20 Bagehot, Englische Verfassung (1971), S. 49.

21 Vgl. Koch, a.a.O. (Anm. 2), S. 187f.

22 Zur Charakterisierung des Westminster Modells vgl. Lijphart, Arend: Democracies. Patterns of majoritarian and consensus government in twenty-one countries. – New Haven/London: Yale U.P. 1984, S. 4ff. Vgl. dazu auch Wilson, Westminster Model (1994), S. 189ff.

23 Zu den Dezentralisierungsplänen vgl. Kapitel IV, Abschnitt 3; allgemein zur Verfassungsreform in Großbritannien vgl. Kapitel XI, Abschnitt 3.

24 Berühmt wurde die Rede von Thatcher vor dem Europakolleg in Brügge 1988; vgl. Thatcher, Downing Street (1993), S. 1026ff.

25 Ebd., S. 1005.

26 Vgl. Lynch, Großbritannien (1997).

27 Großbritannien schloß sich ursprünglich dem „Abkommen über die Sozialpolitik“, das im Rahmen eines Zusatzprotokolls dem Unionsver-

trag von Maastricht beigefügt ist, gemeinsam mit Dänemark nicht an. Damit scherten erstmals Mitgliedstaaten aus einem Kernbereich der Gemeinschaftspolitik aus.

28 Großbritannien machte von der opting-out-Klausel Gebrauch und behielt sich (ebenso wie Dänemark) die Entscheidung über einen Beitritt zur dritten Stufe der Währungs- und Wirtschaftsunion selbst für den Fall vor, daß es die Konvergenzkriterien erfüllt.

29 Dazu Meier-Walser, Reinhard C.: Ist New Labour „europäischer" als die Tories? – in: Politische Studien, Heft 354, Jg. 48 (1997).

30 Vgl. dazu die Übersicht über die historische Entwicklung bei George, Stephen: An awkward partner: Britain in the European Community. – Oxford: U.P. 1990.

31 Bradley, a. a. O. (Anm. 16), S. 79 ff.

32 Vgl. Hearl, Britain (1994), S. 516 ff.

33 Dazu Lehmkuhl, Ursula: Das Empire/Commonwealth als Faktor britischer Europapolitik 1945–1961.- in: Wurm, Clemens A. (Hrsg.): Wege nach Europa. Wirtschaft und Außenpolitik Großbritanniens im 20. Jahrhundert. – Bochum: Brockmeyer 1992 (= Arbeitskreis Deutsche England-Forschung, Veröffentlichung 19), S. 97 f. Sie weist darauf hin, daß der Umschwung in der britischen Europapolitik ab Ende der 50er Jahre mit dem Bedeutungsverlust der devisenwirtschaftlichen Kooperation in dem vom britischen Sterling dominierten Handelsgebiet zusammenhing, vgl. ebd., S. 112.

34 Dazu die Beiträge in Schmidt, Gustav (Hrsg.): Großbritannien und Europa – Großbritannien in Europa. Sicherheitsbelange und Wirtschaftsfragen in der britischen Europapolitik nach dem Zweiten Weltkrieg. – Bochum: Brockmeyer 1989.

35 Vgl. Schmidt, Gustav: Großbritanniens internationale Position nach dem Zweiten Weltkrieg. – in: Kastendiek u. a. (Hrsg.): Länderbericht (1994), S. 322.

36 Eine Sammlung wichtiger Publikationen und Dokumente findet sich bei Kitzinger, Uwe: The second try. Labour and the EEC. – London u. a.: Pergamon 1968.

37 Morgan, Roger: Die bilateralen Beziehungen zwischen Großbritannien und Frankreich seit 1945. –- in: Kastendiek u. a. (Hrsg.): Länderbericht (1994), S. 374 ff.

38 Butler/Kitzinger, The 1975 referendum (1976).

39 Dazu die verschiedenen Beiträge in Evans, Douglas (Hrsg.): Britain in the EEC. – London: Gollancz 1973; vgl. auch Johnson, Abschied (1997), S. 169 ff.

40 Vgl. dazu Petersmann, Hans G.: Die Souveränität des Britischen Parlaments in den Europäischen Gemeinschaften. – Baden-Baden: Nomos 1972 (= Schriftenreihe Europäische Wirtschaft, Band 66).

41 Zur Entstehungsgeschichte des ECA vgl. Rix-Mackenthun, Christiane: Die Funktion des britischen Parlaments und die Mitgliedschaft in den

Europäischen Gemeinschaften. Zur Bedeutung der Parlamentssouveränität für die britische Verfassungsordnung und der Vorrang des EG-Rechts. – Frankfurt a. M.: Haag + Herchen 1984. Mit dem ECA wurden die EG-Verträge zu unmittelbar geltendem Recht gemacht, welches von britischen Gerichten in vollem Umfang berücksichtigt werden muß. Drei Vertragsänderungen machten die Erweiterung des ECA notwendig, dafür war jeweils die Zustimmung des Unterhauses erforderlich: Einheitliche Europäische Akte 1986, Vertrag von Maastricht 1993, „Maastricht II" 1997.

42 Da diese Delegation von Rechtsmacht jederzeit widerruflich ist, besitzt sie keine unzulässige Bindungswirkung; vgl. Koch, a. a. O. (Anm. 1), S. 226.

43 Vgl. Finer, S. E./Vernon Bogdanor/Bernard Rudden: Comparing constitutions. – Oxford: Clarendon Press 1995, S. 45 f.; Loveland, a. a. O. (Anm. 17).

44 Besonders wichtig ist die „Factortame"-Entscheidung des Europäischen Gerichtshofs 1990, EuGH, Slg. I 1990, 2433. Dabei ging es um den Konflikt zwischen den im Merchant Shipping Act von 1988 enthaltenen Bedingungen zur Registrierung britischer Fischereikutter und EG-Recht.

45 Dazu Kapitel XI, Abschnitt 2.

46 Hearl, a. a. O. (Anm. 29), S. 520.

47 Vgl. zu den rechtlichen Problemen Loveland, a. a. O. (Anm. 17).

III. Gesellschaftliche und wirtschaftliche Probleme im Wandel

1 Zu den wichtigsten politisch-gesellschaftlichen Konfliktlinien („cleavages") in den EU-Staaten vgl. Falter, Jürgen W. u. a.: Politische Konflikte, Wählerverhalten und die Struktur des Parteienwettbewerbs. – in: Gabriel, Oscar W./Frank Brettschneider (Hrsg.): Die EU-Staaten im Vergleich. Strukturen, Prozesse, Politikinhalte. – Bonn: Bundeszentrale für politische Bildung 1994 (2. Aufl.), S. 202 ff.

2 Pulzer, Peter G. J.: Political representation and elections in Britain. – London: Allen & Unwin 1975 (3. Aufl.; Erstauflage 1967), S. 102.

3 Zu den verschiedenen nationalen Identitäten des Vereinigten Königreichs und den Versuchen, diesen durch Dezentralisierung (devolution) besser zu entsprechen, vgl. Kapitel IV, Abschnitt 2.

4 In der britischen Soziologie wird häufig mit differenzierteren Schemata gearbeitet; Runciman z. B. unterscheidet sieben Klassen; Runciman, W. G.: How many classes are there in contemporary British society? – in: Sociology 24 (1990), S. 375 ff.

5 Zu deren Charakterisierung vgl. Sarre, Philip: Recomposition of the class structure. – in: Hamnett, Chris u. a.: The changing social structure. – London: Sage/The Open University 1989, S. 99 ff. (= Restructuring Britain).

6 Vgl. Marwick, Arthur: Mentalitätsstrukturen und soziokulturelle Verhaltensmuster. – in: Kastendiek u. a. (Hrsg.), Länderbericht 1994, S. 114.
7 Rohe, Zivilkultur (1984), S. 180.
8 Zahlenangaben finden sich in den verschiedenen Ausgaben von British social attitudes.
9 Ungeachtet des Bedeutungszuwachses der Mittelschicht läßt sich ein spezifisches Klassenbewußtsein der Arbeiterschicht sowie der Oberschicht aber nach wie vor feststellen; vgl. die Auszüge aus Interviews mit Personen, die als repräsentativ für ihre Schicht gelten, vgl. Marwick, a. a. O. (Anm. 6), S. 115 ff.
10 Krönig, Jürgen: Schwindelgefühle in Swinging Britain. – in: DIE ZEIT Nr. 17 vom 18. 4. 1997, S. 9–12.
11 So Ralf Dahrendorf in einem Gespräch mit DIE ZEIT Nr. 16 vom 11. 4. 1997, S. 3.
12 Goodman, Alissa/Paul Johnson/Stephen Webb: Inequality in the UK. Oxford: Oxford U.P. 1997; Adonis, Andrew/Stephen Pollard: A class act: the myth of Britain's classless society. – London: Hamish Hamilton 1997; Becker, Saul: Poverty and social welfare. – in: Catteral/Preston (Hrsg.), Contemporary Britain (1996), S. 254 ff.
13 Vgl. dazu die Zahlenangaben des Office for National Statistics, die über Internet zugänglich sind: http://www.ons.gov.uk
14 So die Stellungnahme eines Tory-MP zu der heftigen Kritik an der Feststellung von Prince Philip vom Juni 1994, es gebe in Großbritannien keine absolute Armut mehr; vgl. Becker, a. a. O. (Anm. 12), S. 256.
15 Ebd., S. 255.
16 Vgl. z. B. Solomos, John/Les Back: Race, politics and social change. – London/New York: Routledge 1995, S. 50 ff.; Solomos, John: Race and racism in Britain. – London: Macmillan 1993 (2. Aufl.), S. 49 f.
17 Llyod, Cathy: National approaches to immigration and minority policies. – in: Rex, John: Ethnic mobilisation in a multi-cultural Europe. – Aldershot u. a.: Avebury 1994, S. 69 ff.
18 „British citizenship" besitzt automatisch, wer im Vereinigten Königreich geboren ist oder dort dauerndes Wohnrecht erhält; vgl. Händel/Gossel, Großbritannien (1994), S. 189 f.
19 Baringhorst, Sigrid: Einwanderung und multiethnische Gesellschaft. – in: Kastendiek u. a. (Hrsg.), Länderbericht (1994), S. 146.
20 Das sind die Nachfahren von Indern, die als Sklaven nach Ostafrika verschleppt worden waren.
21 Zu deren Periodisierung vgl. Jessop, Ära Thatcher (1996), S. 360 f.
22 Kavanagh/Morris, Consensus politics (1989); allgemein zum Verhältnis von Staat und Wirtschaft in Großbritannien vgl. Grant, Business (1993).
23 Ein Kunstwort aus den Namen des konservativen Innenministers R. A. Butler und des Labour-Oppositionsführers Hugh Gaitskell.
24 Diese Uneinigkeiten wurden aber nur selten als „adversary politics" ausgetragen. D.h. in diesen Politikbereichen kam es kaum zu den radi-

kalen Umschwüngen, die im Westminster Modell grundsätzlich möglich wären; vgl. Abromeit, Heidrun: Kontinuität oder „Jekyll-and-Hyde-Politik“: Staatshandeln in der Schweiz und in Großbritannien. – in: dies./Werner W. Pommerehne (Hrsg.): Staatstätigkeit in der Schweiz. – Bern u. a.: Haupt 1992, S. 170 ff.

25 Jessop, a. a. O. (Anm. 21), S. 355 sowie Pollard, Sidney: Struktur- und Entwicklungsprobleme der britischen Wirtschaft. – in: Kastendiek u. a. (Hrsg.), Länderbericht (1994), S. 247 ff.; einen phasenorientierten Überblick über die Entwicklung der britischen Wirtschaft gibt Cairncross, Alec: The British economy since 1945. Economic policy and performance, 1945–1990. Oxford u. a.: Blackwell 1992 (= Making contemporary Britain Series).

26 Kimmig, Karl H.: Politische und ökonomische Aspekte der „britischen Krise“. – in: Rohe, Karl/Gustav Schmidt (Hrsg.): Krise in Großbritannien? Studien zu Strukturproblemen der britischen Gesellschaft und Politik im 20. Jahrhundert. – Bochum: Brockmeyer 1987, S. 157 ff.; vgl. Johnson, Englische Krankheit (1977).

27 Zur Diskussion über die Ursachen der englischen Krise vgl. Döring, Großbritannien (1993), S. 90 ff.

28 Dazu Kastendiek, Hans: „Collective Bargaining“ und gewerkschaftliche Interessenvertretung. – in: Kastendiek u. a. (Hrsg.): Länderbericht (1994), S. 282 f.

29 Dazu Kapitel V, Abschnitt 2.

30 Zu den Einzelheiten der Entwicklung vgl. Cairncross, a.a.O. (Anm. 25), S. 216 ff.

31 Übernommen von Jessop a. a. O., (Anm. 21), S. 361; er geht ausführlich auf die Auswirkungen des Thatcherismus auf verschiedene Bereiche ein, ebd. S. 363 ff.

32 Dazu Blake, Conservative Party (1985), S. 322 u. S. 346.

33 Fischermann, Thomas: Eifrig, flexibel, erfolglos. – in: DIE ZEIT Nr. 15 vom 4. 4. 1997, S. 32.

34 Zur „Zerstörung dieser intermediären Gebilde der bürgerlichen Gesellschaft“ vgl. Offe, „Thatcherismus“ (1996), S. 350.

35 Dazu auch die verschiedenen Beiträge in Sturm (Hrsg.), Thatcherismus (1991).

36 Dazu Kapitel IV, Abschnitt 5.

37 Dazu Kapitel VI, Abschnitt 1.

38 Kenny, Michael/Martin J. Smith: (Mis)understanding Blair. – in: The political quarterly 68 (1997), Heft 3, S. 220 ff.

39 Die tatsächliche Arbeitslosenquote beträgt nicht 6,2 %, wie von der Regierung angegeben, sondern ca. 14 %. Als arbeitslos zählen nur diejenigen, die Anspruch auf staatliche Unterstützung haben und dem Arbeitsmarkt zur Verfügung stehen; Evans, Brendan J.: Employment policy. – in: Catteral/Preston (Hrsg.), Contemporary Britain (1996), S. 278 f.

40 So die Kritik des finanzpolitischen Sprechers der Liberal Democrats, Malcom Bruce, nach Thomas, Richard: Jobless hits 17-year low. – in: THE GUARDIAN vom 14. 8. 1997.

41 Sturm, Effizienz (1997), S. 152.

42 Dazu Offe, a. a. O. (Anm. 34); zum britischen Bildungssystem allgemein vgl. Ahrens, Rüdiger: Zwischen Tradition und Erneuerung: Bildungssystem und berufliche Ausbildung. – in: Kastendiek u. a. (Hrsg.), Länderbericht (1994), S. 438 ff.

43 Einige Beobachter hegen aber auch den Verdacht, daß die von der Labour-Regierung als „Intelligente Regulierung“ umschriebene Strategie lediglich ein neuer Begriff für den alten Wunsch der Labour Party nach Intervention und Dirigismus sei; vgl. Jürgen Krönig: Die zivile Gesellschaft ist machbar! – in: DIE ZEIT Nr. 41 vom 3. 10. 1997, S. 2.

44 Vgl. die Wiedergabe der Thesen von Wissenschaftlern zur „stakeholder society“ im übersetzten Wortlaut: „Die „Stakeholder Society“ oder Politikberatung für Tony Blair. – in: Blätter für deutsche und internationale Politik Jg. 41 (1996), S. 1019 ff.

IV. Regionen und „local government“

1 Vgl. Krieger, Geschichte Englands (1990), S. 159 ff.

2 Zu den Inhalten dieser Gesetze vgl. Malanczuk, Region (1984), S. 26 ff.

3 Am Ende des 19. Jahrhunderts sprachen noch ca. 60 % der walisischen Bevölkerung ihre traditionelle Sprache; im selben Zeitraum pflegten dagegen nur noch 10 bis 15 % der Schotten das Gälische; vgl. Jenkins, Philip: A history of modern Wales 1536–1990. – London/New York: Longman 1992, S. 59.

4 Sharpe, Disjointed meso (1993), S. 260 f.

5 Dazu Sturm, Nationalismus (1981), S. 91 ff.; zur politischen Bedeutung von Plaid Cymru vgl. ders., S. 299 ff.

6 Lynch, Michael: Scotland. A new history. – London u. a.: Century 1991, S. 53 ff.

7 Jakob VI., König von Schottland, protestantisch erzogener Sohn von Maria Stuart; er bestieg 1603 als Jakob I. den englischen Thron.

8 Dazu Kapitel I, Abschnitt 4.

9 Vgl. Malanczuk, a. a. O. (Anm. 2), S. 37 ff.

10 Harvie, Christopher: Scotland and nationalism. Scottish society and politics 1707–1994. – London/New York 1994 (2. Aufl.) sowie Kellas, James G.: The Scottish political system. – Cambridge u. a.: Cambridge U.P. 1989 (4. Aufl.).

11 Vgl. „to devolve“: etwas übertragen.

12 Siehe dazu Malanczuk, a. a. O. (Anm. 2), S. 147 ff.; vgl. auch The Constitution Unit: Scotland’s Parliament (1996), S. 100 ff. sowie die Zeittafel dort im Anhang, S. 160 ff.

13 Siehe Kapitel VI, Abschnitt 1.

14 Zu den Strategien der SNP vgl. Harvie, a. a. O. (Anm. 10), S. 173 ff.

15 Das Office gliedert sich danach in fünf gleichberechtigte Abteilungen, denen jeweils ein Secretary vorsteht, sowie eine Einheit, die übergreifende Angelegenheiten wie Finanzen und Personal verantwortet. Folgende Departments sind Teil des Scottish Office: Agriculture, Environment and Fisheries; Development; Education and Industry; Health; Home. Zur politischen Bedeutung der Offices vgl. Sharpe, a. a. O. (Anm. 4), S. 261 ff. Informationen über das Amt sind auch dem Internet zu entnehmen: http://www.open.gov.uk/scottoff

16 Dazu Malanczuk, a. a. O. (Anm. 2), S. 154 ff.

17 Zu den einzelnen Wahlergebnissen der SNP vgl. Sturm, a. a. O. (Anm. 5), S. 279; für die walisische Plaid Cymru ders., S. 282.

18 Bei den Unterhauswahlen im Februar 1974 erhielt Labour 301 der 635 Sitze; die von Harold Wilson geführte Regierung war auf die Unterstützung der Liberalen (14 Mandate), der SNP (7) und von Plaid Cymru (2) angewiesen. Nach Auflösung des kürzesten Parlaments seit 1681 fanden im Oktober 1974 Neuwahlen statt, bei denen Labour eine knappe Mehrheit erhielt. Im Zuge von Nachwahlen verlor die Regierung ihre Mehrheit und war wieder auf die Unterstützung der Liberalen und der Nationalisten angewiesen.

19 Im November 1975 legte die Regierung ein White Paper „Our changing democracy. Devolution to Scotland and Wales" vor.

20 Besser bekannt als Kilbrandon Report; zur Kritik an diesem „Dokument der Vorurteile", das dem Thema Föderalisierung nicht gerecht werde, vgl. Schieren, Devolution-Debatte (1997), S. 89 f.; vgl. dazu ausführlich Malanczuk, a. a. O. (Anm. 2), S. 182 ff.

21 Für den Erfolg beider Devolution-Referenden war die Zustimmung von jeweils 40 % der walisischen bzw. 40 % der schottischen Wahlberechtigten (nicht Wähler) erforderlich. In Wales wurde dies deutlich verfehlt: nur 20 % der abgegebenen Stimmen (das entsprach 12 % der walisischen Wählerschaft) stimmten zu. Dagegen befürwortete in Schottland zwar die Mehrheit der Wähler (52 %) das Referendum, da dies aber nur ca. einem Drittel der Wählerschaft entsprach, wurde das Quorum auch hier verfehlt. Vgl. folgenden Hinweis von Sturm: „Würde dieses Quorum zum Maßstab der Beurteilung der Ergebnisse britischer Parlamentswahlen gemacht, so wäre keine der britischen Nachkriegsregierungen rechtmäßig im Amt gewesen."; Sturm, Großbritannien (1997), S. 352.

22 Dazu Sharpe, a. a. O. (Anm. 4), S. 256.

23 Siehe dazu Burch, Martin/Ian Holliday: The Conservative Party and constitutional reform: the case of devolution. – in: Parliamentary affairs 45 (1992), S. 386 ff.

24 Die schottischen Konservativen verzichteten von vornherein auf ihre Mitwirkung. Die SNP nahm noch an der Vorbereitung der SCC teil, kündigte aber schon bald die Zusammenarbeit auf, da sie das Konsens-

prinzip, das von der SCC zur Grundlage für seine Beratungen gemacht wurde, ablehnte.

25 Auszüge aus dem Bericht „Scotland's Parliament. Scotland's Right" sind abgedruckt in: The Constitution Unit, Scotland's Parliament (1996), S. 20f.

26 Bei den Unterhauswahlen 1997 konnten die schottischen Konservativen mit ihrem Stimmenanteil in Schottland von 17,5 % (Labour: 45,5 %, Liberals 13,4 %, SNP: 22,1 %) kein einziges Unterhausmandat erringen. Auch in Wales gingen sie mit 19,6 % der Stimmen leer aus (Labour 54,7 %, Liberals 12,4 %, Plaid Cymru 9,9 %).

27 In ihrem Wahlprogramm („manifesto") zu den Unterhauswahlen 1997 hatte Labour der devolution-Frage dadurch eine besondere Stellung eingeräumt, daß für beide Regionen jeweils ein zumindest nach außen hin eigenständiges „manifesto" vorgelegt wurde.

28 Unter dem Titel „Scotland's Parliament" bzw. „An Assembly for Wales".

29 Die Wahlbeteiligung lag bei 60,16 %.

30 74,29 % stimmten für ein schottisches Parlament.

31 63,48 % stimmten für entsprechende Steuerbefugnisse; Zahlenangaben nach King, Anthony: A decisive vote but doubts on tax remain. – in: THE DAILY TELEGRAPH vom 13.9. 1997, S. 4.

32 Vgl. Sturm, Roland: Schottlands Nationalbewußtsein hat tiefe Wurzeln. – in: FAZ Nr. 211 vom 11.9. 1997, S. 10.

33 Vgl. dazu in diesem Kapitel Abschnitt 1.

34 Die Gültigkeit von eigenständigem schottischem Eigentums-, Vertrags-, Familien- sowie Strafrecht wird im Unionsvertrag von 1707 garantiert. Die tatsächliche Umsetzung dieses Privilegs litt aber darunter, daß bisher das schottische Recht ebenfalls in Westminster geschrieben wurde; vgl. Malanczuk, a.a.O. (Anm. 2), S. 51.

35 Als einzige Partei, die gegen die devolution-Pläne antrat, setzten die Tories dem das Motto „Think Twice" entgegen.

36 Zitiert nach MacAskill, Ewen/Lawrence Donegan: The rebirth of a nation – or still a united kingdom? – in: THE GUARDIAN vom 13. 9. 1997, S. 1.

37 MacAskill, Ewen: SNP cheers statute for liberty. – in: ebd., S. 4.

38 Vgl. ebd.

39 Bei den Unterhauswahlen im Mai 1997 erhielt sie zwar 22 % der Stimmen, aber nur sieben von insgesamt 72 schottischen Unterhausmandaten.

40 Im schottischen Parlament werden 56 der insgesamt 129 Mitglieder über Parteilisten gewählt werden. In der Welsh Assembly 20 von insgesamt 60.

41 Bei einer Wahlbeteiligung von weniger als 50 % stimmten 50,3 % der walisischen Wähler für die Schaffung einer Regionalkammer und 49,7 % dagegen. Verglichen mit der äußerst geringen Zustimmung, auf

die das Vorhaben beim gescheiterten Referendum 20 Jahre früher stieß, ist die veränderte Stimmung dennoch offensichtlich. Auffallend am Referendum 1997 ist die regionale Zersplitterung des walisischen Abstimmungsergebnisses: von einem Stimmbezirk abgesehen, sprachen sich alle westlichen Stimmkreise für „devolution" aus und alle an England grenzenden östlichen dagegen.

42 „Launching devolution". – in: THE ECONOMIST vom 26. Juli 1997, S. 31 f.

43 Für Schottland sind dies jährlich ca. 14 Milliarden Pfund, für Wales 7 Milliarden Pfund. Da beide Regionen aus diesem Etat künftig aber auch noch ihr Parlament bzw. ihre Versammlung finanzieren müssen, wird ihnen für die inhaltliche Gestaltung weniger Geld zur Verfügung stehen als bisher. Schottland kann dies über die Erhöhung der Einkommensteuer ausgleichen, Wales nicht.

44 Vgl. Sharpe, a. a. O. (Anm. 4), S. 266. Vgl. aber auch dessen Hinweis, daß dieses Ungleichgewicht dadurch wieder ausgeglichen wird, daß England aufgrund seiner sozialen Schichtung deutlich stärker z. B. von Steuererleichterungen für Hausbesitzer profitiert als Schottland und Wales.

45 Schubert, Christian: Fördert „Devolution" den Zerfall oder doch den Erhalt der Union zwischen Schottland und England? – in: FAZ Nr. 211 vom 11. 9. 1997, S. 3.

46 Vgl. Shell, British constitution (1995), S. 376.

47 Dalyell vertritt auch heute noch den schottischen Wahlkreis West Lothian. Er ist der einzige Labourabgeordnete, der den devolution-Plan der Regierung Blair offen ablehnt.

48 Vgl. Harvie, a. a. O. (Anm. 10), S. 191; Malanczuk, a. a. O. (Anm. 2), S. 218 f.

49 Für Schottland sind dies das 1894 geschaffene und 1907 fest institutionalisierte Scottish Grand Committee sowie die beiden 1957 und 1969 eingeführten Scottish Standing Committees. Für Wales wurde 1960 ein Welsh Grand Committee eingerichtet.

50 Die Überrepräsentation schottischer MPs im Unterhaus (1997 waren es rein rechnerisch 15 von insgesamt 72 schottischen Mandaten) war das Mittel, um Schottland als den kleineren Partner in die Union einzubinden. Auch Wales ist im Unterhaus mit 5 (von 38 Mandaten) überrepräsentiert.

51 Forderungen nach größerer Eigenständigkeit werden z. B. in Cornwall bereits erhoben.

52 Dazu Bullmann, Udo: Aufbruch aus dem Zentralstaat? Der europäische Einfluß auf die subnationale Politik in Großbritannien. – in: Österreichische Zeitschrift für Politikwissenschaft Jg. 25 (1996), S. 268 ff.; vgl. Hogwood, Brian W.: Regional administration in Britain since 1979: trends and explanations. – in: Regional and federal studies Jg. 5 (1995), S. 267 ff.

53 Unabhängig davon, aber aus demselben Grund, sind die Kommunen einzelner Regionen in England bereits dazu übergegangen, für ihre Region ein eigenes Büro in Brüssel zu unterhalten; so z.B. das „Birmingham and West Midlands Office".

54 Ministerium für Umwelt, für Handel und Industrie, für Transport sowie für Beschäftigung.

55 Zu den neun Standardregionen kommt ein GOR für London hinzu. Ansonsten bildet London einen Teil der Region South-East.

56 The Constitution Unit, Regional Government (1996), S. 40.

57 Vgl. die Vorschläge zur Verfassungsreform vom Institute for Public Policy Research (IPPR), Constitution (1991); zur Bewegung Charter 88 vgl. Evans, Charter 88 (1995); siehe dazu auch die zahlreichen Veröffentlichungen von „The Constitution Unit", einem unabhängigen Forschungsprojekt am University College London, das sich mit den verschiedenen Teilaspekten einer Verfassungsreform auseinandersetzt; vgl. Literaturverzeichnis.

58 Vgl. die Übersicht über die Struktur des englischen „local government" vor 1963 und nach den Reformen von 1974 und 1986 bei Punnett, British government (1994), S. 411.

59 In der Größe zwischen Kent mit ca. 1,5 Mio. Einwohnern und der Isle of Wight mit ca. 100000 Einwohnern.

60 Durchschnittliche Einwohnerzahl zwischen 60000 und 100000.

61 Chandler, Local government (1991), S. 10.

62 Vgl. Sharpe, a.a.O. (Anm. 4), S. 248.

63 Koester, Thomas: Die Entwicklung kommunaler Finanzsysteme am Beispiel Großbritanniens, Frankreichs und Deutschlands 1790–1980. – Berlin: Duncker & Humblot 1984, S. 95 (= Finanzwissenschaftliche Forschungsarbeiten, Neue Folge Band 54).

64 Dazu Bulpitt, Jim: Territory and power in the United Kingdom. An interpretation. – Manchester: Manchester University Press 1983, S. 134ff. und S. 164f.

65 Die Trennung zwischen Zentrum und Peripherie ist aber sowohl aus psychologischen Gründen als auch aufgrund des vorherrschenden Musters des Karriereverlaufs von Politikern immer noch stärker ausgeprägt als in der Bundesrepublik Deutschland oder in Frankreich; vgl. Cole, Alistair/Peter John: Local policy networks in France and Britain: Policy co-ordination in fragmented political sub-systems. – in: West European politics Jg. 18 (1995), S. 89ff.

66 Durch den „Local government planning and land act" von 1980.

67 Stewart, John: Developments in central-local relations in England and Wales. – in: International review of administrative sciences Jg. 53 (1987), S. 487ff.

68 Offe, „Thatcherismus" (1996), S. 339f.

69 Diese Entpolitisierung äußert sich darin, daß die anstelle des rating eingeführte community charge ausdrücklich nicht als Steuer bezeichnet

wurde, sondern als eine „Gebühr“ (charge), wie sie zum Beispiel von nichtpolitischen Institutionen wie den agencies auch erhoben werden darf; vgl. Loughlin, Martin: The restructuring of central-local government relations. – in: Jowell/Oliver (Hrsg.), Constitution (1994), S. 273.

70 Neben den genannten wissenschaftlichen Untersuchungen ist dazu auch die Darstellung eines Schriftstellers empfehlenswert, der seine lesenswerten Berichte an das Magazin NEW YORKER auch als Buch herausgab; vgl. Barnes, Julian: Letters from London 1990–1995. – London: Picador 1995, S. 60ff.

71 Kingdom, John: Local government and politics in Britain. – New York u.a.: Allan 1991 (= Contemporary political studies), S. 183.

72 Seither gibt es in England sieben Gebiete, die „county-free“ sind: Greater London, Greater Birmingham, Greater Manchester, Greater Liverpool, West Yorkshire, South Yorkshire und Tyneside; vgl. Sharpe, a.a.O. (Anm. 4), S. 281.

73 Das zwischen 1963 bzw. 1972 und 1986 bestehende Zwei-Ebenen-System war nicht unumstritten. Kritisiert wurde mangelnde Effizienz, Konflikte zwischen beiden Ebenen erwuchsen vor allem dann, wenn diese von unterschiedlichen politischen Parteien dominiert wurden. Als Vorteil galt die stärkere Spezialisierung, die sich aus der Trennung zwischen Globalplanung und Bereitstellung von Serviceangeboten ergab.

74 Die „New urban left“ war eine Gruppe von Politikern und sonstigen Aktivisten, die sich einerseits für Dezentralisierung und andererseits für die Verwirklichung sozialistischer Ideen auf kommunaler Ebene einsetzten.

75 Sharpe, a.a.O. (Anm. 4), S. 252.

76 Bullmann, a.a.O. (Anm. 52), S. 267.

77 Z. B. die sogenannten „National Health Service (NHS) Trusts“.

78 Seit 1989 arbeiten in England und Wales 82 sogenannte „Training and Enterprise Councils“ (TECs) als unabhängige, nicht gewinnorientierte und privat organisierte Einrichtungen, die die Verbindung zwischen dem beruflichen Bildungswesen und der lokalen Wirtschaft stärken sollen. Arbeitsgrundlage sind Verträge mit dem Arbeits- und dem Umweltministerium, sie beziehen öffentliche Gelder; vgl. Graham, Alistair: The Accountability of Training and Enterprise Councils“. – in: Parliamentary affairs 48 (1995), S. 271ff.

79 Rechnet man diese ebenso hinzu wie die unterschiedlichen Behörden des National Health Service (NHS) sowie die anderen von der Regierung nicht berücksichtigten Exekutivbehörden (z.B. die TECs), erscheint die Zahl von 5000 „quangos“ realistisch. In der Literatur findet sich als Überbegriff für diese Institutionen auch der Begriff „extra governmental organizations“ (EGOs); dazu Weir, Quangos (1995), S. 306; zum Gesamtthema „quangos“ vgl. das Themenheft 2/1995 von Parliamentary affairs.

V. Die britischen Interessenverbände

1 Peele, Governing the UK (1995), S. 320.

2 Beyme, Klaus von: Interessengruppen in der Demokratie. – München: Piper 1980 (5. Aufl.), S. 83 ff. (= Serie Piper 202).

3 Norton, British polity (1994), S. 149 ff.; Kavanagh, British politics (1996), S. 184 f. (Die beiden zusätzlich von Kavanagh genannten Gruppierungen lassen sich ohne Schwierigkeiten in dieses Schema einpassen).

4 Kavanagh, a. a. O. (Anm. 3), S. 197; Hyman, Richard: Trade unions and industrial relations. – in: Catterall, Contemporary Britain ... 1996 (1997), S. 214.

5 Ebd., S. 217; zur Mitgliederentwicklung jüngstens Elias, Peter: Growth and decline of trade union membership in Great Britain: Evidence from work histories. – in: Gallie u. a. (Hrsg.), Trade unionism (1996), S. 175 ff.

6 Die Zahlen ab 1945 finden sich z. B. bei Taylor, Trade union question (1993), S. 381 f.

7 Sykes, Andrew J.M.: Die Gewerkschaftsbewegung in Großbritannien. – in: Rühle, Hans/Hans-Joachim Veen (Hrsg.): Gewerkschaften in den Demokratien Westeuropas. Bd. 2: Großbritannien, Niederlande, Österreich, Schweden, Dänemark. – Paderborn u. a.: Schöningh 1983, S. 15 (= Studien zur Politik 8); siehe auch Taylor, a. a. O. (Anm. 6), S. 382.

8 Hyman, a. a. O. (Anm. 4), S. 214.

9 Ebd., S. 216.

10 Hierzu Grant/Marsh, CBI (1977), S. 15 ff.

11 Hierzu z. B. Peele, a. a. O. (Anm. 1), S. 320.

12 Kaiser, André: Verbände und Politik. – in: Kastendiek u. a. (Hrsg.): Länderbericht (1994), S. 234.

13 Dies die Nennungen neben der CBI bei Punnett, British Government (1994), S. 145; weitere Verbände z. B. bei Kavanagh, a. a. O. (Anm. 3), S. 198.

14 Zit. nach Kaiser, a. a. O. (Anm. 12), S. 234.

15 Ebd., S. 235 f.

16 Sturm, Großbritannien (1997), S. 191.

17 Ellwein, Thomas: Die großen Interessenverbände und ihr Einfluß. – in: APuZ B 48/1973, S. 23 f.

18 Eine Übersicht über die wichtigsten „promotional groups“ in Großbritannien findet sich z. B. bei Sturm, a. a. O. (Anm. 16), S. 193 ff.

19 Peele, a. a. O. (Anm. 1), S. 320 f.

20 Dieser Act brachte u. a. das Ende des „closed shops“, von Betrieben also, in denen nur Gewerkschaftsmitglieder beschäftigt werden dürfen; bei geplanten Streiks konnte eine Urabstimmung verlangt werden; außerdem war eine Schlichtungszeit von 60 Tagen erzwingbar; weiterhin wurde eine Registrierungspflicht eingeführt (Sykes, a. a. O. (Anm. 7), S. 122).

21 Ausführlicher z.B. Taylor, a.a.O. (Anm. 6), S. 265 ff.

22 Dürr, Bergarbeiterstreik (1985), S. 403.

23 Sykes, a.a.O. (Anm. 7), S. 134.

24 So die gängige Bezeichnung in Großbritannien, z.B. im Buchtitel von Hanson (Taming the trade unions) oder die Kapitelüberschrift bei Taylor (a.a.O. (Anm. 6), S. 265 ff.), um hier nur zwei Beispiele aufzuführen.

25 Sturm, a.a.O. (Anm. 16), S. 204.

26 Siehe hierzu Anm. 20.

27 Die gesetzlichen Bestimmungen ausführlicher bei Sturm, a.a.O. (Anm. 16), S. 204 ff.; siehe auch Bielstein, Gewerkschaften (1988) S. 92 ff.; Taylor, a.a.O. (Anm. 6), S. 284 ff.

28 Ausführlicher Sturm, a.a.O. (Anm. 16), S. 208 f.; Taylor, a.a.O. (Anm. 6), S. 306 ff.

29 Fischermann, Thomas: Sanftmut als Programm. – in: DIE ZEIT Nr. 39 vom 19.9. 1997, S. 37.

30 Siehe zum Folgenden ausführlicher Dürr, a.a.O. (Anm. 22), S. 407 ff.; siehe z.B. auch Wendt, Gewerkschaften (1993), S. 132 ff.; weiterhin Taylor, a.a.O. (Anm. 6), S. 292 ff.

31 Richardson, Interest group behaviour (1993), S. 89 (kursiv im Original).

32 Hierzu z.B. Kaiser, Staatshandeln (1995), S. 348 ff.

33 Siehe hierzu Kapitel VI, Abschnitt 2.

34 Zit. nach Fulton, Lionel: Veränderte Beziehungen zwischen Labour und den britischen Gewerkschaften. – in: WSI-Mitteilungen Jg. 49 (1996), S. 793.

35 DER SPIEGEL Nr. 29 vom 17. 7. 1989, S. 124 f.

36 Zit. nach Sturm, a.a.O. (Anm. 16), S. 208.

37 Coates zit. nach Grant, Presssure groups (1989), S. 61; siehe auch Baggot, Pressure groups (1995), S. 485.

38 So z.B. ebd., S. 484; siehe auch Taylor, a.a.O. (Anm. 6), S. 29 ff.

39 Hierzu z.B. Grant/Marsh, a.a.O. (Anm. 10), S. 137 ff.

40 Peele, a.a.O. (Anm. 1), S. 324.

41 Kaiser, a.a.O. (Anm. 32), S. 364.

42 Baggot, a.a.O. (Anm. 37), S. 486.

43 Ebd., S. 494 ff.

44 SZ vom 11.9.1997, S. 8; siehe hierzu auch „TUC back at No. 10 after years out in cold.“ – in: The GUARDIAN vom 22. 5. 1997.

45 Richardson, a.a.O. (Anm. 31), S. 95.

46 Zu der Unterscheidung von „insider“ und „outsider groups“ siehe Grant, a.a.O. (Anm. 37), S. 67.

47 Z.B. Richardson, a.a.O. (Anm. 31), S. 90 f.

48 Norton, Parliament (1993), S. 163 f. Norton zitiert in diesem Zusammenhang eine Umfrage aus dem Jahre 1986, in der drei Viertel der über 250 befragten Interessenverbände angaben, daß sie regelmäßig oder

häufig mit Mitgliedern des Unter- bzw. des Oberhauses Kontakt pflegten.

49 Ebd., S. 168f. Siehe zu dieser Problematik auch den immer noch interessanten Aufsatz von Wilhelm Hennis (Verfassungsordnung und Verbandseinfluß. Bemerkungen zu ihrem Zusammenhang im politischen System der Bundesrepublik. – in: ders., Politik als praktische Wissenschaft. Aufsätze zur politischen Theorie und Regierungslehre. – München: Piper 1968, S. 188ff.), in dem er eine Beziehung zwischen der Bedeutung einer Institution als Ansprechpartner für Interessenverbände und ihrer Machtposition im System herstellt.

50 Grant, a.a.O. (Anm. 37), S. 76ff.

51 Richardson, a.a.O. (Anm. 31), S. 99.

VI. Parteien und Parteiensysteme in Großbritannien

1 Young, Hugo: Maggies wahrer Erbe. – in: DIE ZEIT Nr. 19 vom 2.5. 1997, S. 3.

2 Sartori, Giovanni: Parties and party systems. A framework for analysis. – Cambridge u.a.: Cambridge U.P. 1976, Bd. 1, S. 131ff.

3 Kavanagh, British politics (1996), S. 128 (kursiv im Original), wobei der Hinweis auf die „general elections" durch Kavanagh zu Recht erfolgt. Bei den letzten Kommunalwahlen von 1995 erzielten nämlich die Liberal Democrats an Mandaten ein besseres Ergebnis als die Konservativen und wurden „Britain's second party in terms of local government", auch die Labour Party schnitt deutlich besser ab als die Konservativen. (Fisher, Justin: Political parties. – in: Catterall u.a. (Hrsg.), Contemporary Britain ... 1996 (1997), S. 44ff. (Zitat S. 49)).

4 Ausführlicher Sartori, a.a.O. (Anm. 2), S. 185ff.

5 Loewenstein, Staatsrecht I (1967), S. 132.

6 Siehe hierzu Kapitel VII, Abschnitt 2.

7 Zum folgenden im Deutschen vor allem Ritter, Gerhard A.: Zur Geschichte der britischen Labour Party 1900–1918. Die Umbildung einer parlamentarischen Pressure Group in eine politische Partei. – in: ders., Parlament (1972), S. 125ff.

8 Kavanagh, a.a.O. (Anm. 3), S. 152.

9 Siehe ausführlicher Kapitel VII, Abschnitt 2.

10 Siehe z.B. SZ vom 3.10. 1985, S. 3 oder FAZ vom 2.4. 1986, S. 12. Bei dem Streit auf dem Parteitag von 1985, den Kinnock verlor, ging es um die Forderung Scargills, daß seine Gewerkschaft sämtliche Bußgelder, die ihr im Streit mit der Regierung Thatcher von den Gerichten auferlegt wurden, von einer künftigen Labour-Regierung zurückbekommen sollte und sämtliche Bergarbeiter wieder eingestellt werden müßten. (Ausführlicher zum Bergarbeiterstreik siehe Kapitel V, Abschnitt 2).

11 Zusammenfassungen z.B. in DIE ZEIT Nr. 18 vom 25. 4. 1997, S. 26; SUNDAY TIMES vom 4. 5. 1997, S. 5/9; oder Sturm, Britische Parteien

(1997), S. 5ff.; zu „New Labour“ siehe im Deutschen jetzt auch Johnson, Abschied (1997), S. 123ff.

12 Zur SDP siehe vor allem Crewe/King, SDP (1995); im Deutschen Binzenbach, Social Democratic Party (1993).

13 Crewe/King, a.a.O. (Anm. 12), S. 522.

14 Hierzu vor allem MacIver, Liberal Democrats (1996).

15 Kavanagh, a.a.O. (Anm. 3), S. 147.

16 Siehe z.B. Blake, Conservative Party (1985), S. 320. Die eigentlichen Favoriten für den Parteivorsitz waren R. Maudling und K. Joseph.

17 Ausführlicher Kapitel III, Abschnitt 3.

18 Zit. nach Aughey, Arthur: Philosophy and faction. – in: Norton (Hrsg.), Conservative Party (1996), S. 90; siehe hierzu auch SZ vom 11.11.1985, S. 3.

19 Zit. nach DER SPIEGEL Nr. 18 vom 1.5.1989, S. 184.

20 Dahrendorf, Ralf: Zehn Jahre und kein bißchen leiser. – in: DIE ZEIT Nr. 19 vom 5.5.1989, S. 3.

21 Zusammenfassend z.B. Whiteley, Paul: The Conservative Campaign. – in: Norris/Gavin (Hrsg.): Britain votes (1997), S. 549ff.; Sturm, a.a.O. (Anm. 11), S. 3f.

22 Die britischen Grünen kamen damals auf 14,9% der Stimmen, konnten allerdings kein einziges Mandat erringen.

23 Ausführlicher hierzu Kapitel IV, Abschnitt 3.

24 1983 erreichte die Plaid Cymru 0,4% und 2 Mandate, die SNP 1,1% bzw. 2 Mandate; 1987 kam die Plaid Cymru auf 0,4% und 3 Mandate, die SNP auf 1,3% und ebenfalls 3 Mandate; die entsprechenden Zahlen für 1992: Plaid Cymru 0,5% und 4 Mandate, SNP 1,9% und 3 Mandate; auch bei der jüngsten Wahl hielt der leichte Aufwärtstrend an: Plaid Cymru 0,5% und 4 Mandate, SNP 2,0% und 6 Mandate.

25 Kavanagh, a.a.O. (Anm. 3), S. 23.

26 Zusammenfassend zur Plaid Cymru z.B. Kellas, James G.: Scottish and Welsh nationalist parties since 1945. – in: Seldon, UK political parties (1990), S. 122–137.

27 Die Meinungsumfragen weisen eine deutlich stärkere Befürwortung der nationalen bzw. regionalen Identität in Schottland als in Wales nach. 1995 z.B. antworteten 30% der Schotten, aber nur 20% der Waliser positiv auf die Frage, ob sie sich als Schotten bzw. Waliser und nicht als Briten betrachten (Kavanagh, a.a.O. (Anm. 3), S. 30).

28 Der Stimmenanteil der Plaid Cymru bei der Wahl 1997 lag in Wales bei 9,9%, derjenige der SNP in Schottland bei 22,1% (THE OBSERVER vom 4.5.1997, S. 24).

29 Luyken, Reiner: Dreigeteilt niemals? – in: DIE ZEIT Nr. 21 vom 19.5.1995, S. 52; ausführlicher zum schottischen Nationalismus Kapitel IV, Abschnitt 2.

30 „Wir haben andere Werte und Ziele als das englische Volk. England ist Tory-Besitz für alle Zeiten. Es behandelt Schottland als zweitrangige

Nation. Wir wollen nichts damit zu tun haben", so z.B. James Sillars – ein in einer Unterhausnachwahl siegreicher Kandidat der SNP (FAZ vom 25.11.1988, S. 12).

31 Scotland and Wales: Tory-free zones. – in: THE INDEPENDENT vom 3.5. 1997, S. 7; zum Ausgang der letzten Wahl in Schottland siehe auch Brown, Alice: Scotland. – in: Norris/Gavin, a.a.O. (Anm. 21), S. 658ff.

32 Kellas, a.a.O. (Anm. 26), S. 131; ausführlicher Kap. IV, Abschnitt 3.

33 Scarrow, Parties (1996), S. 75f.

34 Eine Übersicht über die Mitgliederzahlen der deutschen Parteien z.B. bei Rohlfs, Horst-Hennek/Ursel Schäfer: Jahrbuch der Bundesrepublik Deutschland 1997. – München: dtv 1997 (12. Aufl.), S. 249f. (= Beck/dtv 5618). Bei der CDU/CSU lagen die Mitgliederzahlen 1990 und 1991 mit ca. 970000 und 936000 höher als 1983. Diese durch die Wiedervereinigung bedingten Zahlen verdecken jedoch, daß sich auch in der CDU – für die CSU gilt dies nur in eingeschränktem Maße – der Mitgliederschwund seit 1983 kontinuierlich fortsetzt. Diese unterschiedlichen Mitgliederentwicklungen erklären zumindest partiell das deutlich positivere Urteil, das Großbritannien in der bahnbrechenden Untersuchung von Almond und Verba am Ende der 50er Jahre verbuchen konnte (Almond/Verba, Civic culture (1963), S. 455ff.). Ein Vergleich der deutschen und britischen Parteimitgliedschaften bei Scarrow, a.a.O. (Anm. 33), S. 52ff.

35 Fisher, a.a.O. (Anm. 3), S. 44; „Tory reform: General Hague's war plan". – in: THE GUARDIAN vom 8.10. 1997.

36 Zu den Parteistrukturen am Beginn von Labour siehe z.B. McKenzie, Politische Parteien (1961), S. 299ff.

37 Ebd., S. 313f. Siehe zu den direkten und indirekten Mitgliedern die Tabelle bei Pelling/Reid, Labour Party (1996), S. 198f.

38 Z.B. Bennie, Lynn u.a.: Party members. – in: MacIver, a.a.O. (Anm. 14), S. 135; oder Fisher, a.a.O. (Anm. 3), S. 49.

39 Siehe hierzu Kapitel IX, Abschnitt 3.

40 McKenzie, a.a.O. (Anm. 36), S. 337; daß der Parteitag auch zu Oppositionszeiten nicht viel mächtiger war, siehe ebd., S. 340.

41 Ebd., S. 330; bei Programmänderungen, bei denen eine 2/3-Mehrheit nötig war, mußten die drei größten Gewerkschaften nur noch ca. 200000 der insgesamt ca. 6 Mio. Stimmen einwerben, um jeden Antrag ablehnen zu können.

42 Norton, British polity (1994), S. 132; Fisher, a.a.O. (Anm. 3), S. 48; zu den eingeschränkten Kompetenzen der künftigen Labour-Parteitage siehe unten.

43 McKenzie, a.a.O. (Anm. 36), S. 19 f., S. 223f.

44 Den Gewerkschaften stehen 12 der 29 Mitglieder zu, fünf Mitglieder müssen Frauen sein, sieben werden von den direkten Mitgliedern gewählt. Hinzu kommen der Schatzmeister und je ein Vertreter der

Young Socialists und der Socialist and Co-operative Societies sowie der Parteivorsitzende und sein Stellvertreter.

45 Punnett, British government (1994), S. 95; siehe auch Thether, Philip: The party in the country I. – in: Norton (Hrsg.), a.a.O. (Anm. 18), S. 102 ff.

46 Siehe z.B. SZ vom 12.10.1995, S. 4; FAZ vom 13.10.1995, S. 3; FAZ vom 11.10. 1996, S. 6.

47 Siehe hierzu vor allem Punnett, Party leader (1992), S. 53 ff.

48 Hierzu Alderman, Conservative Party leadership election (1996), S. 316 ff.

49 FAZ vom 9.6. 1997, S. 3; zu den genauen Modalitäten der Wahl siehe den Hinweis in Anm. 48.

50 Hierzu z.B. Kavanagh, Dennis: British political parties – thirty years after Robert McKenzie. – in: Döring/Grosser (Hrsg.), Großbritannien (1987), S. 31 ff.

51 Siehe z.B. SZ vom 23.9. 1997, S. 6; SZ vom 8.10. 1997, S. 9; FAZ vom 10.10. 1997, S. 9; zu den geplanten und geforderten Reformen siehe z.B. „Tory reform: General Hague's war plan" und „Reinventing the Tories" im GUARDIAN vom 8. und 9.10. 1997.

52 McKenzie, a.a.O. (Anm. 36), S. 202.

53 Ausführlicher zu den damaligen Regelungen Punnett, a.a.O. (Anm. 47), S. 106 ff.

54 Siehe z.B. SZ vom 1.10.1993, S. 3.

55 Siehe hierzu Alderman/Carter: The Labour Party leadership (1995), S. 438 ff.

56 So die britische Bestsellerautorin Fay Weldon (SoziLight. – in: Süddeutsche Zeitung Magazin Nr. 39 vom 27.9. 1996, S. 30).

57 Siehe z.B. SZ vom 30.9. 1997, S. 8; FAZ vom 1.10. 1997, S. 2.

58 Bezeichnend für diese Nutzung der Gunst der Stunde war das Statement der Nordirland-Ministerin Mo Mowlan gegen den Versuch, die Beschlüsse zur Reform der innerparteilichen Willensbildung um ein Jahr zu verschieben: „Wenn wir die Struktur jetzt nicht ändern, wird das fatal sein, dann werden wir die Unterstützung der Menschen nicht behalten." (SZ vom 30.9. 1997, S. 8). Ohne einen Deal mit den Gewerkschaften wäre diese (Selbst-)Entmachtung der Parteitagsdelegierten wohl auch Blair nicht gelungen (siehe FAZ vom 1.10. 1997, S.2).

59 Michels, Robert: Zur Soziologie des Parteiwesens in der modernen Demokratie. Untersuchungen über die oligarchischen Tendenzen des Gruppenlebens. – Stuttgart: Kröner 1989 (4. Aufl., Erstaufl. 1911), insb. S. 24 ff. (= KTA 250).

60 McKenzie, a.a.O. (Anm. 36), S. 380 ff.

61 Ausführlicher zur Organisation dieser Partei Ingle, Stephen: Party organizsation. – in: MacIver, a.a.O. (Anm. 14), S. 113 ff.

62 Hierzu zusammenfassend z.B. Norton, a.a.O. (Anm. 42), S. 133 ff. oder Punnett, a.a.O. (Anm. 45), S. 130 ff.; ausführlicher z.B.

Crewe/King, a.a.O. (Anm. 12), MacIver (Hrsg.), a.a.O. (Anm. 14), S. 113 ff.

VII. Das britische Wahlsystem

1 Zum heutigen französischen Wahlsystem im Deutschen vor allem Grote, Rainer: Das Regierungssystem der V. französischen Republik. Verfassungstheorie und -praxis. – Baden-Baden: Nomos 1995, S. 67 ff., 204 ff. (= Beiträge zum ausländischen und vergleichenden öffentlichen Recht 6); zur Geschichte der französischen Wahlsysteme siehe z.B. Medzeg, Gisela/Dieter Nohlen: Frankreich. – in: Sternberger, Dolf/ Bernhard Vogel (Hrsg.): Die Wahl der Parlamente und anderer Staatsorgane. Ein Handbuch, Bd. I, 1. – Berlin: de Gruyter 1969, S. 441 ff.

2 Den Beginn machten Walter Bagehot, der das Mehrheitswahlsystem verteidigte, und Thomas Hare und John St. Mill, die für seine Abschaffung plädierten. Vgl. hierzu z.B. Friedrich, Verfassungsstaat (1953), S. 321 ff.

3 Die Zahl der Unterhausmandate betrug direkt nach dem Krieg zunächst 640, wurde dann durch den Representation of the People Act 1948 auf 625 abgesenkt und stieg seitdem wieder bis auf heute 659 Mandate an.

4 Butler, Electoral system (1963), S. 4 („The passing of the Great Reform Bill was important more for introducing the idea of change than for the changes it actually affected"), ähnlich die Einschätzung z. B. bei Blackburn, Electoral system (1994), S. 67.

5 Loewenstein, Zur Soziologie der parlamentarischen Repräsentation in England nach der großen Reform: Das Zeitalter der Parlamentssouveränität (1832–1867). – in: ders., Beiträge (1961), S. 70.

6 Friedrich, a.a.O. (Anm. 2), S. 318.

7 Loewenstein, Zur Soziologie der parlamentarischen Repräsentation in England vor der ersten Reformbill. – in: ders., Beiträge (1961), S. 47.

8 Huxley, Aldous: Eine Gesellschaft auf dem Lande. – München u.a.: Piper 1977 (Englische Originalausgabe 1949), S. 145.

9 Seymour, Electoral reforms (1915), S. 1 ff., zusammenfassend zu den Reformen auch Blackburn: a.a.O. (Anm. 4), S. 66 ff.

10 Seymour, a.a.O. (Anm. 9), S. 533.

11 Butler, a.a.O. (Anm. 4), S. 1.

12 Blackburn, a.a.O. (Anm. 4), S. 82 f.

13 Fraenkel, Parlamentarisches Regierungssystem (1964), S. 241.

14 Siehe hierzu ausführlicher z.B. Butler, a.a.O. (Anm. 4), S. 58 ff.

15 Siehe hierzu insbesondere die Arbeit von Ferdinand A. Hermens, die bereits im Titel „Demokratie oder Anarchie? Untersuchung über die Verhältniswahl" (Köln u.a.: Westdeutscher Verlag 1968 (Amerikanische Originalausgabe 1941)) sämtliche Zweifel ausschließt. Eine Zusammenfassung der deutschen Diskussion in der Nachkriegszeit bei Jesse, Wahlrecht (1985), S. 51 ff.

16 Zum folgenden insbesondere Duverger, Parteien (1959), S. 221 ff.; siehe auch ders., Influence (1951), S. 314 ff. und ders. (Hrsg.): L'influence (1950).

17 Z.B. THE DAILY TELEGRAPH vom 3.5.1997, S. 7; DIE ZEIT Nr. 20 vom 9.5.1997, S. 32.

18 Duverger, Parteien (1959), S. 240.

19 Zit. nach Butler, David E./King, Anthony: The British general election of 1964. – London: Macmillan 1965, S. 102.

20 Auch diese Begriffe stammen von Duverger, Influence (1951), S. 338.

21 So z.B. Butler, David: Appendix zu Nicholas, H.G.: The British general election of 1950. – London: Mamillan 1951, S. 331.

22 Siehe z.B. „Näher an die Währungsunion". – in: FAZ vom 9.5. 1997, S. 12.

23 Duverger, Parteien (1959), S. 322 ff.

24 Zahlen nach Blackburn. a.a.O. (Anm. 4), S. 13 ff. und – für 1997 – Norris, Anatomy of a Labour landslide. – in: dies./Gavin (Hrsg.), Britain votes (1997), S. 510.

25 Siehe hierzu ausführlicher Kapitel III, Abschnitt 3.

26 Eine Zusammenfassung dieser Bemühungen bei Hübner, Wirkungen (1984), S. 80 ff.

27 Butler, a.a.O. (Anm. 4), S. 194.

28 Hierzu zusammenfassend Jesse, Wahlrecht (1985), S. 113 ff., oder Bredthauer, Rüdiger: Das Wahlsystem als Objekt von Politik und Wissenschaft. Die Wahlsystemdiskussion in der BRD 1967/68 als politische und wissenschaftliche Auseinandersetzung. – Meisenheim: Hain 1973 (= Studien zum politischen System der Bundesrepublik 2).

29 Kaufmann, Erich: Zur Problematik des Volkswillens. – in: ders., Rechtsidee und Recht. Rechtsphilosophische und ideengeschichtliche Bemühungen aus fünf Jahrzehnten. – Göttingen: Schwartz 1960, S. 278 (= Gesammelte Schriften 3).

30 Ein solcher „bias" ergibt sich, wenn die eine Partei einerseits ihre Wahlkreise mit großen Mehrheiten gewinnt und die anderen Wahlkreise andererseits mit relativ knappen Stimmenrückständen an die Gegenpartei verliert.

31 Ein ähnliches Ergebnis kam auch bei der ersten Wahl 1974 zustande, als umgekehrt die Labour Party (37,1 %) mit weniger Stimmen als die Konservativen (37,9 %) vier Mandate mehr erhielt (301 : 297). Auch bei dieser Wahl wurde weniger die Ergebnisverfälschung diskutiert; kritisiert wurde vor allem, daß es zu einem „hung parliament" gekommen war, in dem keine der beiden großen Parteien über eine Mehrheit verfügt.

32 Zit. nach Hermens, Ferdinand A.: Demokratie und Wahlrecht. Eine wahlrechtssoziologische Untersuchung zur Krise der parlamentarischen Regierungsbildung. – Paderborn: Schöningh 1933, S. 168 (= Görres-Gesellschaft. Veröffentlichungen der Sektion für Sozial- und Wirtschaftswissenschaften 6) .

33 So vor allem von Hermens und Unkelbach und – wesentlich abgemildert – von Duverger. Duverger hat einen partiellen Rückzieher in diesem Punkt vollzogen (siehe Duverger, Maurice: Duverger's laws: Forty years later. – in: Grofman, Bernard/Arend Lijphart (Hrsg.): Electoral laws and their political consequences. – New York: Agathon 1986, S. 69 ff., insb. S. 76 ff.).

34 Zum Ergebnis siehe Anm. 31.

35 Siehe zu dieser Kommission ausführlicher unten Abschnitt 3.

36 Zur Diskussion um die veränderten Wirkungen des relativen Mehrheitswahlsystem in Großbritannien seit den 70er Jahren siehe z. B. Curtice/Steed, Electoral choice (1982); dies., Proportionality (1986); Curtice, Surprise (1992); Crewe, Two-party system (1982); Norris/Crewe, British marginals (1994); Bogdanor, The 1992 general election (1992).

37 Labour erhielt mit ca. 43,5 % der Stimmen 63,6 % der Mandate.

38 Siehe z. B. Dunleavy, Patrick/Helen Margetts: The electoral system. – in: Norris/Gavin, a. a. O. (Anm. 21), S. 733; „Tony Blair, Prime Minister." – in: DAILY TELEGRAPH vom 3. 5. 1997, S. 21; Jenkins, Simon: A constitutional adventure. – in: THE TIMES vom 3. 5. 1997, S. 20; „The nation's covenant with Labour." – in: ebd., S. 20; oder Adonis, Andrew: Nice one, Tony ... now make it work. – in: THE OBSERVER vom 4. 5. 1997, S. 32.

39 Siehe hierzu ausführlicher Kapitel IV, Abschnitt 3.

40 Curtice/Steed, Electoral choice (1982), S. 290.

41 Hansard Society, Report (1976), S. 22 f.

42 Ebd., z. B. S. 45.

43 Beschreibung des STV-System z. B. ebd., S. 34 ff; Nohlen, Dieter: Wahlrecht und Parteiensystem. Über die politischen Auswirkungen von Wahlsystemen. – Opladen: Leske und Budrich 1989, S. 221 ff. (= UTB 1527).

44 Hansard Society, a. a. O. (Anm. 41), S. 37 ff.

45 Blackburn, a. a. O. (Anm. 4), S. 388.

46 Plant, Plant report (1991), S. 15 ff.

47 Plant, Report (1993), S. 38; siehe zum Plant Report auch: Dummett, Voting system (1992); oder Beetham, Plant report (1992).

48 Siehe z. B. Kröncke, Gerd: Blairs stille Revolution kommt voran. – in: SZ vom 26./27. 7. 1997, S. 5. Diese Kommission war von beiden Parteien noch vor der Wahl im März 1997 beschlossen worden (Dunleavy/Margetts, a. a. O. (Anm. 38), S. 746.

49 Siehe z. B. „Blair backs PR voting for Euro poll." – in: THE GUARDIAN vom 15. 7. 1997; „Voters may get five PR systems." – in: THE GUARDIAN vom 17. 7. 1997; die beginnende Diskussion um die Proportionalisierung der Wahlen zum Europäischen Parlament läßt harte Auseinandersetzungen erwarten (siehe z. B. „Blair faces poll revolt"; und „Straw faces row over closed ballot system." in: THE GUARDIAN vom 13. 10. bzw. 30. 10. 1997).

VIII. Die Medien

1 Koch, Einführung (1990), S. 131 sowie Jones, Bill of Rights (1990), S. 30.

2 Unter der Woche wurden im Juli 1997 täglich fast 14 Millionen Zeitungen in Großbritannien verkauft, mit einer geschätzten Gesamtleserschaft von ca. 30 Millionen. Auffallend ist auch der hohe Anteil von Sonntagszeitungen mit fast 15 Millionen verkauften Exemplaren (insgesamt 35 Millionen Gesamtleserschaft); vgl. dazu Newton, Mass media (1995), S. 158. Vgl. auch „Drei Jahre Preiskrieg verdoppelt die Auflage der ‚Times'". – in: FAZ Nr. 76 vom 2.4. 1997, S. 18. Aktuelle Auflagenzahlen veröffentlicht das Audit Bureau of Circulations, eine gemeinnützige Organisation der Medien- und Werbebranche z. B. im Internet, http://www.abc.org.uk/

3 Vgl. das Schaubild zu den Besitzverhältnissen bei der lokalen und regionalen Presse bei Tunstall, Newspaper power (1996), S. 66.

4 Von den elf auflagenstärksten Zeitungen Europas erscheinen neun in Großbritannien; Newton, a. a. O. (Anm. 2), S. 157.

5 Tunstall, a. a. O. (Anm. 3), S. 62 ff.

6 Seit 1900 sank die Zahl der selbständigen nationalen Tageszeitungen von 21 auf 11; im Jahr 1923 wurden 14 nationale Sonntagszeitungen produziert, 1983 nur 8. Die Zahl der lokalen und regionalen Blätter ist ebenfalls rückläufig; Newton, a. a. O. (Anm. 2), S. 158.

7 Eine Übersicht über die gesamten Beteiligungen von „News International" in Großbritannien findet sich bei Doyle, Gillian: Deregulierung für den Multimediamarkt. – in: Media Perspektiven 1996, S. 142.

8 Tägliche Auflage ca. 3,8 Millionen.

9 Zwischen 1987 und 1995, als ihr Erscheinen eingestellt wurde, gehörte ihm auch die erst 1985 neu gegründete „Today"; dazu Tunstall, Newspaper power (1996), S. 20 f. und S. 124.

10 Borger, Sebastian: Blairs Blätter. – in: DIE WOCHE vom 4. 4. 1997, S. 16.

11 Tunstall, a. a. O. (Anm. 3), S. 91.

12 Finanziert wurde die Gründung von verschiedenen Versicherungsgesellschaften und Banken; Seymour-Ure, Media (1994), S. 41.

13 „The Guardian" gehört seit den 30er Jahren einer Stiftung, die allein den Zweck hat, die Existenz dieses linksliberalen Blattes zu sichern.

14 Vgl. Kratz, Wilfried: Selbstmord in Raten. – in: DIE ZEIT vom 4.2. 1994, S. 28.

15 „The Independent" erhöhte sogar den Verkaufspreis. Die Hoffnung, die Leser seien bereit, mehr Geld für eine niveauvolle Zeitung auszugeben, schlug aber fehl: „The Independent" verlor in den letzten vier Jahren rund 100 000 Leser und verkauft inzwischen nur noch ca. 260 000 Exemplare täglich.

16 „The Times" senkte ihren Preis im Jahr 1993 zunächst von 45 auf 30 pence; als „The Daily Telegraph" gezwungenermaßen nachzog, ging

„The Times“ kurzfristig sogar auf 20 pence herunter. Inzwischen machte Murdoch einen Teil der Preissenkungen wieder rückgängig: während „The Times“ nun von Dienstag bis Freitag 35 pence kostet, ist sie montags mit 10 pence aber nach wie vor konkurrenzlos billig.

17 In den Medienstatistiken als „national morning mid market“ geführt.

18 Zahlenangaben nach „Drei Jahre Preiskrieg verdoppelt die Auflage der ‚Times‘“. – in: FAZ Nr. 76 vom 2. 4. 1997, S. 18.

19 Tunstall, a.a.O. (Anm. 3), S. 18ff.; Schnittger, Bernhard: Murdochs Medien-Empire und die „Schlacht von Wapping“. Die Niederlage der britischen Drucker und die Veränderung der internationalen Medienlandschaft. – in: Blätter für deutsche und internationale Politik Jg. 32 (1987), S. 349ff.

20 Zu den Veränderungen in der Redaktion von „The Times“ siehe Luyken, Reiner: Die Welt im Netz des Rupert Murdoch. in: DIE ZEIT vom 27. 5. 1994, S. 13–15.

21 In den Medienstatistiken als „national morning quality“ geführt.

22 Die einzige Ausnahme von dieser Tendenz macht „The Financial Times“. Zu den Qualitätseinbußen vgl. Seymour-Ure, Press (1994), S. 540.

23 Dazu gehört der Vorsatz, keine Photos aus dem täglichen Leben der beiden Söhne von Prinzessin Diana mehr zu veröffentlichen. Der Umstand, daß ausgerechnet der Herausgeber der Boulevardzeitung „Daily Mail“ dem Organ der Presseselbstkontrolle (Press Complaints Commission) vorsitzt, erscheint dem Verleger des konservativen „The Daily Telegraph“ als ähnlich angemessen, wie wenn Al Capone zum Präsidenten einer Kommission zur Untersuchung des organisierten Verbrechens in den USA der 20er Jahre ernannt worden wäre; vgl. „Press regulation: Life after Diana“. – in: THE ECONOMIST vom 20.9. 1997, S. 48.

24 Negrine, Ralph: The media. – in: Catterall/Preston (Hrsg.), Contemporary Britain (1996), S. 84f. Auf jeden Fall wird die Übernahme der Europäischen Menschenrechtskonvention, die ausdrücklich die Privatsphäre schützt, britischen Richtern die Möglichkeit geben, durch entsprechende Urteile eine neue Rechtslage zu schaffen; vgl. Krönig, Jürgen: Blut an den Händen. – in: DIE ZEIT Nr. 38 vom 12.9. 1997, S. 65.

25 Hachmeister, Lutz/Günther Rager (Hrsg.): Wer beherrscht die Medien? Die 50 größten Medienkonzerne der Welt. – München: Beck 1997, S. 134.

26 Zuletzt geschah dies im Jahr 1995 mit Wirkung ab 1. Mai 1996; die „BBC Charter and Agreement“ legt u.a. sehr allgemein die Ziele der BBC fest und regelt Organisation und interne Kontrollbefugnisse.

27 Seymour-Ure, Press (1994), S. 62f.

28 Im Internet bietet das BBC u.a. eine illustrierte Darstellung seiner eigenen Geschichte sowie Informationen zu Organisation, rechtlichen Grundlagen und Programmen an; http://www.BBC.co.uk

29 Dazu ausführlich der Abschnitt über das britische Rundfunkwesen in Hoffmann-Riem, Wolfgang: Regulating media. The licensing and supervision of broadcasting in six countries. – New York/London: Guilford Press 1996 (= The Guilford communication series), S. 67ff.

30 Gellner, Winand: Medien im Wandel. – in: Kastendiek u. a. (Hrsg.), Länderbericht (1994), S. 461.

31 Vgl. dazu Krönig, Jürgen: Was würde George Orwell dazu sagen? – in: DIE ZEIT vom 3. 11. 1995.

32 Dieser Finanzierungsmodus gilt vorerst bis zum Jahr 2002; während im 2. und 3. Jahr der Genehmigung sogar eine Gebührenerhöhung über den Verbraucherpreisindex vorgesehen ist, werden die Gebühren im 4. und 5. Jahr (2000–2002) niedriger angehoben; vgl. dazu die schriftliche Antwort auf eine Anfrage im Unterhaus; House of Commons Hansard Written Answers, 18. 12. 1996, Spalte 591 (auch über Internet abrufbar); siehe dazu auch Negrine, a. a. O. (Anm. 24), S. 88.

33 Steemers, Jeanette: Digitale Medienpolitik in Großbritannien. – in: Media Perspektiven 1996, S. 402ff.

34 Hoffmann-Riem, a. a. O. (Anm. 29), S. 70.

35 Kuhn, Raymond/Mark Wheeler: A rejoinder. The future of the BBC revisited. – in: Political quarterly Jg. 65 (1994), S. 433.

36 Pettigrew, Nick: Producer choice – ein Erfolgsrezept? – in: Media Perspektiven 1995, S. 267ff.

37 Hoffmann-Riem, a. a. O. (Anm. 29), S. 79.

38 Als „drittes" Fernsehprogramm nach BBC 1 und BBC 2.

39 Der Broadcasting Act vom Juli 1996 bewirkte eine weitere Flexibilisierung des Multimediamarktes.

40 In Deutschland liegt dieser Anteil bei 30 %.

41 Zu den bisherigen Besitzverhältnissen im ITV-Fernsehen vgl. das Schaubild bei Doyle, a. a. O. (Anm. 7), S. 143.

42 Zeitungsgruppen mit weniger als 20 % Auflagenanteil dürfen bis zu 15 % des gesamten Fernsehmarktes und 15 % des kommerziellen Radiomarktes kontrollieren; ebd., S. 166.

43 Steemers, a. a. O. (Anm. 33), S. 402.

44 Kuhn/Wheeler, a. a. O. (Anm. 35), S. 435.

45 Einen kurzen Überblick über sein weltweites Engagement geben Hachmeister/Rager (Hrsg.), a. a. O. (Anm. 25), S. 47ff.

46 Newton, a. a. O. (Anm. 2), S. 167.

47 Margaret Thatcher bemühte sich vergeblich, durch ein persönliches Gespräch mit Rupert Murdoch dessen Blätter wieder für John Major einzunehmen, vgl. Wintour, Patrick: Major begged Thatcher to put pressure on the Sun. – in: THE OBSERVER vom 23. 3. 1997.

IX. Die politischen Institutionen

1 Herzog, Roman: Aufbruch ins 21. Jahrhundert. – in: Bissinger, Manfred (Hrsg.): Stimmen gegen den Stillstand. Roman Herzogs „Berliner Rede“ und 33 Antworten. – Hamburg: Hoffmann und Campe 1997, S. 13–30; Henkel, Hans-Olaf: Für eine Reform des politischen Systems. – in: ebd., S. 89f.

2 DER SPIEGEL Nr. 30 vom 21.7.1997, S. 23.

3 Siehe z.B. Leicht, Robert: Die Gedanken sind frei. – in: DIE ZEIT Nr. 30 vom 18.7. 1997, S. 4; Prantl, Heribert: Der Staat als Beute. – in: SZ vom 11.7. 1997, S. 4; Dohnanyi, Klaus von: Aufstand der Mandarine. – in: DER SPIEGEL Nr. 30 vom 21.7. 1997, S. 24; „Konfliktstrategie ist das Todesurteil“. Interview mit Fritz W. Scharpf. – in: DER STERN Nr. 31 vom 24.7. 1997, S. 104ff.

4 Henkel nennt zwar Schweden, Holland und Neuseeland als Vorbilder; warum er aber auf drei Länder mit Verhältniswahlsystemen – wobei ironischerweise Neuseeland vor kurzem vom Mehrheitswahlsystem zu einem Verhältniswahlsystem nach bundesdeutschem Vorbild gewechselt hat – zurückgreift, erscheint ihm keiner Begründung wert.

5 Siehe hierzu ausführlicher Kapitel II, Abschnitt 2.

6 Johnson, Englische Krankheit (1977), wobei der Autor bereits im Untertitel – „Wie kann Großbritannien seine politische Krise überwinden?“ – deutlich macht, daß er die wirtschaftlichen Probleme in erster Linie als eine Folge der Krise der Institutionen und der Verfassung betrachtet.

7 Die vor allem von S.E. Finer (Adversary politics (1975)) vertretene Position kann man als geradezu klassische Antithese zu Henkel verstehen: in einem System, in dem der Kampf zwischen den zwei großen Parteien vor allem um den Machterhalt bzw. die Machtübernahme durch Wahlen gehe, schrecke man vor nur schwer erfüllbaren Wahlversprechen nicht zurück. Eine auf Dauer angelegte (Wirtschafts-)Politik sei in einem solchen System nicht zu erwarten, wodurch insbesondere bei der Wirtschaft erhebliche Unsicherheiten entstünden.

8 Zit. nach Herzog, a.a.O. (Anm. 1), S. 15.

9 Bagehot, Englische Verfassung (1971), S. 49.

10 Ebd., S. 49.

11 Allerdings ging es Montesquieu wohl nicht um die Beschreibung der englischen Verfassungsrealität, die er nach Meinung seiner Kritiker gründlich mißverstanden hat. Kluxen weist darauf hin, daß dem Gewaltenteilungskapitel in erster Linie die Verfassungsvorstellungen der Walpole-Gegner zugrunde liegen, und Montesquieu schreibt am Ende dieses Kapitels selbst, daß es ihm nicht darauf ankomme, ob die beschriebenen Verhältnisse auch tatsächlich auf England zutreffen. Es genüge ihm, daß die gesetzlichen Voraussetzungen hierfür vorlägen (siehe hierzu z.B. Kluxen, Kurt: Die Herkunft der Lehre von der Gewal-

tenteilung. – in: Rausch, Heinz (Hrsg.): Zur heutigen Problematik der Gewaltentrennung. – Darmstadt: Wissenschaftliche Buchgesellschaft 1969, S. 134f. (= Wege der Forschung 194)).

12 Siehe im einzelnen die unten folgenden Ausführungen zum „prime ministerial government“-Disput, sowie Kapitel II, Abschnitt 2 und Kapitel IV, Abschnitt 3.

13 Siehe zur folgenden Unterscheidung z.B. Fraenkel, Parlamentarisches Regierungssystem (1964), S. 238ff.

14 Bagehot, a.a.O. (Anm. 9), S. 53.

15 Teilweise trieb dieses Konzept allerdings merkwürdige Blüten: P. Gordon Walker war zwar nach dem Wahlsieg von Labour 1964 Außenminister geworden, obwohl er kein Mandat innehatte. Er mußte jedoch kurz danach aus seinem Amt wieder ausscheiden, da er in einer durch einen Abgeordnetenrücktritt eigens für ihn organisierten Nachwahl 1965 wiederum unterlag.

16 Siehe hierzu z.B. Nuscheler, Franz: Parlamentarische Staatssekretäre und Staatsminister – das britische Vorbild. – in: ZParl Jg. 1 (1970), S. 83–89.

17 Brazier, Ministers (1997), S. 12.

18 Siehe hierzu z.B. Nuscheler, a.a.O. (Anm. 16), S. 83ff.

19 Quelle für die Gehälter: Internet http://www.politics.guardian.co.uk/extras/cabinet. Die Oberhausmitglieder erhalten – abgesehen von einigen Funktionsträgern – keine Diäten, sondern nur Tagegelder und Kostenerstattungen.

20 Kavanagh, British politics (1996), S. 250; das gilt auch für die derzeitige Labour Regierung.

21 Siehe z.B. Brazier, a.a.O. (Anm. 17), S. 12f.

22 Die von der Großen Koalition aufgrund des britischen Vorbildes eingeführten Parlamentarischen Staatssekretäre sind zwar seitdem in ihrer Zahl deutlich erhöht worden. Das Ausmaß der britischen „Parlamentarisierung der Regierung“ wird in der Bundesrepublik allerdings deutlich unterschritten. In der Bundesrepublik kommen statt dessen die politischen Beamten hinzu, die an der Spitze der Verwaltung stehen und gegebenenfalls ohne Angabe von Gründen in den einstweiligen Ruhestand versetzt werden können, wodurch sich ebenfalls eine relativ einheitliche Ministeriumsspitze herstellen läßt.

23 Beispiele dafür, daß diese convention in der Praxis doch weniger rigoros gehandhabt wird, z.B. bei Brazier, a.a.O. (Anm.17), S. 268f.; oder bei Kavanagh, a.a.O. (Anm. 20), S.54.

24 Beer, British politics (1982), S. 48.

25 Vorläufer waren z.B. D. Symes, R. Muir und die Geschwister Webb (Nuscheler, Franz: Walter Bagehot und die englische Verfassungstheorie. Geschichte eines klassischen Modells parlamentarischer Regierung. – Meisenheim: Hain 1969, S. 152 (= Heidelberger Politische Schriften 2); weitere Belege bei Fröhlich, Wie mächtig (1997), S. 163f.

26 Mackintosh, British Cabinet (1977).
27 Eine Zusammenfassung der Diskussion z.B. bei Hübner, Emil: Die Beziehungen zwischen Bundestag und Bundesregierung im Selbstverständnis der Abgeordneten des V. Deutschen Bundestages. – München: Vögel 1980, S. 42 f. (= Politik und politische Bildung).
28 Bagehot, a.a.O. (Anm. 9), S. 54.
29 Nachweise für die folgenden unterschiedlichen Bewertungen bei Hübner, a.a.O. (Anm. 27), S. 44 ff.
30 Walker Gordon, Cabinet (1972), S. 101.
31 Hennessy, Cabinet (1986), S. 71.
32 So findet sich beispielweise am 7.9. 1967 – Labour war immerhin drei Jahre an der Regierung – der Eintrag: „This was the first time that I can really say there has been hard evidence that Harold (Wilson – d. Verf.) was introducing what I've often described as Prime Ministerial government. Up till then he'd acted in a chairmanly, not a dictatorial way, coordinating everything and leaving all the initiatives to the ministers." (Crossman, Richard H.S.: The diaries of a cabinet minister. – London: Hamilton/Cape 1976, Bd. II, S. 466; weitere Nachweise über Fundstellen, die nicht mit der „prime ministerial government"-These zu vereinbaren sind, siehe Hübner, a.a.O. (Anm. 27), S. 40 f.). Zu den nur geringfügigen Modifikationen nach seiner Kabinettszugehörigkeit siehe Crossman, Richard H.S.: Inside view: Three lectures on prime ministerial government. – London: Cape 1972.
33 Auf die Auseinandersetzungen um die „Präsidentialisierung" des englischen Regierungssystems muß hier nicht näher eingegangen zu werden: Zum einen werden gegenüber dem „prime ministerial government"-Streit kaum neue Argumente vorgetragen, zum anderen läßt dieser Ansatz eine massive Verkennung der Machtposition des amerikanischen Präsidenten und ihrer verfassungsrechtlichen Restriktionen durchscheinen (siehe im Deutschen vor allem: Fröhlich, a.a.O. (Anm. 25), S. 160 ff.).
34 Siehe z.B. Helms, Ludger: Das Amt des Bundeskanzlers in historisch und international vergleichender Perspektive. – in: ZParl Jg. 27 (1996), S. 711 f.
35 Hierzu z.B. Loewenstein, Staatsrecht I (1967), S. 457 ff.
36 Erinnert sei hier nur an die Fernsehserie „Yes, Minister", die auch in der Bundesrepublik zu einem Publikumserfolg wurde.
37 Im Deutschen hierzu vor allem Ridley, Wiedererfindung (1995), S. 569 ff.
38 Hierzu vor allem Campbell/Wilson, End of Whitehall (1995).
39 Siehe z.B. Foster, Derek: Labour and public service reform. – in: Parliamentary affairs Jg. 49 (1996), S. 258 ff.
40 Siehe hierzu z.B. die Artikel „Labour warned on Whitehall jobs", „Government ‚strengthened by advisers'" oder „Whitehall blocks Blair over favourite aide's role" im GUARDIAN vom 29.5., 3.6. und 4.6. 1997.

41 Siehe hierzu Kapitel I, Abschnitt 3 und 4.

42 Hierzu z.B. Bogdanor, Monarchy (1995), S. 145 ff.; oder Hennessy, „Great Ghost“ (1995), S. 211 ff.

43 Bagehot, a.a.O. (Anm. 9), S. 97.

44 Siehe z.B. DER SPIEGEL Nr. 48 vom 23.11. 1992, S. 184.

45 Bagehot, a.a.O. (Anm. 9), S. 69.

46 Siehe hierzu ausführlicher Kapitel XI, Abschnitt 2.

47 Siehe z.B. FAZ vom 20.4. 1996, S. 4.

48 Zu den „Pros“ siehe z.B. Bogdanor, a.a.O. (Anm. 42), insb. S. 298 ff., oder von Ziegesar, Großbritannien (1993), S. 1 ff.; zu den „Contras“ insb. Haseler, End (1993), S. 21 ff.

49 „A people's funeral needs space“. – in: THE GUARDIAN vom 3.9. 1997; zur Kritik am Königshaus im Zusammenhang mit seinem Verhalten nach dem Tode von Lady Diana siehe auch den weiteren Leitartikel des GUARDIAN vom 5.9. 1997 „The protocol of protocol“; im Deutschen z.B. Krönig, Jürgen: Der neue Freund der Royals. – in: DIE ZEIT Nr. 38 vom 12.9. 1997, S. 11.

50 Krönig, Jürgen: Blair und die Krise der Windsors. – in: DIE ZEIT Nr. 35 vom 22.8. 1997, S. 2.

51 In erster Linie wurden – neben dem relativen Mehrheitswahlsystem, dem damals große Aufmerksamkeit gewidmet wurde (siehe Kapitel VII, Abschnitt 2) – die Plenardebatten und damit zusammenhängend die die kontroverse Debatte fördernde und die mangelnde Abgeordnetenpräsenz verdeckende Architektur des Plenarsaales des Unterhauses bewundert. Hinzu kamen die Rolle und der offizielle Status der Opposition, die der damals in Deutschland lahmenden Parlamentsminderheit als Vorbild gegenübergestellt wurde, sowie das „prime ministerial government“ und die große Anzahl von Parlamentariern in Regierungsämtern. Bei der Einführung der Fragestunde im Deutschen Bundestag im Jahre 1952 sowie der Parlamentarischen Staatssekretäre im Jahre 1967 standen die entsprechenden britischen Vorbilder Pate. Zur positiven England-Orientierung damals in Deutschland siehe vor allem Hennis, Bundestag (1966); Hereth, Opposition (1969); Schneider, Kabinettsreform (1965); Veen, Regierung (1972).

52 Hierzu vor allem das damals einflußreiche Buch von Crick, Reform (1968).

53 Steffani, Demokratie (1979), S. 327 ff.

54 So der Abgeordnete John Payton, zit. nach Birch, Government (1966), S. 153.

55 „According to the present form of our constitution, every member of either House of Parliament is a member of a national standing council born, or appointed by the people, to promote good, and to oppose bad government; and if not vested with the power of a minister of state, yet vested with the superior power of controlling those who are appointed such by the Crown. It follows from hence, that they who engage in op-

position, are under as great obligation to prepare themselves to control, as they who serve the Crown are under to prepare themselves to carry on, the administration ..." (zit. nach Johnson, Opposition (1975), S. 27).

56 Kluxen, Geschichte (1983), S. 94.

57 Johnson, a. a. O. (Anm. 55), S. 27.

58 Wheare, K.C.: Legislatures. – London u. a.: Oxford U.P. 1963, S. 117.

59 Ausführlich hierzu: Punnett, Opposition (1973).

60 Die Dahlsche Typologie ist differenzierter (Dahl, Robert A.: Patterns of opposition. – in: ders. (Hrsg.): Political oppositions in western democracies. – New Haven: Yale U.P. 1966, S. 338), aber im Grunde haben nur die Begriffe der kooperativen und kompetiven Opposition überlebt.

61 Potter, Alan: Great Britain: Opposition with a Capital ,O'. – in: ebd., S. 3–33.

62 Hierzu z. B. Kavanagh, a. a. O. (Anm. 20), S. 294; oder Hübner, a. a. O. (Anm. 27), S. 68 ff.

63 Helms, Wettbewerb (1997), S. 154 ff., S. 199 ff., zu den hohen Zustimmungsquoten bei Gesetzen siehe auch Saalfeld, Unterhaus (1988), S. 83.

64 Helms, a. a. O. (Anm. 63), S. 53 ff.

65 Hierzu vor allem Griffith/Ryle, Parliament (1989), S. 338 ff.

66 Sternberger, Dolf: Parlamentarische Regierung und parlamentarische Kontrolle. – in: Stammen, Theo (Hrsg.): Strukturwandel der modernen Regierung. – Darmstadt: Wissenschaftliche Buchgesellschaft 1967, S. 288 (= Wege der Forschung 119).

67 Siehe hierzu vor allem Norton, Dissension (1975); ders., Dissension (1980); zusammenfassend Saalfeld, a. a. O. (Anm. 63), S. 161 ff.

68 DER SPIEGEL Nr. 45 vom 2. 11. 1992, S. 207.

69 Ebd., S. 210.

70 Gilmour, Ian: The body politic. – London: Hutchinson 1969, S. 271.

71 Griffith/Ryle, a. a. O. (Anm. 65), S. 511 ff.

72 Wobei in diesen Debatten durchaus auch Argumente vorgetragen wurden, die für ein Redeparlament nicht gerade typisch waren (siehe z. B. Franklin, Leap (1986) oder Barnett/Gaber, Committees (1992)).

73 Zahlen nach Norton, British Polity (1994), S. 276; Schindler, Peter: Deutscher Bundestag 1976–1994: Parlaments- und Wahlstatistik. – in: ZParl Jg. 26 (1995), S. 558.

74 Zur sozialen Zusammensetzung des Unterhauses z. B. Griffith/Ryle, a. a. O. (Anm. 65), S. 50 ff.; Peele, Governing (1995), S. 147 ff.; zu den weiblichen Abgeordneten neuerdings Lovenduski, Joni: Gender politics: A breakthrough for women. – in: Norris/Gavin (Hrsg.): Britain votes (1997), S. 708 ff.

75 Siehe hierzu z. B. Norton/Wood, Westminister (1993); Norton, Parliament (1993), S. 147 ff.; Cain u. a., Personal vote (1987).

76 Gregory, Roy u. a. (Hrsg.): Practice and prospects of the ombudsman in the United Kingdom. – Lewiston u. a.: Mellen 1995; zusammenfassend

Peele, a.a.O. (Anm. 74), S. 458ff. Von der Institution des Ombudsmanns in anderen Ländern unterscheidet sich der Parliamentary Commissioner dadurch, daß Beschwerden an ihn nur über die Abgeordneten des Unterhauses gerichtet werden können, wobei aber im Laufe der Zeit Lockerungen eingetreten sind.

77 Crick, a.a.O. (Anm. 52), S. 161 („how deep a morass of ineffectuality they had fallen into").

78 In einem mit Fragen der Parlamentsreform befaßten „Select Committee on Procedure" wurde 1959 der Vorschlag, ein „Colonial Committee" einzurichten, u.a. mit den reichlich merkwürdigen Argumenten abgelehnt, daß dies eine „radical constitutional innovation" sei und man Gefahr laufe, die Regierung zu kontrollieren und nicht mehr nur zu kritisieren (zit. nach ebd., S. 169f.).

79 Zur hohen Akzeptanz dieser Kontrollausschüsse bei den Abgeordneten siehe z.B. Englefield (Hrsg.), Select Committees (1984), S. 2ff.; Jogerst, Reform (1993), S. 155ff.; zur Tätigkeit siehe z.B. Drewry (Hrsg.), Select Committees (1989).

80 Siehe „Tories battle with Lib Dems over share-out of Select Committee posts". – in: THE GUARDIAN vom 9.7.1997.

81 Hierzu Griffith/Ryle, a.a.O. (Anm. 65), S. 254ff.

82 Döring, Großbritannien (1993), S. 149.

83 Zit. nach Safran, William: Veto-group politics. The case of health-insurance reform in West Germany. – San Francisco: Chandler 1967, S. 1.

84 Darüber hinaus gibt es noch andere Gesetzesarten – u.a. die „Private Bills" –, die aber hier nicht von Interesse sind (siehe hierzu z.B. Loewenstein, a.a.O. (Anm. 35), S. 318ff.).

85 Ebd., S. 318.

86 Ein Ablaufdiagramm über die Gesetzgebung z.B. bei Kavanagh, a.a.O. (Anm. 20), S. 287; oder bei Norton, a.a.O. (Anm. 73) S. 264.

87 Hierzu genauer der folgende Abschnitt.

88 In England blieb diese Sichtweise Minderheitenmeinung, die sich allerdings in Deutschland großer Beliebtheit erfreute (Nachweise bei Hübner, a.a.O. (Anm. 27), S. 52f.).

89 Griffith, Parliamentary scrutiny (1974), zusammenfassend S. 206; ähnlich die Ergebnisse bei Herman, Valentine: Backbench and opposition amendments to government bills. – in: Leonhard, Dick/Valentine Herman (Hrsg.): The backbencher and parliament. – London: Macmillan 1972, S. 153. Siehe z.B. auch die in Kapitel IV, Abschnitt 2 geschilderten Probleme der Regierung mit den „devolution"-Gesetzesentwürfen in den 70er Jahren.

90 Helms, a.a.O. (Anm. 63), S. 154ff.; beim Broadcasting Act von 1990 – um hier nur noch ein Beispiel anzuführen – wurden im wesentlichen auf Druck der Interessenverbände und der Oppositionsparteien nicht weniger als 1356 Änderungen vorgenommen (Baggot, Confrontation (1995), S. 490).

91 „I have never known a Bill on which so much ground was given by a Government to the Opposition. I am anxious that ... the Government should today ... reassure the House that they intend to give no more." (zit. nach ebd., S. 168).

92 Bagehot, a.a.O. (Anm. 9), S. 55.

93 Schwarz, Exploring (1980), S. 36.

94 So z.B. auch Saalfeld, a.a.O. (Anm. 63), S. 185.

95 Einschränkungen bestanden in der Finanzgesetzgebung und beim Regierungssturz.

96 Der Drohung nämlich, daß so viele Peers neu ernannt würden, wie für das Zustandekommen einer Mehrheit im Sinne der Regierung nötig waren.

97 Zu den Details z.B. Loewenstein, a.a.O. (Anm. 35), S. 258 ff.

98 Quelle für die Zusammensetzung: Internet http://www.parliament.uk; ausführlicher zu den Law Lords Kapitel X, Abschnitt 1.

99 Shell, Donald: Conclusion. – in: Shell/Beamish, House of Lords (1993), S. 328.

100 Drewry, Gavin/Jenny Brock: Government legislation: an overview. – in: ebd., S. 61 ff.; Miers, David/Jenny Brock: Government legislation: case-studies. – in: ebd., S. 97 ff.

X. Das Gerichtswesen

1 Siehe dazu Kapitel IV, Abschnitt 1.

2 Zu den Bestandteilen der britischen Verfassung vgl. Kapitel II, Abschnitt 1.

3 White, Robin, M./Ian D.Willock: The Scottish legal system. – Edinburgh: Butterworths 1993; Walker, David M.: The Scottish legal system. An introduction to the study of Scots law. – Edinburgh: Green, Sweet & Maxwell 1992 (6. Aufl.).

4 Einen knappen und anschaulichen Überblick über den Aufbau des englischen Gerichtswesens geben Fischer, Paul/Geoffrey P. Burwell, Kleines England-Lexikon. Wissenswertes über England. – München: Beck 1995 (3. Aufl.) (= Beck'sche Reihe Länder), S. 135 ff.

5 Vgl. das Schaubild bei Abraham, Henry J.: The judicial process. An introductory analysis of the courts of the United States, England and France. – Oxford: Oxford University Press 1993, S. 251; vgl. auch das Schaubild bei Kavanagh, British politics (1996), S. 369.

6 Die Angaben über die maximal zu verhängenden Geldstrafen differieren, andere Autoren nennen höhere Summen (1000 oder 2000 Pfund). Die hier gemachten Angaben stammen von McNaught, Judicial system (1995).

7 Bei einigen Vergehen besteht auch die Wahlmöglichkeit zwischen einem Verfahren vor dem magistrates' court oder dem Crown court.

8 Inhaltliche Informationen sowie die jeweils aktuelle Liste mit den Richtern können über Internet abgerufen werden; ausgehend von folgender Adresse: http://www.parliament.the-stationery-office.co.uk

9 Dazu Kapitel I, Abschnitt 2.

10 Henrich, Privatrecht (1993), S. 13.

11 Eine vom House of Lords im Juli 1997 veröffentliche Namensliste umfaßte elf Richter dieser Kategorie. Sie müssen als Berufspraxis mindestens zwei Jahre als Richter an einem der höheren Gerichte oder fünfzehn Jahre als „barrister“ nachweisen können.

12 In der Praxis machen diese Lords, die ebenfalls der Kategorie „Law Lords“ zugerechnet werden, von ihrem Recht aber nur selten Gebrauch. Ihre Zahl wurde im Juli 1997 vom House of Lords unter der obengenannten Internetadresse mit insgesamt 13 angegeben. Die damit zustande kommende Gesamtzahl von derzeit 24 Law Lords weicht von einer Angabe (26) ab, die ebenfalls das House of Lords bei einer Übersicht über die Gesamtzahl seiner Mitglieder macht, auf die auch im Kapitel über die politischen Institutionen Großbritanniens (vgl. Kapitel IX Abschnitt 4) Bezug genommen wurde (http://www. parliament.uk). Möglicherweise sind in der zweitgenannten Quelle auch solche Richter aufgeführt worden, deren Ernennung noch nicht vollzogen ist.

13 Vgl. Walker, Ronald J./Richard Ward: Walker & Walker's English legal system. – London u. a.: Butterworths 1994 (7. Aufl.).

14 Bezogen auf die Einwohnerzahl kommt das englische Rechtspflegesystem mit nur 5 % der Richter aus, die in Deutschland arbeiten; Weber, Helmut: Recht und Gerichtsbarkeit. – in: Kastendiek u. a. (Hrsg.), Länderbericht (1994), S. 180.

15 Britain's legal systems (1993), S. 16.

16 Abraham, a. a. O. (Anm. 5), S. 86 f.

17 Vgl. dazu den mit persönlichen Angaben angereicherten Bericht eines englischen Richters, McNaught, a. a. O. (Anm. 6), S. 78.

18 An den erstinstanzlichen „magistrates' courts“ sind neben den Laien auch hauptberufliche Richter („stipendiary magistrates“) tätig, die ebenfalls als „barrister“ qualifiziert sein müssen.

19 Grundlage hierfür ist die „ultra vires“-Lehre, die bereits im Zusammenhang mit dem local government angesprochen wurde; Kapitel IV, Abschnitt 4.

20 Woodhouse, Diana: Politicians and the judges: a conflict of interest. – in: Parliamentary affairs Jg. 49 (1996), S. 423.

21 Lamprecht, Rolf: Zur Demontage des Bundesverfassungsgerichts. Beweissicherung und Bestandsaufnahme. – Baden-Baden: Nomos 1996.

22 Entgegen früheren Ankündigungen hat auch die neue Labourregierung kein Justizministerium eingerichtet. Die Funktionen eines Justizministers übernehmen der Lord Chancellor und der Home Secretary (Innenminister) sowie die beiden Rechtsberater der Krone: der Attor-

ney-General (Erster Kronanwalt) und der Solicitor-General (Zweiter Kronanwalt).

23 Er hat aber kein Unterhausmandat inne.

24 Im House of Lords sind damit alle drei politischen Gewalten vereinigt; Langheid, Souveränität (1984), S. 263 ff.

25 Britain's legal systems, a. a. O. (Anm. 15), S. 48 f.

26 Seit 1994 werden zu besetzende Richterstellen erstmals öffentlich ausgeschrieben, und Bewerber werden, obwohl die Letztentscheidung nach wie vor beim Lordkanzler liegt, inzwischen von einem größeren Gremium angehört.

27 Der Vorschlag von Labour im Vorfeld der Unterhauswahlen 1997, die Ernennungspraxis dadurch zu ändern, daß eine Auswahlkommission dem Lord Chancellor Empfehlungen zur Ernennung und Beförderung von Richtern unterbreiten soll, wurde von der Richterschaft entschieden abgelehnt. Sie befürchtet, daß dadurch das Kriterium der Qualifikation durch politische Erwägungen ersetzt wird; Woodhouse, a. a. O. (Anm. 20), S. 439.

28 Woodhouse, Diana: Politicians and the judiciary: a changing relationship. – in: Parliamentary affairs Jg. 48 (1995), S. 401 ff.

29 Dies., ebd., S. 424; Woodhouse nennt dafür verschiedene Beispiele.

30 Dazu Kapitel II, Abschnitt 3.

31 Lord Lester of Herne Hill Q. C.: European human rights and the British constitution. – in: Jowell/Oliver (Hrsg.), Changing constitution (1994), S. 35; dazu auch Koch, Einführung (1991), S. 92 ff.

32 Marshall, Geoffrey: Lions around the throne: the expansion of judicial review in Britain. – in: Hesse, Joachim Jens/Nevil Johnson (Hrsg.): Constitutional policy and change in Europe. – Oxford: Oxford University Press 1995, S. 178 ff.

33 Als vehementer Gegner einer Verfassungsreform tritt seit Jahren Philip Norton auf; vgl. ders.: Norton, Philip: In defence of the constitution: A riposte to the radicals. – in: ders. (Hrsg.), Directions (1991), S. 145 ff.

34 Vgl. Koch, a. a. O. (Anm. 31), S. 131; vgl. Jones, Bill (1990), S. 30; vgl. Quade: Don't fix it – too much. In: The Political quarterly Jg. 63, 1992, Heft 2, S. 186 ff.

35 Beer, Samuel H.: Reform of the British constitution. An American view. – in: Political quarterly Jg. 64 (1993), S. 198 ff.

XI. Zur politischen Kultur in Großbritannien

1 Vgl. den gleichlautenden Buchtitel einer Essaysammlung des damaligen ARD-Korrespondenten Wolf von Lojewski: Die Briten sind anders. Erfahrungen rund um Big Ben. – Hamburg: Hoffmann und Campe 1988; so auch der Tenor von Dahrendorf, Ralf: On Britain. – London: British Broadcasting Corporation 1982.

2 Die Einstufung der Mitgliedstaaten der EU als „parlamentarische Regierungssysteme“ ist dann zulässig, wenn man das Kriterium der Abberufbarkeit des Regierungschefs durch die Parlamentsmehrheit als ausschlaggebend ansieht. Vgl. Winfried Steffani: Strukturtypen präsidentieller und parlamentarischer Regierungssysteme. – in: ders.: Parlamentarische und präsidentielle Demokratie. Strukturelle Aspekte westlicher Demokratien. – Opladen: Westdeutscher Verlag 1979, S. 37ff.; für eine andere Verwendung des Systemtyps „parlamentarisches Regierungssystem“ vgl. Kapitel IX.

3 Dazu Sturm, Ärmelkanal (1993), S. 56.

4 Vgl. dazu allgemein Kaase, Max: Sinn oder Unsinn des Konzepts „Politische Kultur“ für die Vergleichende Politikforschung, oder auch: Der Versuch, einen Pudding an die Wand zu nageln. – In: Kaase, Max/Hans-Dieter Klingemann (Hrsg.): Wahlen und politisches System. Analysen aus Anlaß der Bundestagswahl 1980. – Opladen: Westdeutscher Verlag 1983, S. 144ff.

5 Dazu Kapitel IV, Abschnitt 1.

6 Fenner, Christian: Art. Politische Kultur. – in: Schmidt, Manfred G.: Die westlichen Länder. – München: Beck 1992, S. 359ff. (= Lexikon der Politik, herausgegeben von Dieter Nohlen, Band 3); zu der Entwicklung der politischen Kulturforschung seit den 60er Jahren vgl. Street, John: Review article: political culture – from civic culture to mass culture. – in: British journal of political science Jg. 24 (1994), S. 95ff.

7 Almond/Verba (Hrsg.), Civic culture, 1963.

8 Vgl. z.B. Pateman, Carole: The civic culture: a philosophic critique. – in: Almond/Verba (Hrsg.), Civic culture revisited (1980), S. 57ff.

9 Döring, Herbert: Bürger und Politik – die „Civic Culture“ im Wandel. – in: Kastendiek u.a. (Hrsg.), Länderbericht (1994), S. 165.

10 Zur Kritik an diesem Umkehrschluß vgl. Curtice, John/Roger Jowell: The sceptical electorate. – in: British social attitudes (1995), S. 143.

11 Ebd., S. 142.

12 Almond/Verba, a.a.O. (Anm. 7), S. 8.

13 Kavanagh, Dennis: Political culture in Great Britain: The decline of the civic culture. –in: Almond/Verba (Hrsg.), a.a.O. (Anm. 8), S. 124ff.

14 Vgl. die Kritik von Heath, Anthony/Richard Topf: Political culture. – in: British social attitudes (1987), S. 51ff.

15 So vor allem Rohe, Typologie (1982), S. 587 sowie Rohe, Zivilkultur (1984).

16 Kaase, Max/Alan Marsh: Political action repertory. Changes over time and a new typology. – in: Barnes, Samuel H./Max Kaase u.a. (Hrsg.): Political action. Mass participation in five western democracies. Beverly Hills u.a.: Sage 1979, S. 140ff.; sie kamen damals zu dem Ergebnis, daß die „politische Kompetenz“ der Bundesdeutschen inzwischen größer war als die der Briten.

17 Rohe, Typologie (1982), S. 587.
18 Ders., ebd.
19 Zur Unterscheidung zwischen Staatsgesellschaften und Nicht-Staatsgesellschaften vgl. Dyson, Kenneth: Die Ideen des Staates und der Demokratie. Ein Vergleich „staatlich verfaßter" und „nicht staatlich verfaßter" Demokratien. – in: Der Staat Jg. 19 (1980), S. 485 ff.
20 So Rohe, Zivilkultur (1984); vgl. auch dessen Hinweis, daß in einer Zivilkultur aber keineswegs humanere Formen z.B. des Strafvollzugs bestehen als in einer Staatsgesellschaft.
21 Heath/Topf ziehen die These grundsätzlich in Zweifel, vgl. a.a.O. (Anm. 14), S. 55.
22 Almond/Verba, a.a.O. (Anm. 7), S. 455.
23 Dazu Davis, James A.: British and American attitudes: similarities and contrasts. - in: British social attitudes (1986), S. 100 ff.
24 Schon Bagehot hatte Großbritannien lediglich als ein Beispiel für eine „deferential nation" benannt; auch Kavanagh wies darauf hin, daß es sich dabei um kein Spezifikum der britischen Kultur handle; vgl. Kavanagh, Dennis: The deferential English: a comparative critique. – in: Government and opposition Jg. 6 (1971), S. 333 ff.
25 Bagehot, Englische Verfassung (1971), S. 230.
26 Heath/Topf kritisieren, daß Almond und Verba „deference" gegenüber Amtsinhabern automatisch auf Politiker bezogen hätten; a.a.O. (Anm. 14), S. 55.
27 Rohe, Typologie (1982), S. 588.
28 Vgl. dazu Kapitel III, Abschnitt 1.
29 Dazu Kapitel IV, Abschnitt 2.
30 Zur Bedeutung der Krönung von Königin Elizabeth II. für das Gemeinschaftsgefühl der Briten vgl. die Studie von Shils, Edward/Michael Young: The meaning of the coronation. – in: Sociological review Jg. 1 (1953), Heft 2, S. 63 ff.; vgl. Merelman, Richard M.: Partial visions. Culture and politics in Britain, Canada, and the United States. – Madison: University of Wisconsin Press, S. 136 ff.; vgl. Häberle, Peter: Monarchische Strukturen und Funktionen in europäischen Verfassungsstaaten – eine vergleichende Textstufenanalyse. – in: Hengstschläger, Johannes u.a.: Für Staat und Recht. Festschrift für Herbert Schambeck. – Berlin: Duncker & Humblot 1994, S. 683.
31 Zu deren Bedeutung innerhalb der britischen Verfassungsordnung vgl. Kapitel II, Abschnitt 1.
32 Döring, a.a.O. (Anm. 9), S. 157; er interpretiert das Amateurprinzip als „sinnvolle Reaktion" auf den Verlauf der englischen Geschichte.
33 Rohe, Typologie (1982), S. 587. Vgl. dazu die Ausführungen oben.
34 Gabriel, Oscar W.: Politische Einstellungen und politische Kultur. – in: ders./Frank Brettschneider (Hrsg.): Die EU-Staaten im Vergleich. Strukturen, Prozesse, Politikinhalte. – Bonn: Bundeszentrale für politische Bildung 1994 (2. Aufl.), S. 114 f. Vergleichende Datenreihen las-

sen sich den Ausgaben der Reihe „Trends“ des Eurobarometer entnehmen.

35 Vgl. die Auflistungen bei Sturm, Roland: Von der „Englischen Krankheit“ zum Thatcherismus? Gesellschaftliche Krisen und politische Strategien im Großbritannien der 1970er und 80er Jahre. – in: Rohe/Schmidt (Hrsg.), Krise (1987), S. 230 ff.

36 Vgl. Eurobarometer „Trend 1974–1994“, Tafel B 2, S. 19 ff.

37 Vgl. die Ergebnisse von „Eurobarometer“. Marsh kam bereits in seiner 1974 durchgeführten Untersuchung zu dem Ergebnis, daß Großbritannien in Anbetracht des niedrigen Ansehens von Politikern und des geringen Vertrauens der Bürger in die Amts- und Mandatsträger nicht mehr länger eine „deferential society“ sei; Marsh, Alan: Protest and political consciousness. - London: Sage 1977.

38 Vgl. die Umfrageergebnisse bei Curtice/Jowell, a. a. O. (Anm. 10), S. 152. Dazu auch schon Kaase/Marsh, die für den Vergleich von 1959/60 mit 1974 feststellten, daß das Gefühl, „etwas“ gegen ungerechte Maßnahmen bewirken zu können, rückläufig war; vgl. dies., a. a. O. (Anm. 16), S. 141 u. S. 160 ff.

39 Während 1974 noch 39 % der befragten Briten überzeugt waren, daß Regierungen (egal welcher Partei) das Interesse der Nation immer oder meistens über Parteiinteressen stellten, nahmen dies 1994 nur noch 24 % an; Curtice/Jowell, a. a. O. (Anm. 10), S. 148.

40 Döring, Großbritannien (1993), S. 81 f. – weitere Daten bei Curtice/Jowell, a. a. O. (Anm. 10), S. 154 ff.

41 So die Ergebnisse der MORI-Studie (State of the Nation) von 1991, nach Evans, Charter 88 (1995), S. 27.

42 Vgl. Johnson, Abschied (1997), S. 70 ff.

43 Loewenstein, Staatsrecht I (1967), S. 531.

44 Interview von Margaret Thatcher mit der Zeitschrift „WOMAN'S OWN“ vom 31. 10. 1987; teilweise wiedergegeben bei Rentoul, John: Individualism. - in: British social attitudes (1990), S. 168.

Gemeint ist damit eine Kultur des (Klein-)Unternehmertums mit einer Ausrichtung auf Wettbewerb, persönliche Wohlstandsmaximierung sowie Aktienbesitz für „jedermann“.

46 So das Ergebnis von Rentoul, a. a. O. (Anm. 44), S. 167 ff.

47 So etwa die Position von Beer, Britain (1982), S. 119.

48 Norton, British polity (1994), S. 34 f.

49 Ebd., S. 35.

50 Ebd., Tafel B 3, S. 37 ff.

51 Zu den Reformplänen (vor allem Regionalisierung, Einführung effizienzsteigernder Verfahrensregeln für das Unterhaus, Grundrechtskatalog, Demokratisierung des Oberhauses, Änderung des Mehrheitswahlsystems) vgl. die entsprechenden Kapitel. Zu den Einzelaspekten der Reformdiskussion vgl. Kastendiek/Stinshoff (Hrsg.), Conceptions (1994). Die öffentliche Diskussion in Großbritannien wurde auch von der Zeitschrift

„THE ECONOMIST“ mitgetragen; vgl. die Artikelserie „Reclaiming Britain's constitution“ im Oktober/November 1995.

52 Zu deren Bestandteilen vgl. Kapitel II, Abschnitt 1.

53 Gemäß einer von der Labour Party veranlaßten Meinungsumfrage sprachen sich 93 % der Befragten positiv über Tony Blair als Premier Minister aus; vgl. Castle, Stephen/Paul Routledge, Blair is Mr 93 %. – in: INDEPENDENT ON SUNDAY vom 28. 9. 1997, S. 1.

54 Trevor Smith, Politics (1994), S. 128 ff.

55 Zu den Beteiligten an der Reformdebatte gehören auch wissenschaftliche Institute: vgl. die verschiedenen Veröffentlichungen von The Constitution Unit sowie den Verfassungsentwurf vom Institute for Public Policy Research (IPPR), Constitution (1991).

56 Dazu ausführlich Evans, a. a. O. (Anm. 41).

57 Vgl. die Home Page von Charter 88, http://www.gn.apc.org/charter88/home/html.

58 Vgl. Smith, a. a. O. (Anm. 54), S. 135.

59 Z. B. die Notwendigkeit, rechtliche Normen der EU als bindend und de facto nicht abänderbar anzuerkennen, obwohl dies eigentlich mit dem Prinzip der Parlamentssouveränität nicht vereinbar ist.

60 Am Beispiel von „devolution“ ließ sich zeigen, daß eine Dezentralisierung zugunsten von Schottland und Wales fast automatisch die Frage einer Regionalisierung Englands aufwirft, vgl. Kapitel IV, Abschnitt 3.

61 Vgl. die Eingangsfeststellung zu diesem Kapitel.

2. Auswahlbibliographie

In dieser Bibliographie sind nur die wichtigsten weiterführenden Bücher und Aufsätze enthalten. In den Anmerkungen werden sie jeweils als Kurztitel aufgeführt. Bei den restlichen Arbeiten finden sich sämtliche bibliographisch relevanten Daten bereits in den Anmerkungen.

Alderman, Keith/Neil Carter: The Labour Party leadership and deputy leadership election of 1994. – in: Parliamentary affairs Jg. 48 (1995), S. 438–455.

Alderman, Keith: The Conservative Party leadership election of 1995. – in: Parliamentary affairs Jg. 49 (1996), S. 316–332.

Almond, Gabriel A./Verba, Sidney: The civic culture. Political attitudes and democracy in five nations. – Princeton: Princeton U.P. 1963.

Almond, Gabriel A./Verba, Sidney (Hrsg.): The civic culture revisited. – Boston u.a.: Little Brown 1980 (= The Little, Brown series in comparative politics).

Bagehot, Walter: Die englische Verfassung. – Neuwied u. a.: Luchterhand 1971 (Engl. Erstauflage 1867) (= Politica 33).

Baggott, Rob: From confrontation to consultation? Pressure group relations from Thatcher to Major. – in: Parliamentary affairs Jg. 48 (1995), S. 484–502.

Ball, Alan R.: British political parties. The emergence of a modern party system. – London u. a.: Macmillan 1987 (2. Aufl.).

Barber, James: The Prime Minister since 1945. – Oxford u. a.: Blackwell 1991 (= Making contemporary Britain).

Barendt, Eric: Legal aspects of the BBC charter renewal. – in: Political quarterly Jg. 65 (1994), S. 20–28.

Barnett, Anthony (Hrsg.): Debating the constitution. New perspectives on constitutional reform. – Cambridge: Polity Press 1993.

Barnett, Stephen/Ivor Gaber: Committees on camera: MPs and lobby views on the effects of televising Commons Select Committees. – in: Parliamentary affairs Jg. 45 (1992), S. 409–419.

Beer, Samuel H.: Modern British politics. Parties and pressure groups in the collectivistic age. – London: Faber and Faber 1982 (3. Aufl.).

Beer, Samuel H.: Britain against itself. The political contradictions of collectivism. – London: Faber and Faber 1982.

Beer, Samuel H.: Reform of the British constitution. An American view. – in: Political quarterly Jg. 64 (1993), S. 198–209.

Beetham, David: The Plant Report and the theory of political representation. – in: Political quarterly Jg. 63 (1992), S. 460–467.

Bielstein, Klaus: Gewerkschaften, Neo-Konservatismus und ökonomischer Strukturwandel. Zur Strategie und Taktik der Gewerkschaften in Großbritannien. – Bochum: Brockmeyer 1988 (= Arbeitskreis Deutsche England-Forschung 8).

Binzenbach, Georg: Die Social Democratic Party im politischen System Großbritanniens. – Hamburg: Lit 1993 (= Politische Parteien in Europa 1).

Birch, Anthony H.: Representative and responsible government. – London: Allen and Unwin 1966 (3. Aufl.).

Birch, Anthony H.: The British system of government. – London u. a.: Routledge 1993 (9. Aufl.).

Blackburn, Robert (Hrsg.): Constitutional studies. Contemporary issues and controversies. – London: Mansell 1992.

Blackburn, Robert: The electoral system in Britain. – Basingstoke u. a.: Macmillan 1994.

Blake, Robert: The Conservative Party from Peel to Thatcher. – London: Methuen 1985 (rev. Aufl.).

Bogdanor, Vernon: The people and the party system. The referendum and electoral reform in British politics. – Cambridge u. a.: Cambridge U.P. 1981.

Bogdanor, Vernon: Multi-party politics and the constitution. – Cambridge u. a.: Cambridge U.P. 1983.

Bogdanor, Vernon: Liberal party politics. – Oxford: Clarendon 1983.
Bogdanor, Vernon/Butler, David E. (Hrsg.): Democracy and elections. Electoral systems and their political consequences. – Cambridge u.a.: Cambridge U.P. 1983.
Bogdanor, Vernon: The 1992 general election and the British party system. – in: Government and opposition Jg. 27 (1992), S. 283–298.
Bogdanor, Vernon: The monarchy and the constitution. – Oxford: Clarendon 1995.
Bogdanor, Vernon: Politics and the constitution. Essays on British government. – Aldershot u.a.: Dartmouth 1996.
Bonefeld, Werner: A Major crisis? The politics of economic policy in the 1990s. – Aldershot u.a.: Dartmouth 1995.
Brazier, Rodney: Ministers of the Crown. – Oxford: Clarandon 1997.
Britain. An official handbook. – London: HMSO jährlich.
Britain's legal systems. – London: HMSO 1993 (= Aspects of Britain).
British social attitudes. – Aldershot: Gower jährlich.
British elections and parties yearbook. – London u.a.: Cass/Harvester Wheatsheaf 1992 ff.
Budge, Ian/McKay, David: The developing British political system: the 1990s. – London u.a.: Longman 1993 (3. Aufl.).
Burton, Ivor/Drewry, Gavin: Legislation and public policy. Public bills in the 1970–1974 Parliament. – London: Macmillan 1981.
Butler, David E.: The electoral system in Britain since 1918. – Oxford: Clarendon Press 1963.
Butler, David/Kitzinger, Uwe: The 1975 referendum. – London u.a.: Macmillan 1976.
Butler, David E.: Governing without a majority. Dilemmas for hung parliaments in Britain. – Basingstoke u.a.: Macmillan 1983 (2. Aufl.).
Butler, David E./Kavanagh, Dennis: The British general election of 1979. – London: Macmillan 1980.
Butler, David E./Kavanagh, Dennis: The British general election of 1983. – London u.a.: Macmillan 1984.
Butler, David E./Kavanagh, Dennis: The British general election of 1987. – Basingstoke u.a.: Macmillan 1988.
Butler, David: British general elections since 1945. – Oxford: Blackwell 1989 (= Making contemporary Britain).
Butler, David/Kavanagh, Dennis: The British general election of 1992. – New York: St. Martins Press 1992.
Butler, David/Butler, Gareth: British political facts 1900–1994. – Basingstoke u.a.: Macmillan 1994 (7. Aufl.).
Cain, Bruce u.a.: The personal vote. Constituency service and electoral independence. – Cambridge (Mass.): Harvard U.P. 1987.
Cairncross, Alec: The British economy since 1945. Economic policy and performance, 1945–1990. – Oxford u.a.: Blackwell 1992 (= Making contemporary Britain Series).

Campbell, Colin/Wilson, Graham K.: The end of Whitehall. Death of a paradigm? – Oxford u. a.: Blackwell 1995 (= Comparative politics).
Catterall, Peter u.a. (Hrsg.): Contemporary Britain. An annual review. – Oxford: Blackwell 1990 ff.
Chandler, J. A.: Local government today. – Manchester u. a.: Manchester U. P. 1991 (= Politics today).
The Constitution Unit: Scotland's parliament. Fundamentals for a New Scotland Act. – London: The Constitution Unit 1996.
The Constitution Unit: Delivering constitutional reform. – London: The Constitution Unit 1996.
The Constitution Unit: Regional government in England. – London: The Constitution Unit 1996.
The Constitution Unit: The conduct of referendums. – London: The Constitution Unit 1996.
The Constitution Unit: Europe and constitutional reform in the UK. – London: The Constitution Unit 1996.
The Constitution Unit: Reform of the House of Lords. – London: The Constitution Unit 1996.
The Constitution Unit: Implementing constitutional reform: An overview. – London: The Constitution Unit 1996 .
Coxall, Bill/Robins, Lynton: Contemporary British politics. An introduction. – Basingstoke u. a.: Macmillan 1992 (4. Aufl.).
Crewe, Ivor: Is Britain's two-party system really about to crumble? – in: Electoral studies Jg. 1 (1982), S. 275–313.
Crewe, Ivor/King, Anthony: SDP. The birth, life and death of the Social Democratic Party. – Oxford u. a.: Oxford U.P. 1995.
Crick, Bernard: The reform of parliament. The crisis of British government in the 1960s. – London: Weidenfeld and Nicolson 1968 (2. Aufl.).
Crick, Bernard (Hrsg.): National identities. The constitution of the United Kingdom. – Oxford: Blackwell 1991.
Crossman, Richard H.S.: Introduction to: Walter Bagehot: The English Constitution. – London: Collins 1963, S. 1–57 (= Fontana Library).
Curtice, John/Steed, Michael: Electoral choice and the production of government. The changing operation of the electoral system in the U.K. since 1955. – in: British journal of political science Jg. 12 (1982), S. 249–298.
Curtice, John/Steed, Michael: Proportionality and exaggeration in the British electoral system. – in: Electoral studies Jg. 5 (1986), S. 209–228.
Curtice, John: The hidden surprise. The British electoral system in 1992. – in: Parliamentary affairs Jg. 45 (1992), S. 466–474.
Debnam, Geoffrey: Adversary politics in Britain 1964–1979. Change of government and the climate of stress. – in: Parliamentary affairs Jg. 42 (1989), S. 213–229.
Debnam, Geoffrey: The adversary politics thesis revisited. – in: Parliamentary affairs Jg. 47 (1994), S. 420–433.

Dicey, Albert Venn: Introduction to the Study of the Law of the Constitution. – London: Macmillan 1961 (Reprint der 8. Auflage von 1915, Erstauflage 1885).
Döring, Herbert: Die sozialdemokratisch-liberale Allianz: Strukturprobleme des Parteienstaates in Großbritannien. – in: PVS Jg. 24 (1983), S. 80–102.
Döring, Herbert: Parteiensystem, Sozialstruktur und Parlament in Großbritannien. Wandlungen des „Westminster Modells". – in: APuZ B 38/1987, S. 15–29.
Döring, Herbert/Grosser, Dieter (Hrsg.): Großbritannien. Ein Regierungssystem in der Belastungsprobe. – Opladen: Leske und Budrich 1987 (= Kleine politische Texte).
Döring, Herbert: Präsidentialisierung des parlamentarischen Systems? Westminister und White Hall in der Ära Thatcher. – in: APuZ B 28/1991, S. 3–13.
Döring, Herbert: Großbritannien. Regierung, Gesellschaft und politische Kultur. – Opladen: Leske und Budrich 1993 (= Grundwissen Politik 8).
Döring, Herbert: Politische Reformen von Thatcher bis Blair: Langsamer Abschied vom insularen Sonderweg. – in: APuZ B 18/1997, S. 10–21.
Donnelly, Kate: Parliamentary reform: Paving the way for constitutional reform. – in: Parliamentary affairs Jg. 50 (1997), S. 246–262.
Donoughue, Bernard: Prime minister. The conduct of policy under Harold Wilson and James Callaghan. – London: Cape 1987.
Drewry, Gavin (Hrsg.): The new Select Committees. A study of the 1979 reforms. – Oxford: Oxford U.P. 1989 (2. Aufl.).
Drewry, Gavin/Butcher, Tony: The civil service today. – Oxford: Blackwell 1991 (2. Aufl.).
Drewry, Gavin: The Civil Service: From the 1940s to „next steps" and beyond. – in: Parliamentary affairs Jg. 47 (1994), S. 583–595.
Dürr, Karlheinz: Von der Orientierungslosigkeit zur Ohnmacht. Zur Situation der britischen Gewerkschaftsbewegung. – in: ZfP Jg. 30 (1983), S. 384–408.
Dürr, Karlheinz: Der Bergarbeiterstreik in Großbritannien 1984/85. – in: PVS Jg. 26 (1985), S. 400–422.
Dummett, Michael: Toward a more representative voting system: The Plant Report. – in: New left review H. 194 (July/August 1992), S. 98–113.
Dunleavy, Patrick/Husbands, Christopher T.: British democracy at the crossroads. Voting and party competition in the 1980s. – London: Allen and Unwin 1985.
Dunleavy, Patrick u. a.: How Britain would have voted under alternative electoral systems in 1992. – in: Parliamentary affairs Jg. 45 (1992), S. 640–655.
Duverger, Maurice (Hrsg.): L'influence des systèmes électoraux sur la vie politique. – Paris: Colin 1950 (= Cahiers de la Fondation Nationale des Sciences Politiques 16).

Duverger, Maurice: The influence of the electoral system on political life. – in: Unesco international social science bulletin Jg. 3 (1951), S. 314–352.

Duverger, Maurice: Die politischen Parteien. – Tübingen: Mohr 1959 (= Veröffentlichung der Akademie für Gemeinwirtschaft Hamburg) (Frz. Originalausgabe 1951).

Englefield, Dermot (Hrsg.): Commons Select Committees. Catalysts for progress? Understanding the new departmental Select Committees. – London: Longman 1984.

Englefield, Dermot: Whitehall and Westminster. Government informs Parliament. The changing scene. – Harlow: Longman 1985.

Epstein, Leon D.: What happened to the British model? – in: APSR Jg. 74 (1980), S. 3–22.

Evans, Mark: Charter 88. A successful challenge to the British political tradition? – Aldershot u. a.: Dartmouth 1995.

Finer, S. E. (Hrsg.): Adversary politics and electoral reform. – London: Wigram 1975.

Finer, S. E.: The changing British party system, 1945 – 1979. – Washington: AEI 1980 (= AEI-Studies 265).

Fisher, Justin: Donations to political parties. – in: Parliamentary affairs Jg. 50 (1997), S. 235–245.

Fraenkel, Ernst: Art. Parlamentarisches Regierungssystem. – in: ders./ Karl Dietrich Bracher (Hrsg.): Staat und Politik. – Frankfurt/Main: Fischer Bücherei 1964 (Neuausgabe), S. 238–243 (= Das Fischer Lexikon 2).

Fraenkel, Ernst: Deutschland und die westlichen Demokratien. – Frankfurt/Main: Suhrkamp 1991 (= erweiterte Neuausgabe) (= Suhrkamp Taschenbuch Wissenschaft 886).

Franklin, Bob: A leap in the dark: MPs objections to televising Parliament. – in: Parliamentary affairs Jg. 39 (1986), S. 284–296.

Franklin, Mark N./Norton, Philip (Hrsg.): Parliamentary questions. – Oxford: Clarendon Press 1993.

Friedrich, Carl Joachim: Der Verfassungsstaat der Neuzeit. – Berlin u. a.: Springer 1953 (= Enzyklopädie der Rechts- und Staatswissenschaft).

Fröhlich, Stefan: Wie mächtig ist der britische Premier? Neuere Forschungsansätze zu einem alten Disput. – in: ZParl Jg. 28 (1997), S. 160–173.

Fröhlich, Stefan: Vom „Prime Ministerial Government" zur „British Presidency"? Zur Stellung des britischen Regierungschefs im internationalen Vergleich. – in: APuZ B 18/1997, S. 31–38.

Fry, Geoffrey K.: Reforming the Civil Service. The Fulton Committee on the British Home Civil Service 1966–1968. – Edinburgh: Edinburgh U.P. 1993.

Fryde E. B./Edward Miller (Hrsg.): Historical studies of the English parliament. Band 1: Origins to 1399. Band 2: 1399–1603. – Cambridge: Cambridge U.P. 1970.

Gallie, Duncan u.a. (Hrsg.): Trade unionism in recession. – Oxford u. a.: Oxford U.P. 1996 (= Social change and economic life initiative).
Giddings, Philip: Select Committees and parliamentary scrutiny: plus ça change? – in: Parliamentary affairs Jg. 47 (1994), S. 670–686.
Gordon Walker, Patrick: The Cabinet. – London: Fontana/Collins 1972 (rev. ed.).
Grant, Wyn/Marsh, David: The Confederation of British Industries. – London: Hodder and Stoughton 1977.
Grant, Wyn: Pressure groups, politics and democracy in Britain. – London u. a.: Allen 1989.
Grant, Wyn: Business and politics in Britain. – Basingstoke u. a.: Macmillan 1993 (2. Aufl.).
Gray, Clive: Government beyond the centre. Subnational politics in Britain. – Basingstoke u. a.: Macmillan 1994.
Greyerz, Kaspar von: England im Jahrhundert der Revolutionen 1603–1714. – Stuttgart: Ulmer 1994 (= UTB 1791).
Griffith, J.A.G.: Parliamentary scrutiny of government bills. – London: Allen & Unwin 1974.
Griffith, J.A.G./Ryle, Michael: Parliament: functions, practice and procedures. – London: Sweet and Maxwell 1989.
Haan, Heiner/Gottfried Niedhart (Hrsg.): Geschichte Englands vom 16. bis zum 18. Jahrhundert. – München: Beck 1993 (= Geschichte Englands in drei Bänden II).
Händel, Heinrich/Gossel, Daniel A.: Großbritannien. – München: Beck 1994 (3. Aufl.) (= Beck'sche Reihe 835).
Hailsham, Lord (= Quintin Hogg): The dilemma of democracy. Diagnosis and prescription. – London: Collins 1978.
Hansard Society (Hrsg.): The report of the Hansard Society on electoral reform 1976. – London: Hansard 1976.
Hanson, Charles G.: Taming the trade unions. A guide to the Thatcher government's employment reforms, 1980–90. – Basingstoke u. a.: Macmillan 1991.
Haseler, Stephen: The end of the House of Windsor. Birth of British Republic. – London u. a.: Tauris 1993.
Hearl, Derek: Britain and Europe since 1945. – in: Parliamentary affairs Jg. 47 (1994), S. 515–529.
Helms, Ludger: Executive leadership in parliamentary democracies. The British Prime Minister and the German chancellor compared. – in: German politics Jg. 5 (1996) H. 1, S. 101–120.
Helms, Ludger: Wettbewerb und Kooperation. Zum Verhältnis von Regierungsmehrheit und Opposition im parlamentarischen Gesetzgebungsverfahren in der Bundesrepublik Deutschland, Großbritannien und Österreich. – Opladen: Westdeutscher Verlag 1997 (= Studien zur Sozialwissenschaft 191).
Hennessy, Peter: Cabinet. – Oxford u. a.: Blackwell 1986.

Hennessy, Peter/Seldon, Anthony (Hrsg.): Ruling performance. British governments from Attlee to Thatcher. – Oxford u.a.: Blackwell 1989 (2. Aufl.).

Hennessy, Peter: Whitehall. – London: Secker and Warburg 1989.

Hennessy, Peter: The hidden wiring. Unearthing the British constitution. – London: Gollancz 1995.

Hennessy, Peter: Searching for the „Great Ghost"; the palace, the premiership, the cabinet and the constitution in the post-war period. – in: Journal of contemporary history Jg. 30 (1995), S. 211–231.

Hennis, Wilhelm: Der Deutsche Bundestag 1949–1965. Leistung und Reformaufgaben. – in: Der Monat Jg. 18 (1966) Nr. 215, S. 26–36.

Henrich, Dieter: Einführung in das englische Privatrecht. – Darmstadt: Wissenschaftliche Buchgesellschaft 1993 (2. Aufl.).

Hereth, Michael: Die parlamentarische Opposition in der Bundesrepublik Deutschland. – München/Wien: Olzog 1969 (= Geschichte und Staat 147).

Hesse, Joachim Jens/Benz, Arthur: Die Modernisierung der Staatsorganisation. Institutionspolitik im internationalen Vergleich: USA, Großbritannien, Frankreich, Bundesrepublik Deutschland. – Baden-Baden: Nomos 1990.

Hübner, Emil: Wahlsysteme und ihre möglichen Wirkungen unter spezieller Berücksichtigung der Bundesrepublik Deutschland. – München: Bayerische Landeszentrale für politische Bildungsarbeit 1984 (6. Aufl.) (= A 28).

Ingle, Stephen: The British party system. – Oxford u.a.: Blackwell 1989 (2. Aufl.).

Institute for Public Policy Research (IPPR): The constitution of the United Kingdom. – London: IPPR 1991.

Jesse, Eckard: Wahlrecht zwischen Kontinuität und Reform. Eine Analyse der Wahlsystemdiskussion und der Wahlrechtsänderungen in der Bundesrepublik Deutschland 1949–1983. – Düsseldorf: Droste 1985 (= Beiträge zur Geschichte des Parlamentarismus und der politischen Parteien 78).

Jessop, Bob: Politik in der Ära Thatcher: Die defekte Wirtschaft und der schwache Staat. – in: Grimm, Dieter (Hrsg.): Staatsaufgaben. – Frankfurt a.M.: Suhrkamp 1996, S. 353–389 (= Suhrkamp Taschenbuch 2630).

Jogerst, Michael: Reform in the House of Commons.The Select Committee System. – Lexington: University Press of Kentucky 1993 (= Comparative Legislative Studies).

Johnson, Dominic: Abschied von der Insel? Großbritannien im Wandel. – Bonn: Dietz 1997 (= Dietz Taschenbuch 77).

Johnson, Nevil: Opposition als Staatseinrichtung und Alternativregierung: Das britische Modell. – in: Oberreuter, Heinrich (Hrsg.): Parlamentarische Opposition. Ein internationaler Vergleich. – Hamburg: Hoffmann und Campe 1975, S. 25–51.

Johnson, Nevil: Die englische Krankheit. Wie kann Großbritannien seine politische Krise überwinden? – Stuttgart: Klett 1977.

Jones, G. W.: The British bill of rights. – in: Parliamentary affairs Jg. 43 (1990), S. 27–40.
Jordan A.G./Richardson, J.J.: Government and pressure groups in Britain. – Oxford: Clarendon 1987.
Jowell, Jeffrey/Oliver, Dawn (Hrsg.): The changing constitution. – Oxford: Clarendon 1994 (3. Aufl.).
Judge, David: Parliament and industry. – Aldershot u. a.: Dartmouth 1990.
Jun, Uwe: Inner-party reforms: The SPD and Labour Party in comparative perspective. – in: German politics Jg. 5 (1996), S. 58–80.
Kaiser, André: Staatshandeln ohne Staatsverständnis. Die Entwicklung des Politikfeldes Arbeitsbeziehungen in Großbritannien 1965–1990. – Bochum: Brockmeyer 1995 (= Arbeitskreis Deutsche Englandforschung 26).
Kastendiek, Hans u.a. (Hrsg.): Länderbericht Großbritannien. Geschichte, Politik, Wirtschaft, Gesellschaft. – Bonn: Bundeszentrale für politische Bildung 1994 (= Schriftenreihe 327).
Kastendiek, Hans/Stinshoff, Richard (Hrsg.): Changing conceptions of constitutional government. Developments in British politics and the constitutional debate since the 1960s. – Bochum: Universitätsverlag Brockmeyer 1994 (Arbeitskreis Deutsche England-Forschung 24).
Kavanagh, Dennis (Hrsg.): The politics of the Labour Party. – London: Allen and Unwin 1982.
Kavanagh, Dennis/Morris, Peter: Consensus politicus from Attlee to Thatcher. – Oxford: Blackwell 1989 (= Making contemporary Britain).
Kavanagh, Dennis (Hrsg.): Electoral politics. – Oxford: Clarendon Press 1992.
Kavanagh, Dennis: British politics. Continuities and change. – Oxford u. a.: Oxford U.P. 1996 (3. Aufl.).
Keir, David Lindsay: The constitutional history of modern Britain since 1485. – London: Black 1960 (6. Aufl.).
King, Anthony (Hrsg.): Why is Britain harder to govern? – London: BBC 1976.
King, Anthony (Hrsg.): The British prime minister. – Basingstoke u. a.: Macmillan 1985 (2. Aufl.).
King, Anthony (Hrsg.): Britain at the polls 1992. – Chatham: Chatham House 1993.
King, Desmond S.: Political centralization and state interests in Britain. The 1986 abolition of the GLC and MCCs. – in: Comparative political studies Jg. 21 (1989), S. 467–494.
King, Richard (Hrsg.): Capital and politics. – London: Routledge and Kegan Paul 1983.
Kluxen, Kurt: Geschichte und Problematik des Parlamentarismus. – Frankfurt/Main: Suhrkamp 1983 (= edition suhrkamp 1243).
Kluxen, Kurt: Geschichte Englands. Von den Anfängen bis zur Gegenwart. – Stuttgart: Kröner 1991 (= Kröners Taschenausgabe 374) (4. Aufl.).

Koch, Michael H. W.: Zur Einführung eines Grundrechtskataloges im Vereinigten Königreich von Großbritannien und Nordirland. – Berlin: Duncker & Humblot 1990 (= Veröffentlichungen des Instituts für Internationales Recht an der Universität Kiel 112).

Krieger, Karl-Friedrich: Grundprobleme und Forschungsschwerpunkte der englischen Geschichte im Mittelalter. – in: Haan, Heiner u. a. (Hrsg.): Einführung in die englische Geschichte. – München: Beck 1982, S. 13–78.

Krieger, Karl-Friedrich: Geschichte Englands von den Anfängen bis zum 15. Jahrhundert. – München: Beck 1990 (= Geschichte Englands in drei Bänden I).

Kuhn, Raymond/Wheeler, Mark: The future of BBC revisited. – in: Political quarterly Jg. 65 (1995), S. 432–440.

Langheid, Theo: Souveränität und Verfassungsstaat. „The Sovereignty of Parliament". – Köln: 1984 (Diss.).

Levy, Roger: Third party decline in the UK. The SNP and SDP in comparative perspective. – in: West European politics Jg. 11 (1988), S. 57–74.

Lipow, Arthur/Seyd, Patrick: The politics of anti-partyism. – in: Parliamentary affairs Jg. 49 (1996), S. 273–284.

Loewenstein, Karl: Beiträge zur Staatssoziologie. – Tübingen: Mohr 1961.

Loewenstein, Karl: Der britische Parlamentarismus. Entstehung und Gestalt. – Reinbek: Rowohlt 1964 (= rde 208).

Loewenstein, Karl: Staatsrecht und Staatspraxis in Großbritannien. – Berlin u. a.: Springer 1967, 2 Bde. (= Enzyklopädie der Rechts- und Staatswissenschaft. Abt. Rechtswissenschaft).

Longford, Elizabeth: Royal throne. The future of monarchy. – London u. a.: Hodder and Stoughton 1993.

Loveland, Ian: Parliamentary sovereignty and the European Community: The unfinished revolution? – in: Parliamentary affairs Jg. 49 (1996), S. 517–535.

Lynch, Philip: Großbritannien in der Europäischen Union – konstitutionelle Fragen. – in: integration Jg. 20 (1997), S. 13–23.

McCrudden, Christopher/Chambers, Gerald (Hrsg.): Individual rights and the law in Britain. – Oxford: Clarendon 1994.

MacIver, Don (Hrsg.): The Liberal Democrats. – London u. a.: Harvester Wheatsheaf 1996.

McKenzie, R.T.: Politische Parteien in England. Die Machtverteilung in der Konservativen und in der Labourpartei. – Köln u. a.: Westdeutscher Verlag 1961.

Mackintosh, John P.: The British cabinet. – London: Stevens 1977 (3. Aufl.).

McNaught, John: The English judicial system. – in: Betrifft JUSTIZ 1995, Nr. 42, S. 78–80.

Maitland, F. W.: The constitutional history of England. A course of lectures delivered by F. W. Maitland. – Cambridge: Cambridge U.P. 1955.

Malanczuk, Peter: Region und unitarische Struktur in Großbritannien. Die verfassungsrechtliche und verwaltungsorganisatorische Bedeutung der Region in England, Wales und Schottland. – Berlin u.a.: Springer 1984 (= Beiträge zum ausländischen öffentlichen Recht und Völkerrecht 86).

Marsh, David/Read, Melvyn: Private member's bills. – Cambridge u.a.: Cambridge U.P. 1988.

Marsh, David: The new politics of British trade unionism. Union power and the Thatcher legacy. – Basingstoke u.a.: Macmillan 1992.

Marshall, Geoffrey: Constitutional conventions. The rules and forms of political accountability. – Oxford: Clarendon 1986.

Maurer, Michael: Kleine Geschichte Englands. – Stuttgart: Reclam 1997.

Mény, Yves: Government and politics in Western Europe. Britain, France, Italy, Germany. – Oxford u.a.: Oxford U.P. 1993 (2. ed., revised by Andrew Knapp) (= Comparative European politics).

Miller, Charles: Lobbying government. Understanding and influencing the corridors of power. – Oxford: Blackwell 1990 (2. Aufl.).

Mount, Ferdinand: The British constitution. Recovery or decline? – London: Heinemann 1992.

Negrine, Ralph: Politics and the mass media in Britain. – London: Routledge 1994 (2. Aufl.).

Newton, Kenneth: The mass media: fourth estate or fifth column? – in: Pyper, Robert/Lynton Robins (Hrsg.): Governing the UK in the 1990s. – New York: St. Martin's Press 1995, S. 155–176.

Noetzel, Thomas: Die Revolution der Konservativen. England in der Ära Thatcher. – Hamburg: Junius 1987.

Nonnenmacher, Peter: Insel sucht Anschluß. Wohin treibt Großbritannien? – Frankfurt/Main: Fischer Taschenbuch Verlag 1997 (= Fischer Taschenbuch 13 289).

Norris, Pippa/Crewe, Ivor M.: Did the British marginals vanish? Proportionality and exaggeration in the British electoral system revisited. – in: Electoral studies Jg. 13 (1994) H. 3, S. 201–221.

Norris, Pippa/Gavin, Neil T. (Hrsg.): Britain votes 1997. (= Parliamentary affairs Jg. 50 (1997) H. 4 (Themenheft)).

Norton, Philip: Dissension in the House of Commons. Intraparty dissent in the House of Commons division lobbies. – London u.a.: Macmillan 1975.

Norton, Philip: Conservative dissidents. Dissent within the parliamentary Conservative Party 1970 – 1974. – London: Temple Smith 1978.

Norton, Philip: Dissension in the House of Commons 1974 – 1979. – Oxford: Clarendon 1980.

Norton, Philip: The Commons in perspective. – Oxford: Blackwell 1985 (2. Aufl.).

Norton, Philip: Das neue Gesicht des Unterhauses. – in: ZParl Jg. 16 (1985), S. 522–544.

Norton, Philip: Choosing a leader. Margaret Thatcher and the Parliamentary Conservative Party 1989–1990. – in: Parliamentary affairs Jg. 43 (1990), S. 249–259.
Norton, Philip (Hrsg.): New directions in British politics? Essays in the evolving constitution. – Aldershot: Elgar 1991.
Norton, Philip/Wood, David: Back from Westminster. British Members of Parliament and their constituents. – Lexington: University of Kentucky Press 1993 (= Comparative legislative studies).
Norton, Philip: Does parliament matter? – New York u.a.: Harvester Wheatsheaf 1993 (= Contemporary political studies series).
Norton, Philip: The British polity. – New York u.a.: Longman 1994 (3. Aufl.).
Norton, Philip (Hrsg.): The Conservative Party. – London u.a.: Prentice Hall/Harvester Wheatsheaf 1996.
Offe, Claus: Die Aufgabe von staatlichen Aufgaben: „Thatcherismus“ und die populistische Kritik der Staatstätigkeit. – in: Dieter Grimm (Hrsg.): Staatsaufgaben. – Frankfurt a. M.: Suhrkamp 1996, S. 317–352 (= Suhrkamp Taschenbuch 2630).
Peele, Gilian: The government of the UK. – Oxford u.a.: Blackwell 1995 (3. Aufl.).
Pelling, Henry/Reid, Alistair: A short history of the Labour Party. – Basingstoke u. a.: Macmillan/St. Martin's Press 1996 (11. Aufl.).
Plant, Raymond: Criteria on electoral systems. The Labour Party and electoral reform. – in: Parliamentary affairs Jg. 44 (1991), S. 549–557.
Plant, Raymond (Hrsg.): The Plant Report: a working party on electoral reform. – London: Labour Party 1991 (= Guardian studies 3).
Plant, Raymond (Hrsg.): Report of the working party of electoral systems, 1993. – London: Labour Party 1993.
Punnett, R.M.: Front bench opposition. The role of the Leader of the Opposition, the shadow cabinet and the shadow government in British politics. – London: Heinemann 1973.
Punnett, R.M.: Selecting the party leader. Britain in comparative perspective. – New York u.a.: Harvester Wheatsheaf 1992 (= Contemporary political studies series).
Punnett, R.M.: British government and politics. – Aldershot: Gower 1994 (6. Aufl.).
Pyper, Robert: The evolving civil service. – New York u.a.: Longman 1991.
Reclaiming Britain's constitution. – in: The Economist 14.10. 1995, S. 17–18 und S. 23–26; Fortsetzung in den Folgeausgaben: Why Britain needs a bill of rights. (21.10. 1995, S. 44–46); Democratic deficit. (28.10. 1995, S. 46–48); The restoration of Parliament. (4.11. 1995, S. 50–52); The virtues of variable geometry. (11.11. 1995, S. 51–53).
Richardson, Jeremy J.: Interest group behaviour in Britain: Continuity and change. – in: ders. (Hrsg.): Pressure groups. – Oxford u.a.: Oxford U.P. 1993, S. 86–99 (= Oxford readings in politics and government).

Ridley, F.F.: The British civil service and politics. Principles in question and tradition in flux. – in: Parliamentary affairs Jg. 36 (1983), S. 28–48.
Ridley, F.F.: There is no British constitution. A dangerous case of the emperor's clothes. – in: Parliamentary affairs Jg. 41 (1988), S. 340–361.
Ridley, F.F.: Die Wiedererfindung des Staates. Reinventing British Government. Das Modell einer Skelett-Verwaltung. – in: DÖV Jg. 48 (1995), S. 569–578.
Ritter, Gerhard A.: Parlament und Demokratie in Großbritannien. Studien zur Entwicklung und Struktur des politischen Systems. – Göttingen: Vandenhoeck & Ruprecht 1972.
Rohe, Karl: Zur Typologie politischer Kulturen in westlichen Demokratien. Überlegungen am Beispiel Großbritanniens und Deutschlands. – in: Heinz Dollinger u. a. (Hrsg.): Weltpolitik, Europagedanke, Regionalismus. Festschrift Heinz Gollwitzer zum 65. Geburtstag am 30. Januar 1982. – Münster: Aschendorff 1982, S. 581–596.
Rohe, Karl: Großbritannien: Krise einer Zivilkultur? – in: Reichel, Peter (Hrsg.): Politische Kultur in Westeuropa. Bürger und Staaten in der Europäischen Gemeinschaft. – Frankfurt a.M u.a.: Campus 1984, S. 167–193.
Rohe, Karl/Gustav Schmidt (Hrsg.): Krise in Großbritannien? Studien zu Strukturproblemen der britischen Gesellschaft und Politik im 20. Jahrhundert. – Bochum: Brockmeyer 1987 (= Arbeitskreis deutsche England-Forschung 1).
Rose, Richard/McAllister, Ian: Voters begin to choose. From closed-class to open elections in Britain. – London u.a.: Sage 1986.
Rose, Richard: Ministers and ministries. A functional analysis. – Oxford u.a.: Clarendon 1987.
Rush, Michael (Hrsg.): Parliament and pressure politics. – Oxford: Clarendon Press 1990.
Ryle, Michael: The changing Commons. – in: Parliamentary affairs Jg. 47 (1994), S. 647–668.
Saalfeld, Thomas: Das britische Unterhaus 1965 bis 1986. Ein Parlament im Wandel. – Frankfurt/Main u.a.: Lang 1988 (= Beiträge zur Politikwissenschaft 36).
Saalfeld, Thomas: Die zentrale Rolle des Parlaments in London. Entwicklungstendenzen von Thatcher bis Major (1979–1994). – in: Steffani, Winfried/Thaysen, Uwe (Hrsg.): Demokratie in Europa: Zur Rolle der Parlamente. Zeitschrift für Parlamentsfragen Sonderband 1/95 zum 25jährigen Bestehen. – Opladen: Westdeutscher Verlag 1995, S. 95–113.
Scarrow, Susan E.: Parties and their members. Organizing for victory in Britain and Germany. – Oxford u.a.: Oxford U.P. 1996 (= Comparative European politics).
Schieren, Stefan: Sankt Andreas gegen Sankt Georg. Der Wunsch der Schotten nach mehr Autonomie von Westminster und die devolution-

Debatte in Großbritannien. – in: Politische Studien Jg. 48 (1997) H. 353, S. 86–98.

Schneider, Franz: Kabinettsreform und Machtverteilung in England. – in: ZfP Jg. 12 (1965), S. 40–56.

Schröder, Hans-Christoph: Englische Geschichte. – München: Beck 1995 (= Beck'sche Reihe 2016).

Schwarz, John E.: Exploring a new role in policy making. The British House of Commons in the 1970s. – in: APSR Jg. 74 (1980), S. 23–37.

Schwarzmeier, Manfred: „To ask the Prime Minister ..." Parlamentarische Fragen im britischen Unterhaus. – in: ZParl Jg. 28 (1997), S. 46–60.

Searing, Donald D.: Backbench and leadership roles in the House of Commons. – in: Parliamentary affairs Jg. 48 (1995), S. 419–437.

Seldon, Anthony (Hrsg.): United Kingdom political parties since 1945. – New York u. a.: Allen 1990.

Setzer, Hans: Das britische Parteiensystem. Institutionelle, soziale und ökonomische Faktoren seiner Entwicklung. – in: JöR Bd. 32 (1983), S. 71–200.

Seymour, Charles: Electoral reforms in England and Wales. The development and operation of parliamentary franchise 1832–1885. – New Haven: Yale U.P. 1915 (= Yale historical publications studies 3).

Seymour-Ure, Colin: The British press and broadcasting since 1945. – Oxford u. a.: Blackwell 1994 (Nachdruck von 1991) (= Making Contemporary Britain Series).

Sharpe, L. J.: The United Kingdom: The disjointed meso. – in: L. J. Sharpe (Hrsg.): The rise of meso government in Europe. – London u. a.: Sage 1993, S. 247–295.

Shaw, Eric: The Labour Party since 1979. Crisis and transformation. – London u. a.: Routledge 1994.

Shell, Donald R.: The House of Lords and the Thatcher government. – in: Parliamentary affairs Jg. 38 (1985), S. 16–32.

Shell, Donald: The House of Lords. – New York u. a.: Harvester Wheatsheaf 1992 (2. Aufl.).

Shell, Donald/Beamish, David (Hrsg.): The House of Lords at work. A study based on the 1988–1989 session. – Oxford: Clarendon Press 1993.

Shell, Donald: The House of Lords. Time for a change. – in: Parliamentary affairs Jg. 47 (1994), S. 721–737.

Shell, Donald/Hodder-Williams, Richard (Hrsg.): Churchill to Major. The British prime ministership since 1945. – London: Hurst 1995.

Shell, Donald: The British constitution in 1994–95. – in: Parliamentary affairs Jg. 48 (1995), S. 369–386.

Smith, Trevor: Post-modern politics and the case of constitutional renewal. – in: Political quarterly Jg. 65 (1994), S. 128–137.

Stallworthy, Mark: Central government and local government: The uses and abuses of a constitutional hegemony. – in: Political quarterly Jg. 60 (1989), S. 22–37.

Starck, Christian: Eine Verfassung für das Vereinigte Königreich? – in: AöR Bd. 119 (1994),S. 627–641.
Steffani, Winfried: Parlamentarische und präsidentielle Demokratie. Strukturelle Aspekte westlicher Demokratien. – Opladen: Westdeutscher Verlag 1979.
Stevenson, John: Third party politics since 1945: Liberals, Alliance and Social Democrats. – Oxford u. a.: Blackwell 1993.
Sturm, Roland (Hrsg.): Thatcherismus – Eine Bilanz nach zehn Jahren. – Bochum: Brockmeyer 1991 (2. Aufl.) (= Arbeitskreis Deutsche England-Forschung 15).
Sturm, Roland: Bleibt der Ärmelkanal eine politisch-kulturelle Grenzlinie? – in: Wehling, Hans-Georg (Redaktion): Länderprofile. Politische Kulturen im In- und Ausland. – Stuttgart u. a.: Kohlhammer 1993 (= Kohlhammer Taschenbücher, Bd. 1110: Bürger im Staat).
Sturm, Roland: Nationalismus in Schottland und Wales 1966–1980. Eine Analyse seiner Ursachen und Konsequenzen. – Bochum: Brockmeyer 1981 (= Politikwissenschaftliche Paperbacks. Studien und Texte zu politischen Problemfeldern und Wandlungstendenzen westlicher Industriegesellschaften 1).
Sturm, Roland: Die britischen Parteien vor der Wahl. – in: APuZ B 18/1997, S. 3–9.
Sturm, Roland: Effizienz statt Ideologie? Großbritannien nach der Wahl. – in: Gegenwartskunde Jg. 46 (1997), S. 147–158.
Sturm, Roland: Großbritannien. Wirtschaft-Gesellschaft-Politik. – Opladen: Leske und Budrich 1997 (2., völlig überarb. u. erw. Aufl.) (= Grundwissen Länderkunden).
Taylor, Robert: Trade union question in British politics. Government and unions since 1945. – Oxford u. a.: Blackwell 1993 (= Making contemporary Britain).
Thatcher, Margaret: Downing Street No. 10. Die Erinnerungen. – Düsseldorf u. a.: Econ 1993.
Theakston, Kevin: Junior ministers in British government. – Oxford u. a.: Blackwell 1987.
Tunstall, Jeremy: Newspaper power. The new national press in Britain. – Oxford: Clarendon 1996.
Veen, Hans-Joachim: Die parlamentarische Regierung zwischen Subordination und politischer Führung. – in: APuZ B 38/1972.
Wehling, Hans-Georg (Hrsg.): Großbritannien. – Stuttgart u. a.: Kohlhammer 1992 (= Kohlhammer Taschenbücher 1095; Bürger im Staat).
Weir, Stuart: Waiting for change. Public opinion and electoral reform. – in: Political quarterly Jg. 63 (1992), S. 197–221.
Weir, Stuart: Quangos: Questions of democratic accountability. – in: Parliamentary affairs Jg. 48 (1995), S. 306–322.
Weller, Patrick: First among equals. Prime ministers in Westminster systems. – Sidney u. a.: Allen and Unwin 1985.

Wende, Peter: Geschichte Englands. – Stuttgart u. a.: Kohlhammer 1995 (2. Aufl.).

Wendt, Bernd J.: Die britischen Gewerkschaften heute. Strukturen und Strategien. – Rheinfelden: Schäuble 1993 (2. Aufl.) (= Historische Forschungen 28).

Wiener, Martin J.: English culture and the decline of industrial spirit 1850–1980. – Cambridge: Cambridge U.P. 1981.

Wilson, Graham: The Westminster Model in comparative perspective. – in: Budge, Ian/McKay, David (Hrsg.): Developing democracy. Comparative research in honour of J. F. P. Blondel. – London u. a.: Sage 1994, S. 189–201.

Wilson, Graham K./Barker, Anthony: The end of the White Hall model? – in: West European politics Jg. 18 (1995) H. 4, S. 130–149.

Wolf-Phillips, Leslie: A long look at the British constitution. – in: Parliamentary affairs Jg. 37 (1984), S. 385–402.

Young, Hugo: One of us. A biography of Margaret Thatcher. – London: Macmillan 1989.

Ziegesar, Detlef von: Wie demokratisch ist England? Die Wahrheit über einen Mythos. – Köln: Verlag Wissenschaft und Politik 1991.

Ziegesar, Detlef von: Großbritannien ohne Krone. – Darmstadt: Wissenschaftliche Buchgesellschaft 1993 (= WB-Forum 79).